꽃이
피네,
꽃이
지네

꽃이 피네, 꽃이 지네

안춘근 수상집

지은이 안춘근
펴낸이 조효근
펴낸날 2012. 2. 29
펴낸곳 도서출판 들소리
등 록 1987. 11. 27. 제 9-116호
주 소 서울시 종로구 연건동 195-21
전 화 (02) 3676-3082
팩 스 (02) 3676-3087
E-mail dsr123@daum.net
홈페이지 www.deulsori.com

ISBN 978-89-91654-34-1
값 15,000원

꽃이 피네, 꽃이 지네

안춘근 수상집

들소리

들어가는 말

주민자치센터(동회)에서 전화가 왔다. “안녕하세요? 신방동 주민자치센터인데요. 독거노인방문이 있어서요.”

전화를 받는 순간 기분이 묘했다. “아! 내가 독거노인인가?” 노인이라는 말도 자극적인데 독거노인이라는 말에 거부반응이 생겼다. 나는 내가 독거노인이 아니라 학교 때문에 천안에 전셋집을 얻어 사느라고 주민등록을 잠시 천안에 두는 것이라고 설명을 했다.

그렇다. 나는 지금 분명히 독거노인이다. 만 65세를 갓 넘겼고 주중에 천안에서 홀로 기거하고 있다. 그러니 독거노인이라는 말은 틀린 말이 아니다. 나는 30년이 넘도록 주말부부 생활을 하며 수도권과 천안을 오르내렸고 며칠 있으면 정년퇴임을 한다. 결국 독거를 면하게 되는 것이다.

나는 독거노인처럼 외로운 영혼으로 이 글을 썼다. 나는 들소리신문에 20여 년 동안 글을 썼다. 주로 들소리신문에 쓴 글들이고 나머지는 문학지에 실었던 글들을 모아 책으로 엮으면서 망설임도 있었다. 시간적으로 지난 것들과 문학적인 것들, 그리고 시사적인 것들이 섞여 있기 때문에 장르를 구분하기도 애매했기 때문이다.

그러나 나는 영혼의 진실을 다해 쓴 이 글들이 측은하여 햇빛을 보게 해야 한다는 결론에 이르렀다. 모쪼록 이 글들을 읽는 독자들에게 사랑하는 마음과 의식의 표층에 생명의 기운이 솟아나기를 바란다. 그리고 행복하기를 바란다.

편집과 출판을 위하여 시간적으로 촉박한데도 성심을 다해 책을 내는데 수고한 양승록 국장님과 원고 교정, 표지 디자인, 편집을 위해 수고한 분들께 감사를 드린다.

2012년 2월 쌍용 언덕에서

안 춘 근

[차 례]

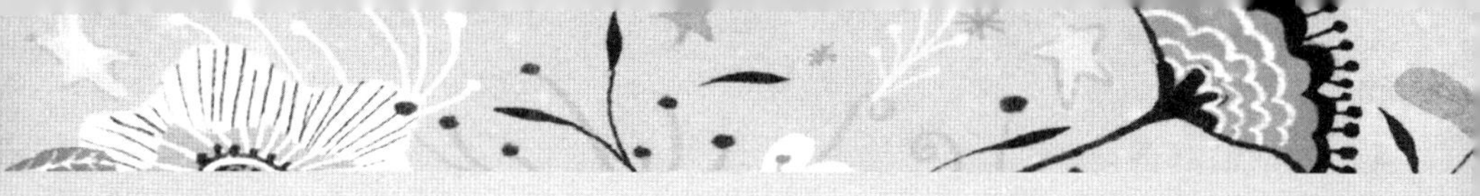

Chapter2. 신앙·교회

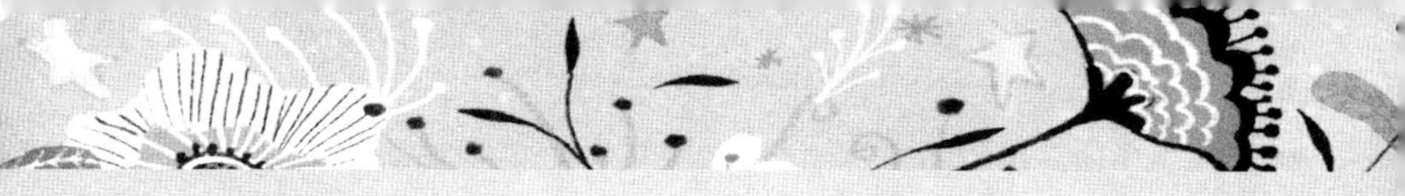

Chapter3. 사회·정치

Chapter1. **문학**

안타까운 일이다. 공자는 "군자는 의에 밝고, 소인은 이에 밝다"(君子喻於義 小人喻於利)고 하였다. 군자는 인륜 도덕과 진리에 밝고 소인은 자신의 이익에 민감하다.

하나님은 겸손한 자를 붙드시고 그의 편에 선다. 베일리는 "겸손은 최고의 미덕"이라고 하였다.

인간성 회복

벌써 입하가 지나 단오가 문 앞에 와있다. 몇 차례 내린 단비로 연둣빛 산야가 날로 진한 초록으로 어우러지고 있다. 흉물스러운 도시의 콘크리트 건물들도 훨훨 가지를 하늘로 치켜 올리는 가로수들 덕분에 표정이 한결 밝아졌다. 매일같이 죽이고 속이고 경쟁하는 삭막한 세상 인심도 오월의 산하처럼 풋풋해졌으면 좋겠다.

오월에는 5·18과 같은 슬픈 역사의 날도 있지만 어린이날, 어버이날, 스승의 날 같은 따뜻한 기념일도 있다. 푸른 오월처럼 어린이는 푸르게 자라나야 한다. 자녀들은 어버이의 은혜를 깊이 새기고 효를 실천해야 한다. 제자들은 스승을 존경해야 한다.

요사이 우리는 우리의 아름다운 인륜도덕의 가치를 버리고 잘못 이해된 서구의 가치에 침몰되고 있다. 이기적인 인간, 개인주의적인 인간, 주체성 없는 인간, 예절 없는 인간, 독립심 없는 인간으로 변질되어가고 있다.

맞지도 않는 서구식 교육을 그대로 심으려는 무모한 정책으로 멍든

이 땅에 한 술 더 떠서 교육전문가도 아닌 사람이 나타나 교육을 황폐화 시켰다. 따라서 스승도 없고 어른도 없는 사회가 되어가고 있다. 학교는 지식을 팔고 사는 장터일 뿐 인간을 교육하는 장으로서의 역할은 끝나가는 것 같다.

수요자 중심의 교육이라는 경제논리에 밀려 인간 교육은 이미 발붙일 곳을 잃었다. 교육부 장관이 억지로 스승의 날 행사를 지시한다고 해서 떨어진 사도가 살아나겠는가.

교육은 학교의 전유물이 아니다. 교육은 가정과 학교와 사회가 함께 하는 것이다. 먼저 사회의 가치관이 바르게 정립되어야 한다. 지식사회학을 들먹거리지 않더라도 인간은 이 세상에 던져지면서부터 그 사회의 가치를 배우고 그 가치로부터 인간이 형성되어 가는 것이다.

그런데 지금 우리 사회는 어떤 가치를 좇아가는 사회인가. 성공주의, 결과주의, 물량주의가 판치는 세상이다. 수단과 방법을 가리지 않고 성공만 하면, 과정이야 어떠하든지 결과만 좋으면 된다는 식이다. 온통 우리 주변에는 성공주의자들로 가득하다. 심지어 교회까지 물량주의, 성공주의로 만연되어 있다.

도대체 성공이 무엇인가. 높은 지위에 오르는 것, 부자 되는 것, 권력을 잡는 것이 성공인가. 유대인 다음으로 높은 우리나라의 교육열이 과연 올바른 것인가.

무엇을 위한 교육열인가.

자녀들이 경쟁에서 이겨야 하고 높은 지위에 오르고 돈 많이 벌게 하기 위하여 저토록 처절하게 학부모들은 희생을 지불하는 것이다. 학교에서 돌아온 어린아이는 곧바로 속셈학원과 피아노학원, 컴퓨터학원으로 달려가야 한다. 중학생은 고입을 위하여, 고등학생은 대입을 위하여 눈에 핏발이 서도록 싸워야 한다.

위정자들과 사회는 이 비뚤어진 가치관을 바로잡으려고 하지 않는다. 여전히 저들은 더 많이 가지려고 아우성이다. 정권을 잡으려고, 국회의원이 되려고, 부자가 되려고, 명성을 날리려고, 떵떵거리며 살려고 기성세대는 탈세하고, 뇌물수수하고, 거짓말하고, 사기행각을 자행한다.

수단과 방법을 가리지 않고 성공하면 된다는 위험한 가치관이 도도한 사회에서 어떻게 교육이 정상적으로 이루어질 수 있겠는가.

스승의 날 기념식장에서 떠드는 학생에게 교사가 꿀밤 한 대 주었다고 핸드폰으로 112에 신고하고 경찰이 출동하는 우리사회가 과연 온전한 사회인가.

교육은 학교의 전유물이 아니다. 가정교육이 더 중요하다. 사회적 가치제도가 더 중요하다. 돼지처럼 기름진 음식이나 먹이고 스스로 할 수 있는 일까지 모조리 대신해주는 학부모들! 당신들의 아이는 가축이 아니다. 스스로 본능도 자제할 줄 알고 이웃을 배려할 줄도 알며 남을 존경하고 사랑할 줄도 아는 아름다운 인간으로 자라나야 한다.

꿩 잡는 것이 매라는 사고방식은 버려야한다. 너를 부정하고 나만 살아야 한다는 독존주의를 버려야한다. 살벌한 정글법칙은 인간의 법칙이 아니다.

교육은 인간존중의 진리에 뿌리내려야 한다. 교육은 인간화의 작업이다. 우리 사회의 구석구석에서 비인간적 요소들이 사라지는 날 우리의 교육은 제대로 뿌리내릴 것이다.

인터넷을 습득하고 수학이나 과학문제를 잘 푸는 것이 중요한 것이 아니다. 외국어를 유창하게 하는 것이 급선무가 아니다. 인간성 회복이 더 시급한 과제다. 붕괴된 공교육을 살려야 한다. 무너지는 가정을 살려야 한다. 맘몬이즘과 성공주의, 결과주의로 가득한 사회의 가치관을 바꾸어야 한다.

지금 우리가 기대하는 인간상은 유능한 인간에 앞서 사랑과 진리의 인간상이다. 비인간적 장애물들을 제거하자. 신권주의도 몰아내고 예절 없는 무모한 평등주의도 몰아내자. 과학만능주의도 버리고 황금주의, 물질주의도 버리자.

사회가 매도하는 선생을 학생이 어떻게 존경할 것이며 선생 없는 세상에 무슨 미래의 청사진이 있겠는가. 이혼과 가출과 폭력으로 무너지는 가정을 살려야 한다. 당국과 사회와 매스컴의 매도로 붕괴된 교실을 살려야 한다.

정치, 경제, 교육, 문화, 과학 모두가 무엇을 위한 것인가. 인간을 위한 것이 아닌가. 수단이 목적을 삼켜서야 되겠는가. 지금 우리시대의 가장 중요한 화두(話頭)는 인간성 회복이다. 푸른 오월처럼 싱그러운 인간세상을 기원한다.

(2000. 5)

함께 살아야

나는 늦은 나이에 결혼하여 두 딸을 두었다. 큰 아이는 수년 전에 미국에 사는 한인 1.5세와 결혼하여 이제 갓 돌을 넘긴 아이 하나를 낳았다. 그 아이가 나의 첫 외손녀이다.

작년 여름에 출산하여 우리 부부가 갔다 왔는데 금년에는 큰 딸이 손녀를 데리고 약 5주간 친정에 다녀갔다. 작년에 갓난아이 때도 귀여웠는데 금년에 돌이 다 된 손녀는 나에게 말할 수 없이 귀엽고 예뻤다.

태중에 있을 때 하도 발로차서 의사에게 말했더니 미국의사가 '춤추는 아기'(dancing baby)라고 별명을 붙여 주었는데 난 지 11개월 된 손녀는 음악만 나오면 하와이안 댄스(엉덩이 춤)를 춘다.

배만 부르면 잘 노는 아기는 도리도리, 짝짜꿍, 만세, 하와이안 댄스, 소리 지르기 등을 하며 온 가족을 웃게 해 주었다. 나는 시간만 나면 손녀와 놀았다. 지난 5주간 나와 아내는 아기 때문에 행복했다.

그런데 아기와 딸들은 보름 전에 다시 미국으로 돌아갔다. 인천 공항 출구로 들어가는 아이들을 나는 일일이 포옹하고 정이 폭 들은 손녀의 볼에 입맞춤을 했다.

공항 출구 검색대를 지나 그 애들의 모습이 사라지고도 한참이나 우리 부부는 안쪽을 바라보며 슬프게 거기에 서있었다. 어둠이 내리기 시작한 인천 대교와 영종도 바닷가는 돌아오는 우리의 고독과 함께 침묵했다.

한참 후에 집에 돌아왔다. 아이들이 떠난 집안이 휑했다.

아내가 이 방 저 방을 열어보며 "왜 이렇게 허전하지?"를 연발했다. 나는 불도 켜지 않은 거실 소파에 앉아 울음을 삼키고 있었다. 손녀의 알 수 없는 아기언어가 귓가에 들리는 것 같았다. 천장에서는 외로움의 안개가 쏟아지고 있었다. 고요한 침묵의 집안이 서럽고 무서웠다.

십여 년 전 나는 미국 보스턴에서 안식년을 보냈다. 아내와 한 달쯤 생활하다가 아내는 먼저 귀국하고 나 홀로 지내는 일이 여간 어려운 일이 아니었다. 고독이 가장 큰 적이었다.

해질 무렵 보스턴 남쪽 월라스톤 비치 산책로를 따라 걸을 때면 홀로 사는 늙은 남자노인들이 다 낡은 자동차를 길가에 세워놓고 고물 라디오에서 흘러나오는 노래로 찌들고 찌든 외로움을 달래고 있는 모습을 나는 보았다.

그 모습들은 바라보는 나를 고독의 전율로 인도하였다. 아내를 떠나보내고 나니 함께 있을 때 짜증내던 아내의 모습까지도 그리웠다. 타국에서 느끼는 이방인의 고독은 진하고 진하였다.

얼마 전 텔레비전에서 고양이와 원숭이의 슬픈 모습을 방영한 적이 있었다. 새끼를 밴 어미 고양이가 달리는 자동차에 치어 조산을 했다. 다친 고양이는 조산하여 죽은 새끼들의 주검 옆에서 꼼짝하지 않고 며칠이고 그 자리에 앉아 있었다.

마침내 동물보호단체에서 사람들이 나와 어미 고양이를 구출하고 심하게 부러진 다리를 고쳐주고 먹을 것을 주었으나 밥을 먹지 않았다. 결국 어디서 새끼 고양이 한 마리를 구하여 그 고양이 옆에 놓았다. 잠시 후 고양이는 옆에 있는 새끼 고양이를 물끄러미 바라보며 눈물을 흘리고 있었다.

원숭이도 마찬가지였다. 어떤 분이 한 마리의 원숭이를 집에 가지고 왔는데 역시 밥도 안 먹고 홀로 거실 구석에 웅크리고 앉아 울고 있었다. 역시 원숭이 새끼 한 마리를 구하여 옆에 놓아주었더니 잠시 후 큰 원숭이의 태도가 달라졌다. 큰 원숭이는 새끼 원숭이를 쓰다듬고 함께 놀기 시작하였다. 이리 뛰고 저리 뛰며 명랑해졌다.

한낱 짐승들도 외로움과 홀로 있음의 슬픔을 느끼는데 하물며 인간이야 어떻겠는가? 행복은 함께 잘 어울려 사는 데 있다. 희로애락을 함께 공유하며 함께 살아가는 일상이 복된 삶이다.

함께 있을 때는 잘 모른다. 모두 떠나고 홀로 될 때 그 슬픔은 우리를 고통스럽게 한다. 부부가 수십 년을 함께 해로하다가 한 사람이 먼저 세상을 떠나면 머지않아 남은 배우자도 뒤따라 죽는다. 금슬이 좋은 부부는 더욱 슬픔을 감당하지 못하고 몇 년 안에 상대를 따라 죽는 경향이 있다. 특히 남자는 여자보다 훨씬 약하여 아내가 떠나면 곧 따라서 죽는다.

왜 그런가? 외로움 때문이다. 인간은 누구나 홀로 있으면 외롭다. 늙으면 더 외롭다. 나도 늙은 것인가? 은퇴가 몇 달 남지 않아서 그런가?

손녀와 놀던 거실이 지금 비어 있다. 장난감도 없고 기저귀도 없다. 잘 웃고 무엇인가 알 수 없는 소리로 떠드는 명랑한 손녀의 소리만 귓가에 들리는 듯하다. 우리나라는 옛날보다 훨씬 부유해졌다. 경제적으로는 선진국의 대열에 거의 진입해가고 있다. 그러나 지금 우리는 행복하지 않다.

한국의 자살률은 세계 일위다. 특히 노인 자살률이 급등하고 있다. 왜 그런가? 가난하고 외롭기 때문이다. 또한 자녀에 대한 배신감 때문이다.

한평생 노후 대책도 못 세우고 자식들을 공부시키고 결혼시켜 잘 살게 해주었는데 정작 자신의 노후대책은 없다. 뿐만 아니라 자식들은 모두 분가하고 노인들은 두 노인 혹은 독거노인이 된 것이다.

인간은 외롭다. 그러나 노인은 더 외롭다. 나는 지난 5주간 손녀의 재롱으로 얼마나 많이 웃었는지 모른다. 잠시 동안 행복했다. 그런데 지금은 웃을 일이 없다.

오래 전에 나는 미국의 어느 고급 양로원을 미국목사와 함께 방문한 적이 있었다. 물질적으로나 의료 혜택으로나 완벽한 양로원이었다. 그런데 거기 모인 노인들은 예배가 끝나고 돌아서려는 이방인 목사인 나의 손을 한번 잡아보려고 아우성이었다. 나는 지금도 그때 그 노인들의 외롭고 슬픈 눈들을 잊을 수가 없다.

노후에 돈이 필요하다. 그러나 더 필요한 것은 고독감, 허무감, 얼마 남지 않은 생의 슬픔을 극복하는 일이다. 가족이 함께 어울려 살아야 한다. 할머니 할아버지와 엄마 아빠, 손자 손녀가 함께 살아야 한다. 한 집에 살 수 없으면 가까운 곳에서 빈번하게 왕래하며 살아야 한다.

우리는 지금 그 옛날 가족이 함께 살던 조상의 지혜를 상실하였다. 따라서 외롭고 슬프다. 함께 잘 살아야 행복하다.

(2011. 8)

한낱 꽃잎인 것을!

금년에는 봄이 비교적 수월하게 왔다. 작년에는 봄이 오는 길목을 막고 꽃샘추위가 얼마나 몽리를 부렸는지 봄옷과 겨울옷을 몇 번씩 갈아입어야 했다. 올해는 황사도 지난해보다 덜 날아와 봄의 정취가 한층 상쾌하다. 벚꽃이 황홀하게 피고 지고, 진달래 영산홍이 뒤를 이어 피고 진다.

섬진강 가에 피어난 매화는 축제의 인파에 밀려 시들어간다. 사군자는 각기 기품이 있고 특별한 매력이 있지만 매화는 그 종류를 무론하고 필 때 온몸으로 핀다.

그리고 피어난 매화는 자지러지게 웃는다. 아니 가지에 가지런하게 핀 매화는 아예 꽃방망이로 변한다. 홍매화, 백매화 등 꽃빛도 가지가지다. 저리도 온몸으로 웃는 매화라도 산에 홀로 핀 매화는 쓸쓸하다.

이리도 눈이 부시게 아름다운 계절에 우리는 일상성에 매몰되어 꽃의 잔치에 가보지도 못하고 어느새 봄을 떠나보내고 있다. 지리산 진달래 축제, 진해 군항제, 섬진강 매화축제, 흑산도·홍도의 봄맞이 축제

소식도 바람결로만 들었다.

봄은 경이로운 생명의 소생을 통하여 인간의 존재를 확인해준다. 봄은 우리에게 환희를 주고, 생동하는 힘을 주고, 희망을 주고, 그리움을 주고, 인간존재의 유한성을 자각하게 한다.

꽃은 우리의 기쁨인 동시에 허무다. 벚꽃이 피고 잠시 지나면 꽃비가 내린다. 꽃나무 아래 쌓인 꽃눈을 보라. 봄비가 지나간 자리에 어지러이 떨어진 허무의 잔해들을 보라. 품위와 고결함을 자랑하던 하얀 목련의 낙하를 보라. 그 비참한 유골을 보라.

꽃의 아름다움이여! 꽃의 영광이여! 화무십일홍(花無十日紅)의 철리를 그대는 몰랐는가? 한바탕 봄꿈이다. 인간의 삶이 한낱 꽃잎인 것을…. 망상에 사로잡혀 허우적거린다.

달포 전 천안 시향 상임지휘자 유봉헌 교수가 꽃잎보다 더 진한 허무로 떠나갔다. 그는 십년 동안 나사렛대학에서 음악교수로 재직하며 오케스트라를 조직하여 키웠고, 천안시립합창단을 창립하였으며, 교회에서는 성가지휘자로 활동하였다.

서울대학과 독일 유학을 거쳐 늦게 천안에 안착하여 눈부신 활동을 펼치다가 순식간에 떠나간 훌륭한 음악가다. 천안시청 '봉서 홀' 무대에서 헝가리의 대표음악가 리스트의 곡 '황무지'를 연주하기 전 청중에게 해설하다가 뇌출혈로 쓰러져 홀연히 떠나갔다.

유언도 없이, 작별인사도 없이, 사랑했던 자녀와 아내 그리고 제자들과 단원들과 친지들의 흐느낌을 뒤로하고 꽃잎처럼 떨어져 갔다. 장례식 날 스크린에 비친 마지막 장면을 보고 우리는 모두 울었다.

한낱 꽃잎으로 사라지는 인간의 운명을 우리는 미리 보며 울었다. 나는 유 교수와 함께 나사렛대학교의 교가를 창작했다. 그는 작곡을 했고, 나는 작시를 했다. 이렇게 깊어가는 봄날 그가 지휘하는 음악소리가 그립다.

인생 잠깐인 것을! 왜 저토록 탐욕을 부리는가? 어느 날 안개처럼 사라질 허무한 존재가 까닭 없이 남의 몫을 강제로 빼앗고, 군림하고, 횡포하며 이웃을 불행하게 하는가?

구약성서의 전도서 기자는 '헛되고 헛되며 헛되고 헛되니 모든 것이 헛되도다. 해 아래에서 수고하는 모든 수고가 사람에게 무엇이 유익한가?'(전 1:2~3)라고 읊조렸다. 그렇다. 우리의 수고가 헛되이 사라질 날이 다가오고 있다. 허무의 지평선으로 너도 나도 하나씩, 둘씩 사라질 것이다.

정조 때 「북학의」를 지은 실학자 박제가는 어지러운 정치와 세속을 떠나 산행을 하며 다음과 같은 시를 지었다.

인생 어느 곳인들 살지 못하랴
영리만 내버리면 여유 있구나.
이름 모를 산중 첩첩 오르고 나면
솔바람 바다 빛이 가슴을 씻네.

훌훌히 내던지고 싶다. 별것 아닌 자리라도 내버리고 떠나고 싶다. 이제 은퇴(隱退)가 얼마 안남아 다행이다. 말 그대로 물러나 숨으려한다. 나 같은 사람이야 유명하지도 않고 물러나는 것 자체가 묻히고 사라지는 것이다. 은퇴가 한편으로는 기다려진다.

퇴직하면 보기 싫은 사람 안 보아 좋고, 조직 안에서 온갖 인위적 노력으로 신의 섭리를 막아보려는 싸움을 안 해서 좋고, 위선을 덜 떨어 좋다.

그동안 한 직장에 오래 있으면서 위선인지는 몰라도 바르게 살려고 노력했고, 미력이나마 은전을 베푼 사람도 많으며, 신의도 지키며 살아왔다고 감히 생각한다. 그럼에도 불구하고 나는 뼈저린 배반을 많이 당했다.

늦게나마 깨달은 것이지만 그 모든 것이 또한 나의 부덕함 때문이고 홀로 의로움에 취하여 있었던 소치라고 생각한다. 이순(耳順)을 넘긴 나이에도 귀는 여전히 순(順)하지 못하고 노엽기는 왜 그렇게 자주 노여운지 정신분석학자의 말대로 '내 안에 어린아이'가 많은 모양이다.

꽃의 영광만 보기 때문이다. 꽃의 허무를 보지 못하기 때문이다.

산상수훈에서 예수는 '솔로몬의 모든 영광으로도 입은 것이 이 꽃 하나만 같지 못하다'(마 6:29)고 교훈하였다. 영원한 것은 우주의 엄연한 질서요 신의 섭리뿐이다.

화이트헤드, 플라톤, 불교의 연기설을 들먹거리지 않더라도 삼라만상은 무상(無常)한 것이다. 희랍의 철학자 헤라클레이토스는 일찍이 "모든 것은 흐른다"(panta rhei)고 하였다. 생성하고 소멸하는 과정에 인간도 함께 떠내려가고 있는 것이다.

다만 진리만이 영원하다.

하나님만이 영원하다.

참 생명만이 영원하다.

순리 가운데 오늘 그대에게 허락 된 시간과 일로 인하여 행복하라.

남의 것을 탐내지 말라.

터무니없는 욕심으로 이웃에게 상처 입히지 마라.

인간은 한낱 떨어지는 꽃잎인 것을!

(2008. 5)

효부孝婦로 변한 며느리

옛날 어느 곳에 홀로 된 시아버지를 모시고 사는 젊은 부부가 있었다. 그런데 그 며느리가 시아버지를 대단히 미워하여 구박이 심하였다. 이를 안타까워하던 아들은 궁리 끝에 하루는 꾀를 내어 부인에게 이렇게 말하였다.

"하, 여보 오늘 별일을 다 보았소."

"별거라니 무얼 봤단 말이오?"

"아, 어떤 이가 살이 통통하게 찐 영감을 내다 파는데, 돈을 많이 받더이다."

이 말을 듣고 귀가 솔깃한 아내는 남편을 졸라 아버지를 살찌워 내다 팔기로 하였다.

그 후부터 며느리는 시아버지의 음식에 대단한 정성을 쏟았다. 그리고 살이 빠질까 걱정되어 시아버지로 하여금 힘든 일도 하지 못하게 하였다. 며느리의 이러한 행동이 하루가 지나고 달이 바뀌어도 변함없이 계속되자 시아버지도 그동안 가졌던 며느리에 대한 섭섭함을 풀고 동네 구석구석을 돌아다니며 며느리 자랑에 해 가는 줄 몰랐다. 마침내 이 소문이 온 동리에 퍼지게 되었고 며느리도 빨래터에서 동네 아낙들에게 칭찬을 들었다. 며느리는 집에 돌아와 불효했던 자신의 과거와 불순한 동기를 뉘우치며 울었다. 그리고 진심을 다하여 효행을 실천하게 되었다. 그렇게 지내다보니 이제는 시아버지와 며느리의 관계가 남부러울 정도로 돈독하여졌다.

이윽고 아들은 이제 안심이구나 생각하여 어느 날 저녁 새끼를 굵게 꼬면서 "이만하면 되겠소"하며 아내에게 새끼를 보였다. "아니 웬 새끼요?"하고 아내가 물었다. "아, 내일이 장날이잖소. 아버지도 그 정도 살이 쪘으니 이제 내다가 팔아야지." 남편은 태연한 척하며 말하였다. 며느리는 이 말을 듣자 통곡하며 오히려 남편을 원망하였다. "옳지, 내가 그 말을 듣고 싶었소. 어찌 아버님을 팔 수가 있소"하며 아들은 아내의 손을 잡았다고 한다.

오월은 가정의 달이다. 어린이날, 어버이날, 스승의날이 있는 계절이 오월이다. 날로 세상이 살벌해지니 이런 날이라도 만들어 지키며 무너지는 가정을 세워보자는 것이다. 어떤 어린이는 "매일 어린이날이었으면 좋겠다"고 하였다. 그렇다. 미국에서는 365일 모두가 어린이날인 셈이다. 거기엔 무거운 책가방이 없다. 하루에 3~5개의 학원에도 갈 필요가 없다. 13세 미만의 어린이를 빈집에 홀로 내버려 두어서도 안 되며, 때려서도 안 된다.

오늘 우리 아이들은 놀 공간도 없다. 새벽에 출근한 아버지는 밤에 아이가 잠들고 난 후에나 돌아온다. 아버지가 있어도 만날 수가 없다. 엄부자모(嚴父慈母)도 없다. TV와 컴퓨터, 타락한 문화만이 범람하는 소용돌이 속에서 우리의 아이들은 우리 고유의 에토스도 없이 살아가고 있다. 살벌한 정글법칙만 배우면서 성장한다. 수단과 방법을 동원하여 이겨야 한다는 신념으로 성장한다.

잘 먹이고, 잘 입히고, 일류 대학에 들어가고, 그리고 돈 많이 벌고 출세하면 된다는 사고방식으로 살아간다. 따라서 이들은 참을 줄도 모른다. 윗사람을 공경할 줄도 모른다. 옳게 사는 것이 무엇인지도 모른다. 결과주의, 물량주의, 힘과 세력주의가 이들의 문화가 되었다. 20조 원이 넘는 사(私)교육비가 오늘 이 땅의 아들 딸들에게 무슨 교육적 효용이 있는가?

우리는 우리의 자녀들을 효자와 효녀로 길러야 한다. 신체발부수지부모 불감훼상이 효지시야(身體髮膚受之父母不敢毁傷孝之始也)가 오늘날 무슨 뜻인가? 건강한 자녀가 되라는 뜻 아닌가? 육체만이 아니라 정신적으로도 건강한 사람이 되는 것. 이것이 효의 시작 아닌가?

사랑할 줄 알고, 윗사람을 공경할 줄 알고, 슬플 때 울 줄 알고, 기쁠 때 즐거워하며, 정직하고, 진리가 아니면 행하지 않으려는 삶, 봉사하는 삶…. 뭐 이런 인간이 되는 것이 효가 아닌가? 이렇게 살아서 입신양명(立身揚名) 하는 것이 가문의 명예며 효의 마지막이 되는 것이 아닐까?

지금 우리의 뜰에 효가 무너지고 있다. 마약으로, 도둑질로, 알코올로, 뇌물로, 비양심으로 부모로부터 물려받은 몸과 마음을 더럽히고 있다. 인격을 더럽히고 있다. 남편이 아내의 마음 복판에 숨어있는 인간의 본래성을 이끌어 내어 효부(孝婦)로 변모시키는 지혜를 우리는 우리의 자녀들에게 심어주어야 한다.

며느리의 효심이 살아나고 넘치게 하는 칭찬을 우리는 아끼지 말자. TV, 신문, 잡지 모두가 옳게 사는 일, 봉사하는 일, 사랑하는 일이 효행의 바른길이라고 가르치자. 미담을 선전하자. 공자는 "무릇 효도는 덕의 근본이며, 모든 가르침이 여기에서 시작된다"(夫孝德之本也, 敎之所由生)고 하였다. 우리 이렇게 푸른 오월을 드높이자.

환상과 실재

오래 전에 읽은 리처드 바크(Richard Bach)의 「환상(Illusion)」은 지금도 삶의 미망에 빠진 인간들에게 존재회복의 교훈을 전해주고 있다. 바크는 「갈매기의 꿈(Jonathan Livingston Seagull)」이라는 작품을 쓰고 한때 붓을 꺾었다가 오랜 침묵 끝에 써낸 문제작이 「환상」이다.

「갈매기의 꿈」이 구약성서의 '창조'를 주제로 하였다면 「환상」은 신약성서의 '그리스도'를 그 주제로 삼았다. 그리고 본 작품의 사상은 플라톤(Platon)과 불교의 형이상학을 담고 있다. 바크는 '환상과 실재'에 대한 진리를 그의 독특한 묘사방법을 통하여 전달하고 '있다.

인디아나주 포트 웨인(Fort Wayene)에서 태어나 공대를 졸업하고 경비행기 조종사가 된 주인공 도날드 쉬모다(Donald Shimoda)의 꿈 이야기가 소설의 내용이다.

꿈속에서 쉬모다는 군중들에게 '메시아'라는 명칭을 얻는다. 그러나 그는 자신이 메시아가 아님을 강변한다. 그럴수록 군중들은 그를 더욱 메시아라고 부르며 기적을 요구한다.

쉬모다는 사람들에게 “당신들이 원하기만 하면 환상 속에서 당신들이 메시아가 될 수 있고 기적도 나타낼 수 있다”고 말한다. 군중들에 의하여 졸지에 메시아가 된 쉬모다는 끝내 기적을 거절하다가 마침내 군중 속의 어느 괴한이 쏜 권총의 “탕 탕”하는 굉음소리와 함께 잠을 깬다.

이 이야기는 플라톤의 환상과 실재에 대한 진리를 깨우치고 있다. 플라톤은 그의 이데아(idea)론에서 감각세상을 불신한다. 그에 의하면 ‘이데아’만이 참으로 존재할 뿐 감각세상은 환상이요 그림자일 뿐이다. 물론 아리스토텔레스의 형이상학에 의하여 플라톤의 사상은 수정되지만 플라톤의 사유(思惟)는 영원한 진리이다.

인간을 포함한 삼라만상은 영원한 실체가 아니다. 언젠가는 흘러가야 하는 유한한 존재들이다. 불교에서 말하는 제행이 무상(諸行無償)이요, 제법이 무아(諸法無我)이다. 현상세계에서는 항상 있는 것도 없고 영원한 나도 없다.

화이트헤드(Whitehead)는 우주에 오직 있는 것이 있다면 변하는 과정(Process)만 있다고 하였다. 그렇다. 오늘날 소유에 미친 인간들에게 주는 위대한 교훈이다.

환상이 실재인 줄로 착각하는 어리석은 세상 사람들을 보시고 메시아이신 그리스도는 지금 답답해하고 계실 것이다. 부활하시어 못 자국을 보여주시고 성령으로 내재하시어 확신을 주어도 믿지 못하는 인간들을 보고 탄식하고 계실 것이다.

기적을 원하는 군중들이 만민중앙교회로 모여들었다. 환상에 사로잡힌 군중, 꿈속에서 허우적거리는 인간들이 한 인간을 신으로 만들어가고 있었다.

‘유대인은 표적을 구하고 헬라인은 지혜를 찾는다’(고전 1:22)고 성서는 증언한다. 보이고 만져지는 감각세계의 망상에서 깨어나야 한다.

예수나 석가는 종교를 창시하지 않았다. 그를 따르는 무리들이 기독교와 불교라는 종교를 만들었다. 그리고 참된 진리는 버리고 상대적인 율법과 교리와 제도를 우상으로 받들었다.

「환상」에서 리처드 바크는 "환상(꿈)에서 실재로 돌입하는 것은 마치 어느 무더운 여름날 다이빙 보드에서 차가운 물로 뛰어들 때의 느낌과 같다"고 말한다. 그리고 "죽음이야말로 진정 실재에 돌입하는 순간"이라고 말한다.

지금 세상은 온통 소유에 미쳐있다. 거짓으로 도배되어 있다. 불의를 발굴하고 거짓을 규명하여 바로잡을 사법기관이 오히려 거짓과 의혹의 본산이 되었다.

아무리 실력 있고, 통치역량이 뛰어나도 진실하지 못한 권력은 오래가지 못한다. 더구나 오만한 정권은 급속히 타락한다. 그리고 절대 권력은 절대로 붕괴한다.

동양에서는 '민심이 천심'이라고 하였고, 서양에서는 '백성의 소리가 하늘의 소리(Vox Popuri Vox Dei)'라고 하였다. 국민을 깔보면 안된다. 입으로만 국민을 위한다고 염불 외우듯 해서는 안 된다. 진정으로 국민을 위하여 솔선수범하여야 한다. 부정한 것은 한 점의 의혹도 없이 말끔히 밝히고 국민에게 용서를 구해야 한다.

지금이 어느 시대인데 아직도 구시대의 망령에 사로잡혀 있는가? 실패했다고 평가받는 문민정부도 초기에는 90%가 넘는 국민의 지지를 받았다. 그 어느 정부라도 잠시 공적을 세웠다고, 경제적 환난을 잠재웠다고 오만해지면 안될 것이다. 국민 앞에 겸손해야 한다.

과거에 시끄러웠던 의혹들을 유추하면서 국민들은 차츰 정부를 불신하기 시작하였다. 심지어는 서해안 연평도의 북한 경비정 출몰까지도 이상하게 해석하는 사람들도 있었다. 큰일이다. 콩으로 메주를 쑨다 해도 믿지 않는 상황이 오면 모든 것은 끝장이다.

공자의 말대로 '무신불립(無信不立)'이다. 국민의 신뢰를 잃은 정부가 살아남은 유래가 없다. 진리 아닌 것을 진리로 속여 타락을 일삼은 종교가 환난을 면한 예가 없다.

우리 모두 환상으로부터 벗어나는 연습을 하자. 언젠가는 쓸데없이 많이 가진 우리의 소유들을 모두 버리고 홀홀히 떠나가야만 하는 우주의 진리를 겸손히 받아들이자.

죽음은 환상에서 실재로 돌입하는 위대한 통과제의(通過祭儀)다. 거기에는 고급 옷도, 권력도, 명예도 다 부질없는 것이다. 오직 참 실재인 진리만이 영원하다.

(1999. 6)

이 엄연한 질서를!

비발디의 '사계' 제 1악장 알레그로, 추수의 기쁨을 음악으로 듣다가 아시아와 남태평양의 비극이 떠올라 음악을 껐다. 필리핀에는 태풍과 호우로, 인도네시아는 지진으로, 서사모아는 쓰나미로 수많은 인명을 잃었다. 다행히 우리의 뜰에는 순환의 질서대로 큰 탈 없이 아름다운 가을이 어김없이 왔다. 떠나기 싫어 종종 부리던 몽리도 없이 풍성한 계절을 선물로 안겨주고 늦여름은 남쪽나라로 떠나갔다.

꽃 피고 새가 노래하더니, 비 오고 바람 불더니 가을은 지금 여기에 밀려왔다. 뜨거운 햇빛이 초원에 맹렬하게 내리더니 영락없이 가을이 왔다. 누렇게 익은 벼이삭과 주렁주렁 열린 풍성한 열매의 계절이 왔다. 빨갛게 물든 단풍, 노랗게 채색된 은행잎, 호수에 비친 비단 빛 산야…. 이 아름다운 계절을 선물하기 위하여 여름은 그렇게 뜨겁게 타올랐던 것이다. 인간의 만용과 역행에도 불구하고 여름은 가고 가을은 왔다.

나는 오늘 이 엄연한 사계의 질서에 새삼 감사한다. 온난화로 북극의 얼음이 녹고 알프스의 눈이 녹아내리는 지구촌, 아열대 기후로 변해가는 우리의 뜰을 내다보면서 "혹시 가을이 오지 않으면 어떻게 하나"하는 부질없는 근심을 했는데 다행히 가을이 왔다. 올 가을은 예사롭게 온 것이 아니라 유난히 아름답게 왔다. 온갖 정숙미를 다 갖추고 형형색색 채색옷을 입고 북에서부터 질서정연하게 남쪽으로 가을이 밀려온 것이다. 다형(茶兄, 김현승)의 시 '가을의 기도'에서처럼 나는 지금 겸허한 모국어로 낙엽들이 지는 때를 기다려 기도한다. 인간의 배반과 탐욕에도 불구하고 엄숙한 아름다움을 허락하신 하나님께 감사의 기도를 드린다. 개인이나 국가나 가릴 바 없이 인간의 탐욕과 교만과 일탈은 끝이 없는데 신은 여전히 은총을 베푸신 것이다.

에덴동산을 이탈한 인간은 탁월한 지혜로 찬란한 세상을 만들었다. 부요하고, 편리하고, 안락하고, 짜릿한 세상을 만들었다. 그러고도 부족하여 더 많이 가지려고, 더 편하게 살려고, 더 강해지려고 이웃을 침탈한다. 북간도를 먹고 허위와 왜곡의 역사를 조작하는 중국이 이제 한반도의 북쪽을 탐내고 있다. 우리는 잘못하면 구한말과 같은 역사를 되풀이 할 수 있다. 정당들은 정권을 얻고 못 얻고의 문제를 넘어 항상 대의가 무엇인가를 염두에 두어야 한다. 나라가 있어야 정권이 있다. 나라가 있어야 인권도 있고 민족도 있다. 나라 없는 행복은 없다. 열강의 눈치를 넘어 부국강병의 위치에 있어야 나도 있고 너도 있는 것이다. 정치에는 정치의 질서가 있고 경제에는 경제의 질서가 있는 법이다. 이러한 질서는 신의 질서(법)를 투영하는 자연법에 따라 제정되어야 한다.

그러나 어느새 장터의 질서가, 금수의 질서가, 악마의 질서가 우주의 질서를 교란하고 인간세계를 난장판으로 만들었다. 정치, 경제, 사회, 문화의 수준은 국민이 높여야 한다. 국민이 양심과 도덕의 수준을 높이면 정치, 경제, 사회, 문화의 수준은 당연이 높아지는 것이다. 학력이 높다고 국민의 수준이 높은 것은 결코 아니다. 우리나라의 교육열은 세계 1위다. 우리나라의 학력도 넘치도록 높다. 그럼에도 불구하고 국민의 상식은 어디로 간 것인가? 낚시터에, 산과 바다에, 경기장에 마구 버린 저 엄청난 쓰레기를 보라. 돈이 된다면 맨홀 뚜껑, 교량의 난간, 남의 집 문짝까지 떼어가는 화인 맞은 양심을 보라. 우리는 때때로 민의의 전당에 나갈 자격도 없는 사람들에게 학연, 지연에 얽혀 투표하고 있지 않는가? 지금은 영웅이 지배하는 세상이 아니다. 오늘은 민중이 가치를 만들고 사회의 집단의식이 사회와 국가를 규정하고 이끌어가는 시대이다. 그러므로 국민 개개인의 도덕적 가치는 한 나라의 미래를 결정짓는 것이다. 종종 몸담았던 기업의 산업기술을 일신의 이익만을 위하여 해외로 빼돌렸다는 매국노의 이야기를 들으면 분노를 넘어 슬픈 심회를 감당할 수가 없다.

하늘의 질서는 분명하다. 콩 심은 데 콩 나고, 팥 심은 데 팥 난다. 심은 대로 거둔다. 봄에 씨를 잘 뿌리고, 여름에 땀 흘려 정성을 다하여 곡식을 가꾸면 틀림없이 가을에 풍성한 열매를 거둔다. 우주의 질서는 엄정하다. 당장에는 사리와 꼼수가 먹히는 것 같지만 결국 하나님의 법이 이기고 악마의 법은 망하는 것이다.

인간의 패역에도 불구하고 여전히 봄, 여름, 가을, 겨울 사계를 주신 하나님께 지금 우리는 감사해야 한다. 그리고 자연현상을 통하여 노여움과 인내를 표하시는 하나님의 뜻을 파악해야 한다. 아름다운 자연을 주신 신에 대한 인간의 반역은 마침내 끔찍한 세상을 초래 할 것이다. 이미 처처에 마지막 심판을 알리는 경고음이 들리지 않는가? 온난화, 해수면 상승, 지진, 해일, 어종의 감소 등 수많은 경고음을 통하여 신은 지구의 종말을 통고하고 있지 않는가? 조류 인플루엔자, 신종 인플

루엔자, 광우병이 왜 나타나는가? 과연 우리는 저 잔인하고 비위생적이고, 비합리적인 축산업을 공개적으로 질타하고 반성해 보았는가? 인간의 행복을 위하여, 인간의 욕망을 위하여 인간은 자연의 질서를 마음대로 파괴하였다. 그리고 우주의 질서는 일그러지고, 일그러진 질서는 이제 인간을 종말의 벼랑까지 몰아왔다.

다형의 기원처럼 겸허한 모국어로 나를 채워 기도하자. 낙엽들이 지는 이때를 주신 하나님께 감사하자. 그리고 사랑하자. 증오는 증오를 낳는다. 패역은 패역을 낳는다. 가을에 넉넉한 마음으로 이웃을 사랑하자. 하늘이 주신 자연유산을 사랑하자. 사랑만이 인간의 위기를 극복할 수 있다. 미움은 패망을 맞는다. 우주의 엄연한 질서를 가볍게 보면 인류의 미래는 없다. 사랑은 하나님이 인간에게 원초적으로 주신 선물이요 질서다. 아담이 이브를 보고 "내 뼈 중의 뼈요, 살 중의 살이로다"라고 독백한 것은 원초적 사랑의 증언이다. 인간이 하나님을 사랑하고 인간을 사랑하는 것이 우주질서의 근본이다. 인간보다 악을 더 사랑한 인간의 뒤틀어진 인격을 바로세우고 에덴의 질서로 돌아가는 운동을 교회는 맹렬히 해야 한다. 어디 교회뿐인가? 개인도 국가도 단체도 세계도 에덴의 질서, 신의 질서로 돌아가야 한다. 에덴은 평화의 동산이다. 에덴은 사랑의 동산이다. 에덴은 인류가 소망하는 낙원이요 유토피아다. 이 에덴의 회복을 위하여 먼저 마음의 동산을 타락 이전의 상태로 되돌리는 운동을 전개해야 한다. 하늘이 주는 축복의 질서는 순수하고 겸허한 마음을 닦는 인간에게만 임할 것이다.

달력이 몇 장 남지 않았다. 저 눈부신 올 가을 단풍이 다 떨어져 버리면 소슬바람은 또 차디찬 바람으로 변하여 가난한 집 문풍지를 울릴 것이다. 그리고 크리스마스 캐롤과 함께 한 해는 또 서둘러 갈 것이다. 이 엄연한 질서, 자연의 질서, 우주의 질서를 더 이상 거스르지 말자.

우리는 모래가 아니다

"한국인은 모래알 같다. 모래알 하나하나는 매우 단단한데 그 단단한 모래알들은 한 덩어리로 뭉치지 못한다. 이처럼 한국인 개개인은 단단하지만 이들은 뭉치지 못한다."

과연 그런가? 아니다. 이 말은 과거에 일본인들이 한국인들을 분열시키고 이 땅을 자기들의 것으로 만들기 위하여 지어낸 말이다. 우리나라 고대사 자료들을 보라.

우리 민족은 상부상조에 뛰어난 민족이다. 일찍이 '계'라는 것을 만들어 서로 도왔고 품앗이를 했으며 가난함에도 불구하고 서로 나누어 먹을 줄 알았다. 이러한 아름다운 민족성은 아직도 농촌에 남아있으며 삼사십년 전만 해도 우리나라 농촌 어느 곳에서나 이러한 상부상조의 전통과 미풍이 살아있었다.

어디 그뿐인가. 외침으로 나라가 누란의 위기에 처할 때마다 우리나라 민초들은 한 덩어리로 뭉쳐서 외적을 물리쳤다. 저 수많은 의병들, 독립군들이 이 나라를 지켰다. 우리는 모래가 아니다. 이 나라는 훌륭한 민중들의 저항과 단결로 이어왔다. 남이 그려준 자화상을 지우고 새 역사를 열어가야 한다.

근면하고 낙천적이며 상부상조 잘 하는 은근과 끈기의 민족이 우리 민족이다. 이 훌륭한 민족을 떼어놓고 반목하게 하고 분열시키는 반역 행위를 중단하라. 당신들의 작은 이익을 위하여 우리 국민을 갈라놓고 분열시킨다면 우리는 공멸한다.

지정학적으로 강대국들의 틈새에서 남북분단의 비극을 극복하고 살아남으려면 우리는 비상한 각오로 뭉쳐야 한다. 그런데 지금 우리는 어디로 가고 있는가?

경제도 어려운 판에 반목과 분열로 온 나라가 대결의 장으로 치닫고 있다. 역사를 바로 세우겠다고 친일명단을 공개하였다. 공산주의를 신봉하여 민족을 죽음으로 몰아넣은 사람들은 공개하지 않고 공정하지 못한 역사연구에 몰두하고 있다.

역사연구는 역사학자들에게 맡겨야 한다. 객관적으로 공정하게 역사를 기술하도록 학계를 지원하고 정치권은 국민과 국가를 위하여 헌신해야 한다. "한국전쟁은 통일전쟁이고, 미국이 개입하지 않았으면 인명피해도 적었고 전쟁도 빨리 끝났을 것이다. 맥아더는 전쟁광"이라는 지극히 좌익 편향적 한심한 이론을 늘어놓는 교수의 주장은 공산주의로라도 통일만 하면 된다는 주장으로 들린다.

그러나 이것도 입장을 달리하는 학자들이 반박하도록 위임하고 위정자들은 밤낮으로 국가의 안위와 국민의 복리를 위하여 몰두해야 한다. 그 길이 지지도를 높이는 첩경이다.

보수와 진보, 친북과 반북, 가진 자와 못 가진 자, 호남과 영남, 친미와 반미, 세대와 세대로 갈라놓고 정치바둑을 두려는 생각은 사탄의 사고다. 국민이 잘못하여 빈부의 양극화가 생기고 부동산 투기가 생겼는가? 특권층, 재벌들이 먼저 앞장서서 부동산 투기하지 않았나? 어디가 개발되고 무엇을 사야 돈을 벌 수 있다는 정보나 첩보를 국민들은 모른다.

부동자금 400조 이상의 돈이 갈 데가 없다고 한다. 그러므로 마땅한 투자처를 찾지 못하는 돈이 부동산투기로 몰리는 것이다. 우리나라 경제가 좋아서 요사이 주가가 오르는 것이 아니다. 할 수 없이 주식시장으로 일부의 돈이 가는 것이다.

정부는 기업인과 노조의 사이에서 역량을 다하여 중재하고 기업의 투자여건을 조성하여 고용을 늘리고 수출이 잘 되도록 최선을 다하여 도와야 한다. 이를 위하여 정치와 외교역량을 총 집중해야 한다.

북핵문제, 한반도를 중심으로 이해를 저울질하는 강대국들의 심각한 움직임들, 아시아의 급변하는 경제 여건, 우리나라의 어려운 경제 현실 등…. 대통령과 정치권은 오늘 이러한 시급한 사안들로 골몰해야 할 때가 아닌가?

지금 우리 사회의 심각한 분열을 획책하고 조장하는 인물들과 세력들을 우리는 발본색원해야 한다. 지역분열을 조장하여 이익을 챙겨온 세력들이 누구인가? 정치하는 사람들 아닌가? 어찌하여 화해와 국민통합은 뒷전인가?

남북통일을 천명하기 전에 우리 사회의 화해와 통일을 먼저 도모해야 한다. 어느 사이에 우리 사회는 심각한 대립의 사회, 분열의 사회가 되었다. 일부 시민단체와 정치권은 오히려 이러한 현상을 부추겨 자기들의 이익을 도모하려고 한다.

지금 국민은 불안하다. 안보가 불안하고, 먹고사는 것이 불안하고, 노후가 불안하고, 투자가 불안하고, 미래가 불안하다.

그러므로 정책은 전문가에게 맡겨 심사숙고 한 후에 나와야 하고,

또한 여러 전문가들의 의견을 수렴하여 최종 결정되어야 한다. 국가의 정책은 한번 실패하면 그 손해는 고스란히 국민이 떠안기 때문에 실패하지 않아야 한다.

국민을 선동하여 권력의 수단으로 삼는 정권, 국민을 하늘처럼 섬기지 않는 정권은 반드시 망한다. 포퓰리즘에 편승하는 것이 국민을 위하는 것이라고 착각해도 곤란하다.

대다수의 안목 있는 국민은 침묵한다. 요사이 저 철없이 요란한 사람들이 전체 국민을 대변하지 않는다는 사실을 명심하면서 당국은 국정을 운영하여야 할 것이다.

예로부터 못된 국왕을 만나 신음하고, 외침을 당하여 나라의 명운이 백척간두에 서있을 때마다 이 나라는 무고한 백성이 죽음으로 나라를 지켰다.

그러므로 이제 더 이상 이 나라의 백성을 고단하게 하지 마라. 백성을 지성으로 모시면 정권은 자연스럽게 얻어진다는 진리를 되새기면서 일본이 우리에게 그려준 '모래자화상'을 혁파하라.

우리는 모래알처럼 단단하면서도 시멘트와 같은 응집매체, 상부상조하는 사랑의 매체가 있음으로 철석같이 단결하여 이 난국을 극복 할 수 있다.

더 이상 국민을 분열시키지 말라. 더 이상 국민을 오도하지 말라. 우리는 모래가 아니다. 국민은 바보가 아니다.

(2005. 9)

어머니의 절망

불효자인 나는 지난날 어머니를 섭섭하게 해드린 때가 많았다. 그중 한두 가지만 회한(悔恨)의 심정으로 기억을 더듬어 본다. 초등학교 3학년 때였던가? 한국전쟁 직후라서 너나 할 것 없이 가난했던 시절이었다. 더구나 아버지는 일찍이 작고(作故)하시고 효자인 큰아들까지 북으로 끌려간 우리 가정은 살림살이가 말이 아니었다.

어느 날 오후 나는 어머니와 형님들이 들에 나가신 틈을 타 어머니의 옷상자를 열었다. 그리고 어머니의 버선목에 감추어 놓은 돈의 일부를 집어들고 시장으로 갔다. 그리고 이튿날까지 제출해야 할 숙제도구를 사고 나머지는 허기진 배를 달래기 위하여 빵 한 개를 사먹었던 것 같다. 이윽고 저녁이 되어 모든 식구들이 모였고 식사 후 어머니는 돈이 없어진 사실을 확인하셨다. 그리고 범인이 누구냐고 매섭게 추궁하셨고 나는 겁에 질려 사실대로 범행을 자백하였다.

그러자 어머니의 절망은 천둥이 되고 소나기가 되어 나타났다. 수십 개의 회초리가 부러져 나갔고 통곡하시는 어머니의 울음은 차라리 파도였고 폭풍우였다. "아비 없는 후레자식 소리 안 듣게 하려고 노심초사하며 키웠건만…" 하시는 어머니의 탄식은 지금도 나의 가슴속에 메아리로 남아있다.

그리고 두 번째 어머니의 큰 절망은 그로부터 일년 후에 다시 일어났다.

나는 유년기에 매우 개구쟁이였다. 어느 겨울날 무리한 썰매타기가 원인이 되어 나의 오른쪽 고관절이 망가졌다. 보름동안 눕지도 못하고 어머니, 형의 등에 업혀 환부가 생으로 곪을 때까지 기다렸다. 마침내 시설이 열악하기 짝이 없는 시골병원에서 큰 수술을 받았고 지옥을 횡단하는 것 같은 고통스러운 투병생활을 하였다.

어머니는 신음하는 내 머리맡에서 매일같이 우셨다. "이놈아! 내 다리를 잘라 네 다리에 붙일 수만 있다면 얼마나 좋겠느냐…" 하시며 어머니는 노상 우셨다. 절망은 망치가 되고 바위가 되어 어머니의 가슴을 때렸다. 불효 중에 가장 큰 불효는 부모보다 먼저 자녀가 세상을 떠나거나 몸을 다치는 일이다.

나는 일찍이 효의 시작도 이루지 못한 불효자다. 신체발부 수지부모 불감훼상 효지시야(身體髮膚 受之父母 不敢毁傷 孝之始也)라 하지 않았던가? 나는 어머니를 절망케 한 못난이다.

어머니의 절망! 그것은 나에게 공의(公義)였으며 사랑이었다. 비록 먹을 것, 입을 것은 없을지라도 인간답게, 바른 재목으로 키우려는 하늘같은 어머니의 뜻은 회초리로, 울음으로, 한숨으로, 푸념으로 나타난 것이다. 그토록 어려운 핍절(乏絶)의 계절에 우리의 어머니와 아버지는 인륜도덕을 세웠고 진리를 화육(化肉)시켰던 것이다.

그런데 어느새 오늘 우리는 비만을 염려하고 부유한 쓰레기를 고민하는 세상에 살고 있다. 늘어난 소득을 주체할 수 없어 백화점으로, 해외여행으로 과소비를 일삼는 부류들이 있다. 부러울 것이 없는 물질문명의 풍요 속에서 오늘의 이브는 반역을 도모한다. 그래서 캬바레로, 거리로 노라의 탈출을 재현한다. 다수의 성실한 어머니들까지 과외의 열풍으로 자식들을 몰아넣는다. 거기엔 진리도 사랑도 없다. 살벌한 생존경쟁의 해법만이 존재한다. 이기주의와 개인주의만 있다. 부정한 방법으로라도 성공만 하면 된다는 결과주의만 있다.

회상하여 보라. 그 옛날 가난한 추억의 현장에 있었던 사랑과 예절과 정직한 우리의 모습들을 뇌리에 떠올려 보라. 이웃의 아픔이 우리의 아픔이었고 이웃의 경사가 우리의 기쁨이지 않았던가? 우리는 많은 것을 얻었다. 그러나 우리는 더 많은 것을 잃어버렸다. 아니, 인간의 근본을 상실하였다. 어머니의 참 절망을 상실한 것이다.

오늘의 어머니는 자녀가 대학에 합격하지 못하여 절망한다. 그러나 옛날 우리의 어머니들은 자녀가 정직하지 못할 때 절망하였다. 인륜도덕을 상실하고 인간답지 못하게 자라나는 자녀들의 행실 때문에 슬퍼하였다. 결과보다는 과정을 중시하였고 더불어 사는 법을 가르쳤다. 하루종일 이웃집 일을 거들어 주고 대가도 없이 돌아왔으며 내 곡간에 있는 곡식도 나누어 먹을 줄 알았다. 이 엄청난 도리를 누가 가르쳤나? 이 평화의 질서를 누가 가르쳤나? 이 땅의 어머니가 가르쳤다.

나의 어머니는 청상(靑孀)이었다. 학교 문턱에도 가신 적이 없다. 어깨너머로 겨우 한글을 깨치셨다. 그러나 나에게는 어머니 보다 더 위대한 스승은 없다. 어머니의 눈물, 분노, 한숨, 꾸지람, 격려… 이 모든 것이 나에게는 소중한 보배였다. 그 속에는 우주보다 더 큰 사랑이 있었고 태산같은 교훈이 깃들어 있었다. 어머니의 회초리는 공의였고 어머니의 눈물은 사랑이었다. 어머니의 절망! 나는 그 진한 절망 때문에 오늘 여기에 있는 것이다.

아름다운 사제司祭

모처럼 주어진 안식년(연구년)이다. 여름방학이 시작되면서 급히 성적을 산출하여 제출하고 도서관에 있는 컴퓨터 CD로부터 계획한 논문의 자료목록들을 뽑아내었다. 그리고 서둘러 4개월간의 미국여향을 다녀왔다.

하버드 대학교 신학대학원 도서관에서 중요한 자료들을 구했고, 나머지 자료를 더 구하기 위하여 몇몇 대학들을 방문하는 동안 나는 미국의 중부에 위치한 세인트 루이스(ST. Louis)대학교 도서관에서 한 감동적인 광경을 목격하였다.

원전(manuscripts)을 마이크로필름에 보관하고 있는 자료실에서 가톨릭교회의 한 노 사제(老司祭)가 열심히 원전을 낱낱이 살피고 있었다. 손등과 얼굴에는 깊은 주름살들로 가득하였고 머리는 백발이었다. 사제는 두툼한 돋보기안경을 쓰고도 부족하여 컴퓨터 모니터 위에 둥근 손 돋보기를 들이대고 열심히 원전을 읽고 있었다. 너무 진지하여 말을 건네 보지는 못했지만 어림잡아 구십 세를 넘긴 노학자였다. 일생동안 수도와 학문의 외길을 걸어온 노사제의 그때 그 탐구하는 모습은 거룩하고도 아름다웠다.

인류는 이러한 탐구의 단락들이 이어지면서 발전해 왔다. "하나님이 일을 내게 맡기셨다"는 천명(天命)적 직업관이 인류의 문명을 오늘날과 같이 찬란하게 만들었다. 막스 베버(Max Weber)는 프로테스탄트의 소명적 직업관에 의하여 풍요한 서구의 물질문명이 성립되었다고 가르쳤다.

직업의 귀천을 가리지 않고 자신이 종사하는 일은 그것이 부도덕한 일이 아닌 한 어느 직업이나 하늘이 내려준 직업이며 그 일을 통하여 하나님께 응답한다는 천직사상이 서구의 부를 만들어냈다. 우리에게도 장인(匠人)정신이 있었다.

그러나 우리는 장인을 '쟁이'로 비하시켰고 직업과 신분의 서열을 두어 인권까지 침해하였다. 사농공상(士農工商), 양반과 상민, 서얼차대(庶孼差待)같은 악법이 우리의 역사를 황량하게 만들었다.

그러나 이제 이러한 모든 악법은 사라졌다. 이제 우리는 장인정신을 살려내야 한다. 천직사상으로 물품을 만들어 세계의 무역시장에 당당하게 내어 놓아야 한다. 불량상품이 없어져야 한다. 지구촌의 무한경쟁시대에 살아남는 길은 오직 천직사상과 장인정신으로 창조하고 도전하는 데 있다. 한 치의 오차도 없는 완벽한 제품을 생산해야 한다. 세계시장에서 신용을 쌓아야 한다. 그러기 위하여 우리는 각자 맡은 일에 몸을 던져야 한다.

정부는 모든 국민에게 교육의 기회를 주고 각자의 적성을 일찍부터 살릴 수 있도록 여건을 조성하여 주어야 한다.

선진국이 무엇인가? 국민이 누구나 타고난 재능을 마음껏 발휘할 수 있도록 교육적 여건을 조성해주는 나라가 선진국이다. 그 동안 우리는 천부적 소질을 타고났으면서도 환경과 여건이 맞지 않아 재능을 피워보지도 못한 채 수많은 사람들이 시들어갔다.

서구의 선진사회에서는 비록 장애인이라고 할지라도 타고난 재능을 최대한 발휘할 수 있는 교육제도와 여건이 마련되어 있다. 이제 우리도 원하기만 하면 마음껏 자신의 꿈을 펼칠 수 있는 사회를 만들어야 한다.

위성사들은 저 천박한 정쟁을 중단하고 민생의 안정과 기회균등의 사회를 건설하기 위하여 혼신의 힘을 기울여야 한다. 국민들은 이제 구시대의 망령에서 벗어나 불꽃같은 눈으로 정치를 감독하고 잘못된 정치인들은 투표로 심판해야 한다. 구제금융의 치욕스러운 위기를 이만큼이라도 회복한 공로는 당신들, 정치인들의 것이 아니다.

쓰러진 기업을 살리려고 밤낮으로 땀 흘리는 기업인과 ARS를 통하여 끊임없이 후원금을 보내고, 금 모으기 행사에 동참했던 대다수의 선량한 국민들의 공로 때문에 한숨 돌린 것이다. 그러나 아직 멀었다. 넘어야 할 산이 높고 가파르다. 저마다 자기가 서있는 자리를 지켜야 한다.

총선을 앞두고 신당이 생겨나고, 여야가 세 불리기에 분주하다. 여기에 일부 성직자들까지 권력의 주변에 모여들고 있다. 과거 민주화 투쟁에서 존경스러운 모습을 보여주었던 수많은 인사들도 입신출세에 혈안이 되어 있다. 그날이 오면 한 자리 하려던 야심이 그럴듯한 모습으로 지금까지 위장되어 있었던 것이다.

툭하면 국민을 팔고, 민족을 들먹거리면서 당신들은 여전히 지역감정을 교묘하게 이용하고 있다. 학자는 학자의 길을, 종교인은 종교인의 길을 가는 것이 마땅한 일이다. 부득불 전문성을 필요로 하는 사람을 제외하고는 자신의 자리를 지켜야 한다.

매스컴을 통하여 유명해지기만 하면 전공과는 상관없이 정치무대로 직행하는 알맹이 없는 사람들을 보면 측은지심이 생겨난다. 지난날 독재정권을 비판하고 마치 하나님을 대신하여 이 나라의 역사를 자신들이 주관할 수 있는 것처럼 착각하던 당신들도 우리는 더 이상 믿을 수 없다.

500㎞ 장거리 미사일도 미국의 허가 없이는 개발할 수 없는 이 나라의 국방은 미국에 종속되어 있고, 경제는 아직도 미국과 일본에 종속되어 있으며, 경제 환란은 조금 벗어난 것 같으나 여전히 풍랑의 바다에 떠 있는 돛단배 같은 경제상황 속에서 지금 대다수의 국민들은 방황하고 있다.

가장 믿을 수 없는 집단인 정치가들에게 국가의 운전대를 맡기고 국민은 불안에 떨고 있다. 이때에 종교인만이라도 청정한 자리에 서서 어두운 사회를 깨워야 할 것이 아닌가? 목사와 신부와 스님이 저잣거리로 나와서 속복(俗服)을 걸치고 무엇을 하겠다는 것인가? 당신들의 일탈 때문에 신도들이 타락하는 것이다.

다가오는 엄동설한에 차가운 방에서 끼니를 걱정하는 무의탁 노인들, 소년소녀 가장들, 장애인들, 실직자들, 17만 명의 결식아동들이 있는 이 땅에서 값비싼 호피무늬 코트를 입고 저들은 기도원에 가서 무슨 기도를 올렸을까?

우리 모두 제정신으로, 제자리로 돌아가자. 탐욕을 버리고 하나님이 주신 우리 자신의 일과 삶의 자리를 사랑하자. 세인트 루이스 대학, 도서관에서 맹렬하게 탐구하던 백발의 사제! 나는 지금도 그 아름다운 영상을 지울 수가 없다. 아! 언제나 저 시끄러운 공해, 정치소음이 사라질 것인가.

(1999. 11)

아름다운 낙엽

바쁜 일상에 쫓겨 여러 해 동안 아름답게 단풍으로 수놓은 우리나라의 가을 산을 볼 수 없었는데 지난해에 안식년을 맞이하여 미국에 머무는 동안 보스턴 일대와 뉴욕 주 북부지방의 단풍을 만끽할 수 있었다.

영화 '러브스토리'의 무대 하버드 대학 캠퍼스와 찰스 강변의 로맨틱한 풍광은 물론이요 에머슨, 호손, 롱펠로우 등이 살며 집필하던 집, 호수가 있는 숲속에 한 칸짜리 조그마한 통나무집을 짓고 아주 가난하고 단순하게 살았던 도로우의 체취를 감상할 수 있었다.

보스턴 시내는 여느 미국도시와 같이 계획된 도시가 아니라 꼬불꼬불하고 답답한 것 같으나 조금만 외곽으로 나가면 울창한 숲과 아름다운 호수가 영혼의 찌든 때를 씻어준다.

집회를 인도하러 로체스터에 갔다가 로체스터와 씨라큐스 중간쯤에 위치한 휭거레이크(Finger Lake) 일대의 가을 단풍에 빠져들었던 추억은 지금도 생생하다. 손가락처럼 생긴 거대한 산맥이 길게 펼쳐 있고 그 사이에 크고 긴 호수 세 개가 맑은 물을 출렁이고 있어서 손가락 호수라고 명명한 것이다.

뉴욕 주 북부는 단풍의 나라 캐나다와 인접해 있기에 가을 산은 온통 단풍으로 뒤덮여 있었다. 펜실베니아 그랜드캐니언, 코넬대학 근처의 오래된 나무숲들이 가을이면 노랗고 빨간 옷으로 갈아입는다. 오랫동안 단풍을 즐기지 못한 욕구를 이국땅에서 채운 것이다. 그러나 아기자기하고 고운 자태야 우리나라의 단풍과 비교할 수 있겠는가.

나는 삼십여 년 전 대학의 졸업여행 때 보았던 설악산 단풍을 지금도 잊을 수가 없다. 관광버스가 한계령을 넘다가 너무도 아름답게 물든 단풍을 그냥 지나칠 수가 없어서 길가에 차를 세우고 단풍을 감상했었다.

가을 미풍에 흔들리는 형형색색의 단풍이 파도치는 모습을 보고 우리는 그저 '아!~ 야!~ 좋다!~' 라는 탄성만을 연발할 뿐이었다. 그것은 차라리 전율이었다. 지금쯤 풍악산(금강산의 가을 이름)은 얼마나 아름답겠는가.

잎새의 일생으로 보면 단풍은 노년기에 속한다. 봄빛에 노랗게 솟아나온 아기 잎들은 연둣빛 유년기를 거쳐 활기찬 진녹색 청년기를 보내고 소슬바람과 함께 늙어간다.

그러나 그 늙음은 찬란한 미소로 산을 덮는다. 생물학적으로 보면 기온이 내려가고 수분과 양분이 잎새에 충분히 공급되지 못하여 고엽이 되어 가는 과정이 단풍이다.

나무의 종류에 따라 잎새의 색깔이 다르긴 하지만 마지막 피날레를 아름답게 장식하는 단풍의 최후는 우리를 감동시킨다. 그것들은 서로 어울려 산봉우리와 능선을 따라 마치 가을 교향악을 연주하는 듯하다.

잎새들은 정직하다. 수분과 영양을 섭취하고 살만큼 살면 미련 없이 떨어진다. 바람이 불고 날씨가 싸늘해지면 더 빨리 서둘러 떨어진다. 온 산이 빨갛게 물들었다가도 비만 한 두 차례 내리면 단풍은 우수수 떨어져 버린다. 올 가을 단풍은 좀 오래 머물렀으면 좋겠다.

인간의 일생도 낙엽의 노정과 흡사하다. 유년기와 청장년기를 거쳐 노년기로 흘러간다. 아무리 늙지 않으려 해도, 또 죽지 않으려 해도 인생의 가을이 오면 낙엽이 되고 겨울이 오면 삶의 가지에서 떨어져 숨을 거둔다.

생자필멸(生者必滅)!

우리는 이 엄숙한 우주의 법칙을 지켜야 한다. 늙지 않고 오래 살려는 이 처절한 우리의 싸움은 하늘에 대한 반역이다.

아름다운 인생은 낙엽의 일생처럼 시간의 순리에 순종한다. 권력의 시한이 끝났는데도 물러나지 않고 끈질기게 매달려 있다가 부끄럽고 비참한 최후를 마친 독재자들이 있다. 수단과 방법을 가리지 않고 재물을 모으다가 쓰러지는 어리석은 부자들이 있다. 가면을 쓰고 명예를 훔친 실패자들이 있다.

시간이 지나면 초라한 색깔로 변해버릴 허무의 잔해들을 움켜쥐고 인간은 축배의 노래를 부르고 있다.

하나님의 법칙은 잎새의 법칙이다. 새순이 돋고 한때 푸른 너울을 넘실대던 잎새들도 떨어질 때가 오면 반드시 떨어져야 하는 순리가 하나님의 법칙이다. 아름다운 인생은 이 엄숙한 하나님의 진리에 순종할 줄 안다. 터무니없는 탐심과 허욕으로 이웃을 해하는 인간은 추한 인생이다.

죄인이 누구인가. 우주의 질서를 교란하는 사람이다. 하나님의 형상으로 창조된 인간을 업신여기는 사람이다. 이웃의 것을 탐내고, 억누르고, 빼앗고, 속이고, 깔보는 사람이 죄인이다. 상대적인 이 세상의 것을 인간보다도, 하나님보다도 더 사랑하는 사람이 죄인이다.

봄과 여름을 지나 가을에는 고요히 떨어져 겨울 나목(裸木)의 순수를 창조하는 낙엽의 일생은 거룩하다.

지금 당신이 누리고 있는 부요, 쥐고 있는 권세와 명예, 그것은 영원한 것이 아니다. 잠시 우주의 주인으로부터 빌린 것이다. 머리를 식히고 나의 남은 날이 얼마나 되는가 셈하여 보라(전도서). 인간의 푼수를 아는 자는 행복하다.

순천자(順天者)는 흥하고 역천자(逆天者)는 망한다. 순천자가 누구인가. 하나님의 법칙, 우주의 원칙에 따라 사는 사람이다.

올 가을에는 아름다운 낙엽을 배우자.

그 아름다운 생의 교훈을…!

(2000. 10)

쓰레기 양심

중국이 시장경제를 도입할 무렵 기차를 타고 심양에서 장춘을 거쳐 연길까지 여행을 하였다. 특급열차라고는 하지만 우리나라 기차에 비하면 훨씬 낙후된 석탄 기관차였다. 여승무원이 1등 객차에 들어오더니 탁자 위에 쌓인 쓰레기를 모아 달리는 차창 밖으로 아무런 거리낌 없이 버리는 모습을 보고 혀를 찼던 기억이 새롭다.

그런데 나는 오늘 TV, 신문, 라디오의 보도를 접하면서 우리의 턱 밑에서 벌어지는 쓰레기 대란에 분노를 금치 못하고 있는 것이다. 지난번 호우로 팔당댐을 방류하자 주체할 수 없는 쓰레기들이 떠내려 왔다.

엊그제는 '체험 삶의 현장'이라는 TV프로그램을 통하여 하루 종일 쓰레기 치우는 일로 몸살을 앓는 광경을 목격하였다. 도시의 재개발지역, 산과 바다의 피서지, 강과 하천이 썩고 또 썩어 사람이 살 수 없는 끔찍한 환경으로 변해 가고 있다. 하천과 강과 바다의 연안이 오염으로 곪아터지고 있다. 야구시합, 축구시합이 끝나고 관중석 빈자리에는 수십 수천 톤의 쓰레기들이 뒹굴고 있다.

연휴와 명절이 되어 고속도로에 차가 밀리면 오만가지 쓰레기들이 도로변에 쏟아진다. 상수원에서 떠내려 오는 쓰레기의 종류는 냉장고, TV, 세탁기, 우마차, 장롱까지 다양하기 짝이 없다. 산과 계곡엔 병과 깡통, 음식찌꺼기를 전혀 분리하지 않은 채 땅에 슬쩍 파묻어 놓아 이중 삼중의 수고를 쏟아도 해결이 안 된다.

밤이나 비 오는 저녁에 자동차로 몰래 쓰레기와 오물과 폐가전제품과 낡은 가재도구를 도로변과 하천에 마구 버린다. 자동차를 타고 도로를 질주하며 휴지나 쓰레기, 담배꽁초를 마구 차창 밖으로 던진다. 일일이 열거하기 힘든 쓰레기 양심들을 목격하면서 오호통제를 반복한다.

민관(民官) 모두가 쓰레기 양심의 주체들이다. 맑은 물이 내려오는 계곡을 따라 올라가 보라! 러브호텔, 음식점들이 즐비하다. 서울시민의 상수원을 둘러보라. 별장, 대형 음식점, 숙박시설들이 즐비하다. 무허가, 허가 건물들이 들어서고 심지어는 널빤지를 깔아놓고 마음대로 자릿세를 받고, 빈대떡 등 간이식품과 주류를 판매한다. 당국은 쓰레기 처리 정책, 환경 정책도 없는지 단속이 허술하다. 정작 서슬이 시퍼렇게 권한을 행사할 곳에서는 (웬일인지) 우물거리고, 부드러워야 할 곳에서는 강경하다.

국민의 양심과 의식수준도 문제다. 우리나라 평균교육수준에 비하여 우리의 양심과 의식은 낙제점 중의 낙제점이다. 정치가 잘못되었다고 말하지 말라! 사회가 어떻고, 문화 경제가 어떻고 하며 비판하지 말라! 자격 있는 사람만 말하라! 최소한의 의무와 질서와 양심을 지키는 사람만 말하라! 우리 국민의 수준이 쓰레기 현장에서 나타나고 있지 않는가? 우리 국민의 부패한 양심들이 저 오염된 산천에 지천으로 널려 있지 않는가?

지금은 봉건시대도 아니다. 민주(民主)의 시대다. 국민이 건강하고, 국민이 옹골차면 어떻게 부정부패가 발 부치겠는가? 부릅뜬 눈으로 국정과, 시정을 살필 능력이 투철한 국민은 양심적인 국민이어야 한다. 쓰레기를 옳게, 성의 있게 분리하고, 공중도덕을 지키며 우리의 의무를 준수해야 한다.

신문지상에 화려하게 오르내리는 가짜들은 결국 건강하지 못한 국민들이 만들어 낸 인물들이다. 백성이 옳아야 지도자도 꼼짝 못하는 법이다. 민심이 천심이라는 말은 순박한 백성, 착한 백성, 양심적인 백성, 애국하는 백성을 일컬음이다. 애국이 따로 있겠는가? 지금 여기에서 쓰레기 하나라도 마구 버리지 않고 잘 수거하는 것이 곧 애국이다.

당국에게 바란다. 행여 뇌물을 주어도 백년대계를 위하여 절대로 받지 말고 상수원 보존정책, 환경정책을 올바로 세워 예산을 과감히 집행하고 단속은 강력하게 하길 바란다. 어느 나라에서는 음주 운전자를 사형시키는 나라도 있다.

장개석 정부는 초기에 도둑질 하는 자들을 모아 먼 바다에 수장시켰다고 한다. 싱가폴의 강력한 시책도 본받을 만하다. 이대로 가다가는 이 나라 삼천리금수강산이 쓰레기 강산이 되고 말 것이다. 청렴결백한 애국적인 정부와 공무원만이 강력한 개혁과 단속을 실행할 수 있다.

지금 지구의 온난화 현상, 엘리뇨 현상, 지구의 양 극점에서 빙산이 녹아내리는 현상, 지구를 둘러싸고 있는 오존층의 파괴… 등 인류멸망의 조짐이 핵폭탄, 화학탄, 세균탄의 전쟁을 동반하고 서서히 밀려오고 있다. 썩은 양심, 터무니없는 욕심으로 인간은 문명의 잿더미 위에서 파멸할 것인가? 오! 쓰레기 양심을 다시 고발한다.

순천자順天者만이 복이 있다

연일 IMF 시대를 어떻게 극복할 것인가에 대한 토론과 좌담이 TV나 대중 매체들을 통하여 개최된다. 사회의 각계 전문가들이 의견을 내놓고, 경제 전문가들이 경제파탄의 원인 분석과 처방들을 제시한다. 그러나 결론은 한결같이 경제문제보다도 더 근원적인 문제에 토론의 초점이 모인다. 그러면 경제 이전의 문제가 무엇인가? 그것은 우리국민의 정신자세이다. 대한민국을 구성하고 있는 모든 백성 하나하나의 마음가짐과 실천이 경제보다 더 근원적인 것이다.

한국인의 금 모으기 운동이 뉴스매체를 통하여 전 세계에 소개되었다. 어렵게만 예측되던 노사정위원회가 결성되었다. 여야를 막론하고 IMF를 극복하자는 데는 한 마음이 되었다. 따라서 뉴욕으로 건너갔던 외채협상단이 희망적인 협상결과를 가지고 돌아왔다. 단기 외채를 중장기 외채로 전환하여 외채상환의 시간을 벌었고, 상환 금리도 평균 8.1%라는 적정수준으로 끌어내렸다. 이제 겨우 급한 불을 끈 셈이다.

국제 신인도(信認度)가 다시 회복되어가고 있다. 아직도 외채는 한

푼도 상환하지 못한 채무국인데 왜 국제사회에서 우리를 믿기 시작하였나? 그것은 경제 이전의 문제, 즉 우리 민족의 저력을 긍정적으로 평가하였다는 징표이다.

이제부터 우리는 경제보다도 더 근원적인 문제, 인간만사의 진정한 뿌리인 하늘의 소명에 충실하여야 한다. 국제 신인도가 무엇인가? 세계열방의 우리를 향한 믿음이 아닌가? 그 믿음은 어디에서 오는가? 우리의 역량, 우리의 가능성을 인정한다는 것이 아닌가? 우리의 진실, 우리의 부지런함, 우리의 애국심이 우리나라 역량의 기반이다.

구약성서를 보라. 이스라엘이 그들의 하나님 야훼의 명령에 순종하고, 그의 율례를 따라 살기를 기뻐하였을 때 저들은 하늘의 축복을 받았다. 그러나 저들이 방탕하고, 불법을 행하며 야훼께 불순종 하였을 때는 여지없이 지독한 형벌을 받았다. 바벨론, 앗수르, 페르시아의 식민지가 되고 포로민이 되었다.

성서는 이스라엘과 성도들을 표본으로 삼아 오늘도 우리에게 이 귀중한 교훈을 전달하고 있는 것이다. 비록 죄를 지은 국가나 백성이라 할지라도 저들이 회개하고 돌아와 하나님의 명령에 순종하기만 하면 하나님은 다시 긍휼과 자비를 베푸신다.

이러한 사상은 동서양을 막론하고 동일하다. 맹자는 "하늘의 뜻을 따르는 자는 존립하고, 하늘의 뜻을 거역하는 자는 망한다"(順天者在, 逆天者亡)고 하였다. 하늘의 뜻이 무엇인가? 참이다. 봄이 가면 여름이 오고, 여름이 가면 가을이 오고, 가을이 가면 겨울이 오는 불변의 진리다. 아침이 지나면 낮이 되고, 낮이 지나면 밤이 되고, 밤이 지나면 다시 아침이 되는 것이 하늘의 진리다. 콩 심으면 콩 나고, 팥 심으면 팥 나는 진리가 참이요, 하늘의 이치다.

인간은 마땅히 이 진리에 순종하여야 한다. 세상사가 왜 이렇게 시끄러운가? 이 참도, 이 하늘의 이치를 거역하였기 때문이다. 중용(中庸)에는 "참은 하늘의 길이요, 참을 행하는 것이 사람의 길"(誠者天之道也, 誠之者 人之道也)이라고 하였다. 그리고 맹자는 이 표현을 조금 바꾸어 "참은 하늘의 길이요, 참되려고 생각하는 것이 인간의 길"(誠者天之道也, 誠者人之道也)이라고 하였다.

이제 해답은 자명해졌다. 순천(順天)만이 살 길이다. 시간이 좀 걸리더라도 하늘의 명령, 참 도의 길을 따라 살면 만사는 해결된다. 그 다음이 방법론이다. 기업인은 개인의 이익만 챙기려고 급급할 것이 아니라 사회와 국가와 인류에 봉사하는 정신으로 기업을 운영하고, 근로자는 천명적 직업정신으로 제품생산에 진력하면 국제경쟁력이 살아나고 마침내 그 찬란한 영광과 이득도 자신에게 돌아간다.

위정자는 위정자의 자리에서 천명에 순종해야 한다. 학생, 주부, 가장, 공무원 등 우리 모두가 삶의 자리에서 참 도의 길을 가면, 하늘의 명령에 순종하면 만복이 몰려온다. 그러나 속이고, 분쟁하고, 탐하고, 사치하고, 게으르면 망한다. 그것은 역천(逆天)의 길이다. 역천자는 반드시 망한다. 그러나 순천자는 기필코 흥한다.

막스 베버는 서구 자본주의의 근원을 프로테스탄트 정신으로 보았다. 그 정신이 무엇인가? 소명적 직업관이다. 조상의 대장장이 직업을 소중히 여기고 그 일에 대대로 충성하는 정신, 구두 짓는 일, 집 짓는 가문의 일에 자부심을 가지고 정직과 성실을 다하여 일하는 프로테스탄트 직업정신이 오늘의 서구자본주의를 일구어 낸 것이다. 그들은 그 직업의 소명에 충실한 나머지 아예 가문의 성(性)까지 대장장이(Smith), 구두장이(Shoemaker) 등으로 바꾸기까지 하였다. 지성(至誠)이면 하늘도 감동한다. IMF한파는 오히려 우리민족이 비상할 수 있는 호기(好機)다. 하늘의 뜻(참)에 순종하는 자에게만 오직 복이 있을 뿐이다.

순리順理

며칠 전 입동(立冬)이 지나고 성급한 겨울이 몰려와 문을 두드리지만 아직도 가을의 끝자락은 이별이 아쉽다.

한차례 늦가을 비가 내리고 갑자기 기온이 내려갔다. 시나브로 떨어지던 잎새들이 차가운 비에 쏟아지듯 떨어져 쌓인다. 노~오란 은행잎이 우수수 떨어진다. 상수리 나뭇잎도 집단으로 낙하한다. 여름철 무섭게 내리는 소낙비와 광풍에도 단단하게 붙어 있던 푸른 잎새들이 어느새 단풍이 되어 힘없이 떨어진다. 가녀린 빗살에도 견디지 못하고 잎새들은 고엽이 되어 떨어진다.

인생의 무상함도 이와 다를 바가 없다. 젊은 날 우리는 저 푸른 잎새들과 같이 강건한 육체를 자랑하였다. 불끈 솟은 근육, 돌이라도 삭일 수 있을 만큼 튼튼한 위장과 식욕이 있었다.

소나기와 거센 바람 같은 고난이 몰려와도 능히 이를 극복할 수 있는 힘이 있었다. 웬만한 피로와 감기 정도는 한잠 자고 나면 거뜬했었다. 그러나 인생의 가을이 오면 다르다. 세우(細雨)에도 힘없이 떨어지는 낙엽처럼 사람도 늙으면 이와 같다. 팔 다리에 힘이 빠지고 위장의 기능도 저하된다. 미미한 감기로도 죽음을 맞이하게 된다.

아침에 텔레비전에서 잠깐 비쳐 준 미국의 센트럴 파크에도 가을은 여지없이 찾아왔다. 재작년 여름 미국에 갔을 때 이 공원 벤치에 앉아 무성한 나무들의 합창을 들었는데 가을은 이곳을 단풍으로, 고엽으로, 고독으로, 허무로 덮어놓았다. 바람에 굴러가는 낙엽의 장면과 함께 배경음악으로 깔린 '고엽(Autumn lives)'의 음률은 나그네 인생을 숙연한 고독으로 인도한다. 세계무역센터가 폭파당하고 생화학 테러가 발생하는 땅에도 여전히 계절의 순환은 이어지고 있는 것이다.

만물이 소생하는 봄과 푸른 잎이 너울거리는 여름과 오곡이 무르익는 가을이 지나면 북풍한설 몰아치는 겨울이 온다. 계절의 순환은 미망에 사로잡힌 인간에게 종종 깨달음을 주고 있다. 인생은 낙엽의 여정을 가고 있는 것이라고, 삶은 덧없는 것이라고, 인간의 욕망은 부질없는 것이라고 계절의 수레바퀴는 교훈한다.

세월은 시간 앞에 무력한 인간에게 다른 시간을 포착하라고 촉구한다. 흐르는 시간, 이 허무의 시간을 '영원한 지금'(Eternal now)으로 바꾸라고 권면한다. 낙엽을 통하여 가을은 우리를 슬프게 하고 그 슬픔은 잃어버린 나를 찾게 한다. 잃어버린 지혜를 다시 붙들게 한다.

성서의 전도서 기자는 "그대의 남은 때가 얼마나 되나 계산하여 보라"고 하였다. 다석(多夕) 선생은 살아 온 날을 수로 계산하며 살았다. 앞으로 살 날이 몇 년이나 남았나 계산하여 보라는 말이다.

인간은 유한한 자다. 우리는 언젠가 죽는다. 몸이라는 유기체는 무수한 DNA로 분해되어 흙으로 돌아간다. 우리의 남은 시간이 얼마나 되는가. 도대체 얼마나 더 살려고 그토록 악착같이 수단과 방법을 가리지 않고 재물을 긁어모으는가. 당신의 권력은 무궁한가. 그대의 젊음, 그대의 명예는 과연 얼마나 더 유지될 것인가.

인간의 뜰에는 지금도 처참한 전쟁이 진행되고 있다. 끼니는커녕 당장의 생존권도 보장되지 않은 채 무고한 생명들이 죽어가고 있다. 전쟁으로, 기아로, 질병으로 무수한 생명들이 타의에 의하여 죽어가고 있다. 인간의 생명은 하나님의 것이다.

인간은 하나님의 형상을 따라 창조되었다. 그러므로 인간의 생명은 고귀한 것이다. 인간의 존엄성은 그 누구도 침해할 수 없다. 그럼에도 불구하고 지금 우리가 사는 지구의 뜰에는 강대국이 약소국가를 지배하고 있다.

인종이 다르다고 차별하고 있다. 종교가 다르다고 인권을 유린하고 있다. 권력을 잡았다고 그 칼을 정당하지 못하게 휘두르고 있다. 돈이 많다고 만용을 부리고 있다. 명예가 있다고 우쭐대고 있다. 힘이 있다고 약자를 누르고 있다. 도대체 당신들의 남은 시간이 얼마나 되는데 그토록 방자하기 짝이 없단 말인가.

당신들은 지금 하나님의 권리를 침해하고 있는 것이다. 지금 당신들은 하나님 이외의 것들을 절대적인 것으로 착각하고 그것을 우상으로 섬기고 있는 것이다.

돈이 우상이요, 권력이 우상이요, 명예가 우상이요, 쾌락이 우상이요, 아니 당신들 자신이 우상이다. 당신들은 당신들과 당신들의 모든 것은 선하고 그 밖의 모든 것들은 마음대로 할 수 있다는 확신으로 가득 차 있다.

그러나 그것은 어설픈 생각이다. 당신들이 인위적으로 당신들의 이익을 위하여 그 어떤 악행을 저지른다 해도 우주는 우주의 법칙대로 진행되고 있다.

자연을 향한 인간의 학대는 생태학적 되물림으로 진행되고 인간을 향한 반인륜적 악행은 전쟁과 테러로 이어진다. 물질을 잘못 사용하는 자는 반드시 파산의 결과를 맞이한다.

"순천자(順天者)는 흥하고 역천자(逆天者)는 망한다"고 하였다. 순천자가 누구인가. 우주의 질서에 순종하는 사람이다. 하나님의 명령에 순종하는 사람이다.

순리(順理)는 우주의 원리다. 하나님의 원리다. 천명을 따라 사는 사람은 겸손하다. 인간의 분수를 지킨다. 이웃을 사랑한다.

꽃 피는 봄과 녹음이 우거진 여름을 지나 고요하고도 찬란한 가을을 단풍으로 수놓고 미련 없이 떨어지는 고엽의 일생은 순리의 삶을 조명한다.

당신의 남은 날들이 얼마나 되는가.

지금 당신은 순리대로 사는가.

소박한 꿈과 감사

헬렌 켈러는 「삼일 동안만 볼 수 있다면」이라는 책에서 지극히 소박한 그녀의 꿈을 열거함으로써 우리를 일깨우고 있다.

"만약 내가 사흘간만 볼 수 있다면 첫째 날에는 나를 가르쳐 주신 설리번 선생님을 찾아가 그분의 얼굴을 보겠습니다. 그리고 산으로 가서 아름다운 꽃과 풀과 빛나는 노을을 보고 싶습니다. 둘째 날에는 새벽에 일찍 일어나 먼동이 터오는 모습을 보고 싶습니다. 저녁에는 영롱하게 빛나는 하늘의 별을 보겠습니다. 셋째 날에는 아침 일찍 큰 길로 나가 부지런히 출근하는 사람들의 활기찬 표정을 보고 싶습니다. 점심 때는 아름다운 영화를 보고 저녁에는 화려한 네온사인과 쇼 윈도우의 상품들을 구경하고 저녁에 집에 돌아와 사흘간 눈을 뜨게 해주신 하나님께 감사의 기도를 드리고 싶습니다."

헬렌 켈러의 꿈은 지극히 소박한 것이었다. 우리가 매일 누릴 수 있는 평범한 것들을 헬렌 켈러는 간절히 소망하고 있었다. 지금 우리는 헬렌에 비하면 얼마나 엄청난 축복을 누리고 있는 것인가? 부와 명예와 권력이 없어도 지금 우리는 볼 수 있고, 들을 수 있고, 말할 수 있다.

지금은 졌지만 연구실 옆 동산의 돌 틈 사이에 피어난 순백색의 영산홍은 하늘에서 내려온 선녀와 같았다. 비탈 길 검불 사이에 피어난 분홍 빛 진달래는 작년 봄에 오지 않았던 수줍은 처녀의 볼과 같다. 봄이면 무수히 피어나는 꽃들의 잔치를 보고 또 그들이 떠나는 허무를 보며 나를 성찰하여 보자.

내가 받은 복이 얼마나 많은가. 사흘간만 볼 수 있게 된다면 "눈을 뜨게 해주신 하나님께 감사의 기도를 드리고 싶다"고 말한 헬렌의 하얀 마음을 우리는 빌려와야 한다.

이 세상은 왜 이렇게 시끄러운가? 살인, 전쟁, 절도, 폭력, 사기, 배신, 보복… 헤아릴 수 없는 악한 사건들의 연속이다. 퍼주고 끌어안고 동족애를 보여준 우리에게 도리어 처참한 천안함 테러를 가한 저들이 과연 동족인가? 햇볕정책, 짝사랑을 아직도 노래 할 것인가?

헬렌이 보고 싶어 했던 꽃, 풀, 노을, 일출, 별들, 네온사인들은 저 인간의 탐욕과 혼탁한 질서, 시기와 질투, 오만과 광포의 먼지에 가리어 사라졌다. 아니 저 강과 산야에 들꽃들이 청초하게 피어 있고, 저 하늘에 별들이 총총하지만 우리의 눈은 저 아름다운 표정들을 읽을 수가 없는 것이다. 맑은 영혼의 눈, 헬렌의 소박한 눈을 우리는 오히려 상실한 것이다.

에덴동산에서 아담과 이브는 선악을 알게 하는 과일을 따먹고 눈이 밝아졌다. 한편으로는 눈이 밝아지고 한편으로는 눈이 어두워졌다. 세속과 죄악을 향한 눈은 열렸으나 천상으로 향한 영혼의 눈은 어두워졌다. 지금 우리는 저 타락한 세속을 향하여 충혈된 욕심의 눈을 뜨고 있다.

그러나 빛나는 노을과 영롱한 별빛과 아름다운 꽃들을 보는 새말간 눈이 닫혔다. 영혼에 백태가 끼었다. 선거철만 되면 목이 쉬도록 외치는 후보들의 허위에 찬 감언이설을 들으면서 한여름 밤의 풀벌레 소리를 잊는다. 진달래, 철쭉이 군락으로 핀 능선 너머로 들리는 산 접동새 소리를 듣지 못하게 되었다.

왜 우리의 귀가 먹고 눈이 멀었는가? 탐욕 때문이다. 명예욕, 물욕, 권력욕 때문에 우리는 청각과 시각과 미각을 잃어버렸다.

머지않아 정년을 마치고 연구실을 비워야 하는데 벌써부터 머리가 무겁다. 삼십 여년을 지내오면서 쌓인 책과 물건들이 많다. 수도승도 아닌 내가 성서만 남기고 모두 버릴 수도 없는 일이다.

그러나 지금 생각으로는 과감히 버릴 것이다. 꼭 필요한 것만 남기고 이웃에게 주고, 버릴 것이다. 언젠가는 최소한의 소유도 모두 버리게 될 날이 올 것이기 때문이다.

한 때는 자연스럽게 다가오는 명예와 책임도 실기하여 얻지 못하여 한스러워 했지만 이제는 부러울 것도 없고 미련도 없다. 소박한 헬렌의 꿈처럼 하늘과 대지, 숲과 강, 바다와 수평선, 꽃과 풀들의 소리와 미소를 보며 살아 있음의 환희를 느끼며 하루하루 살아가는 것이 나의 소박한 꿈이다.

이제 우리의 아들과 딸들에게, 손자와 손녀들에게 소박한 꿈을 심어주자. 꽃과 구름, 산과 들, 강과 바다를 사랑하게 하자. 그리고 아름다운 자연을 보고, 새들의 노래 소리를 들을 수 있다는 것에 대하여 하나님께 감사케 하자.

부동산 투기, 증권 투자로 대박을 터트리는 행운을 잡아야 성공하고, 수단과 방법을 가리지 않고 경쟁에서 이겨야 출세한다는 정글법칙을 지양하자.

요사이 긍정적 사고, 적극적 사고를 성서와 접목시켜 사목하는 교회들이 많은 것 같다. 로버트 슐러 목사의 아들이 선언한 것처럼 그것은 심리학으로 목회하는 것이지 성서의 말씀으로 목회하는 것이 아니다.

긍정적으로 생각하고, 적극적으로 생각하는 것이 나쁘다는 것이 아니다. 다만 그 적극적인 사고와 행위의 목적이 무엇이냐가 더 중요한 것이다.

나의 성공을 위하여 이웃을 밟고, 괴롭히고, 부정하는 것이 적극적인 사고방식인가? 터무니없는 욕심을 채우기 위하여 거짓말하고 권모술수 하는 것이 꿈을 이루는 긍정적 행위인가?

도대체 무엇이 성공인가? 수단과 방법을 가리지 않고 쟁취한 결과만 보고 성공이라고 말할 수 있는 것인가? 고관을 지내고 백만장자가 되고 뻐개지는 명예를 얻어야 성공인가?

저 이름도 없이 빛도 없이 들풀처럼 살아가는 선량한 필부의 삶은 실패한 삶인가? 온통 세상은 성공에 미쳐있다. 세상은 과정을 따지지 않고 많이 가진 자, 권세를 쟁취한 자들이 성공한 사람이라고 평가한다.

교회까지 성공에 미쳐있다. 큰 교회, 돈 많은 교회는 성공한 교회다. 그리고 그 교회를 담임하는 성직자는 성공한 사람이다. 물량주의, 교권주의는 성-속을 가리지 않고 만연되어 있다.

이렇게 미친 세상에서 소박한 꿈을 말하고, 헬렌 켈러의 소박한 꿈과 기도를 언급하는 것은 웃기는 일인지도 모른다.

그러나 봄이 오면 꽃이 피고 봄이 가면 꽃이 진다. 그 꽃의 허무와 같이 우리의 거짓 영광은 풀잎의 이슬과 같을 것이다. 소박한 꿈을 주시는 하나님께 감사하자.

저 들에 핀 꽃의 아름다움과 여유를 볼 줄 아는 사람은 복이 있다.

"꽃이 피면 꽃이 진다"는 진리를 아는 사람은 복이 있다. 보고, 듣고, 말할 수 있음에 감사 할 줄 아는 사람은 복이 있다.

살아있음에 환희를 느끼는 사람은 복되다. 우리 소박한 꿈을 소홀히 여기지 말자.

금년 봄은 꽃샘추위로 삼주나 늦게 왔다가 총총히 가버렸다. 산야는 벌써 연초록 맑은 빛이 사위고 검푸른 여름 색으로 옷을 입는다.

진리는 가만히 있는데 사람만 세월을 업고 달린다.

(2010. 5)

생의 준령을 넘어! -장애사례 발표

벌써 이순(耳順)을 앞에 두고 있는 나이가 되었다. 머리에 흰 눈발이 날리고 돋보기를 써야 글을 읽는 생의 초가을에 나는 매우 쑥스러운 마음으로 지나간 날들을 반추해 본다. 해방된 이듬해에 태어나 오십년대에 초등학교를 다닌 그때는 참으로 가난한 시절이었다. 초등학교 4학년 때 어느 겨울날 나는 이웃 집 형에게 빌린 썰매를 한번에 너무 많은 시간동안 타고 밤이 되어서야 집으로 돌아왔다.

그날 저녁부터 나는 고열과 함께 오른 쪽 고관절염을 앓게 되었다. 가난한 가정형편, 열악하기 짝이 없는 시골 병원은 결국 나를 장애인으로 만들었다. "다 곪은 후에 오라"는 의원의 지시에 따라 나는 생으로 보름동안 염증이 곪기를 기다려 마침내 수술을 했다. 그리고 그 수술이 잘못되어 재수술까지 받았다. 처음에는 지팡이 의지하여 걷다가 스스로의 재활훈련을 통하여 맨몸으로 걸을 수 있게 되었다.

이때부터 나의 장애인 삶이 시작되었다. 학교는 일년이 늦어졌고 건강할 때는 꿈쩍도 못하던 아이들이 놀리고 싸움을 걸어왔다. 어린 나의 마음은 형언하기 어려운 좌절과 분노에 떨었다. 나는 홀로 운동을 했다. 평행봉운동을 하고 역도를 했으며 포대로 만든 샌드백을 두드렸다. 운동을 시작한 지 2년만에 나는 나를 놀리거나 얕잡아 보는 아이들을 모조리 때려 주었다. 그리고 놀리고 도망치는 아이들은 끝까지 쫓아가 응징하거나 항복을 받아냈다.

나의 유년기와 청소년기 그리고 청년기는 가난하고 불행한 계절이었다. 한국진쟁 이후 대부분의 한국인들은 굶주렸다. 밀기울 죽으로 끼니를 때웠고 허기진 배를 초근목피로 겨우 겨우 보충하였다. 그리고 60년대에는 보릿고개를 힘겹게 넘었다. 우리가 지금 이 만큼이라도 살게 된 것은 결코 우연이 아니다. 6·25때 큰 형님은 총을 든 북한군에게 강제로 끌려가셨고 효자 아들 빼앗긴 나의 아버지는 전쟁 직후 상심으로 돌아가셨다. 어린 나는 아버지의 상여 뒤를 누룽지를 먹으며 슬픔도 모르고 따라갔다. 어머니와 두 형님 그리고 어린 여동생, 나까지 다섯 식구는 상상조차 어려운 가난한 삶을 살아야 했다.

열 여섯 살에 소년가장이 된 둘째 형님은 농사일을 비롯하여 시골장터를 누비며 여러 가지 소규모 장사를 했다. 나는 이 핍절의 시절에 굶주리며 살다가 장애아가 되었다. 굶주림과 고관절 장애로 키는 더욱 자라지 못하였다. 그러나 나는 열심히 공부하였다. 고된 농사 일을 형님들과 함께 하면서도 한편으로는 시간을 아껴 맹렬히 공부하였다. 나는 초등학교 때부터 공부를 잘하는 편이었으며 고등학교에 입학한 후부터는 철이 들어 더욱 공부를 잘하는 모범생이었다. 나는 광혜원고등학교를 수석으로 졸업하였다.

그러나 나는 가정 형편상 대학에 진학하지 못했다. 수석으로 졸업하면 대학에 보내주겠다는 형님은 약속을 파기하였다. 그때 우리 집 형편은 옛날보다 훨씬 나아졌지만 형님은 집안을 일구어내야 한다는 강한 책임감으로 나의 진학을 허락하지 않았다. 실의에 빠져있던 나는 어느 날 고입자격검정시험을 지도하는 비정규 재건학교로부터 교사가 되어 달라는 초빙을 받았다. 그리고 그곳에서 2년 동안 열심히 학생들을 가르쳤다. 보람도 있었다. 그러나 그 생활은 나의 목마름을 채울 수가 없었다.

그러던중 00대학교 사범대학에서 우수한 성적으로 졸업하는 학생들에게 장학생 선발의 기회를 준다는 정보를 알고, 그 대학교 출신의 선생님을 찾아가 장학생 선발시험에 응시할 의사를 밝혔다.

그러나 그 선생님은 나에게 뼈아픈 좌절의 대답을 주었다. “장애인은 교사가 될 수 없다”는 것이었다. 나는 또 면장을 찾아갔다. 그리고 지방공무원 임용시험을 치르려고 하는데 어떻게 하면 되느냐고 물었다. 그도 역시 좌절의 답을 주었다. “장애인은 공무원이 될 수 없다”는 대답이었다.

마침내 나는 수없이 망설이고 포기했던 성직자의 길을 가기로 마음을 세웠다. 그리고 안성에 있는 00교회 목사님에게 신학대학진학에 대한 상담을 하였다. 그런데 이분도 엉뚱한 대답으로 나를 무참히도 절망의 수렁으로 밀어 넣었다. “하나님께 드리는 제물은 흠 없는 것이라야 하는데 안 선생은 목사가 될 수 없다”는 충고였다. 참으로 나는 죽고 싶었다. 상한 영혼을 치유하여 잔잔한 초장으로 인도하는 최후의 안식처라고 여긴 교회에서까지 버림받은 느낌이었다.

대한민국 헌법 그 어느 곳에도 장애인이 교사가 될 수 없고, 공무원이 될 수 없다는 법조문은 없다. 설령 그러한 법조문이 있다면 그것은 악법이다. 업무에 지장이 없는 한 장애인도 공무원이 될 수 있고, 교사도 될 수 있다. 장애인이라서 목사가 될 수 없다는 해석은 구약성서 레위기를 자의적으로 해석한 엉터리 해석이었다.

나는 백 미터 달리기에서 정상인보다 좀 늦게 달린다거나 걸을 때 한쪽 다리가 좀 짧아 조금 절름거릴 뿐 다른 지장은 없었다. 나는 이 다리로 정상적인 구조의 자동차를 운전하고 있으며 옛날에는 지게도 지고 모도 심고 노동도 했다. 다만 장애인에 대한 편견과 차별의식이 나의 삶을 어렵게 했다.

지금은 이러한 장애인에 대한 의식이 많이 향상되었지만 아직도 더욱 크게 개선되어야 한다. 나는 지난 날 장애인인 내가 싫었고 또한 나 이외의 다른 장애인들도 싫었다. 그래서 나는 투쟁적으로 살았다. 정상인과 겨루어 무엇이든지 이기려고 싸웠다. 장애인 카드도 만들지 않고 일반인과 똑같이 세금 내고 살다가 몇 년 전부터 고속도로 할인 카드를 발급 받았고 몇 가지 작은 혜택을 받고 있다.

장애인이 차별 받지 않고 잠재능력을 최대한 발휘하며 살아가는 사회가 선진국이다. 왜 장애가 부끄러워야 하는가. 장애인에 대한 편견이 장애인을 불행하게 한다. 동정도 필요 없다. 그저 있는 그대로 자신의 운명을 인정하고 그 운명을 개척해 나갈 수 있는 여건을 만들어 주면 된다. 고관절 장애인이 대통령도 지내지 않았는가? 이제는 달라져야 한다. 해마다 우리나라에서 얼마나 많은 사람들이 교통사고로, 산업재해로, 질병으로 중도장애인이 되고 있는가? 선진국에서는 일할 수 있는 장애인을 의무적으로 직종에 따라 고용하고 있다. 그리고 일할 수 없는 장애인은 국가가 평생동안 책임지고 있다. 우리의 국력이 거기까지는 못 미친다 할지라도 장애인에 대한 편견은 바꾸어야 한다. 왜 돈 한 푼 도와주지 않으면서 경도된 시각으로 바라보는가?

나의 경우 결혼도 매우 어려웠다. 당사자인 여성은 나를 좋아 하지만 부모나 형제자매의 반대로 몇 번에 걸친 결혼의 좌절을 겪기도 하였다. 물론 부모님의 심정은 충분히 이해한다. 장애인에 대한 편견은 우리 사회 곳곳에 있었다. 종교의 영역에도, 장애인이 속해 있는 가정에도 있었다. 요사이는 장애인에 대한 관심의 증대로 인하여 각종 유령 장애인 단체를 만들어 사기행각도 빈번하게 자행하고 있다. 우리나라가 국민소득도 높아지고 부유한 나라가 되길 바란다.

그러나 먼저 참된 정신적 복지국가가 되어야 한다. 국민의식이 고양되어야 하고 그 토대 위에 복지정책이 정착되어야 한다. 지난 날 나는 야만적 장애인 차별의 정글 속에서 살아왔지만 오늘날은 크게 개선되었다. 그러나 아직도 멀었다. 선진국에 비하면 이제 시작이다. 매스컴과 관청이 앞장서서 장애인도 인간답게 살 수 있도록 노력해야 한다.

나는 내가 훌륭해서 오늘 요만큼이라도 되었다고 생각하지 않는다. 처절하게 배우려고 몸부림치는 소자에게 하나님이 긍휼을 베풀어주신 것이다. 등록금이 없을 때 나의 훌륭하신 은사님을 통하여 하나님은 격려와 함께 도움을 주셨고, 절망하였을 때 하나님은 아름다운 사람들을 통하여 용기를 주셨다.

지금 생각하면 나에게 고난을 준 사람들도 나에게는 위대한 연단의 선생님이었다. 형님과 의견을 달리하고 공부를 시작하여 수많은 역경과 가난과 차별을 이기게 한 분은 하나님이셨다. 하나님은 어머니와 선생님과 아름다운 사람들의 사랑을 통하여 오늘 나를 여기까지 인도하셨다. 나는 앞으로 이 빚진 사랑을 조금이라도 갚으며 사는 삶을 살아 갈 것이다. 신학공부를 시작하여 목사안수를 받고 유학을 다녀오고 박사학위를 받고 교수가 되고 결혼을 하기까지 형언할 수 없는 고난과 감사의 파노라마가 있었지만 여기서는 이만 줄이겠다.

장애인 비장애인을 가리지 않고 통합의 복지에서 행복하게 살아가는 날이 하루 속히 우리나라에도 오기를 기대한다.

사람이 없는 가을 벌판은 쓸쓸하다

22년 전, 나의 연구실 앞 잔디밭에 심어놓았던 조그마한 포플러가 이제 의젓하게 큰 나무로 자랐다. 같은 해에 옛 교문을 따라 학교로 올라오는 도로변에 심어놓았던 은행나무 묘목도 많이 자라서 해마다 은행이 열린다. 올 가을은 유난히도 노오란 은행잎이 수북이 떨어져 쌓인다.

올 가을 마지막 단풍놀이 인파로 내장산에 수십만 명씩 사람들이 몰려든다고 한다. 한 차례 가을비가 촉촉이 내리더니 가을이 저만큼 물러갔다. 저녁때와 밤 날씨가 쌀쌀해졌다. 동장군(冬將軍)이 몰려오고 있다.

늦가을은 언제나 쓸쓸하지만 올 가을 우리의 뜰은 너무도 쓸쓸하다. 생명의 마지막 표현으로 붉게 물들었던 단풍도 낙엽으로 떠나가는 가을에는 슬프다. 아니 찬란하다. 그것은 찬란한 슬픔이다. 일 년도 못사는 잎새가 마지막 운명의 낭떠러지에서 아름답게 피어오르고 미련 없이 떨어져 흙으로 돌아가는 모습은 탐욕으로 찌든 인간을 부끄럽게 한다.

마지막까지 추하게 매달려 떨어지지 않으려는 저 사바세계의 욕심 많은 인간낙엽들, 성직을 사고파는 불경의 주인공들, 하나님의 영토에서 황금송아지를 움켜쥐고 반역을 일삼는 자들, 교권을 위하여 하나님을 부르면서 오히려 하나님을 오래 전에 팔아버린 자들, 터무니없는 명예를 훔쳐 내 것으로 만들고 자신이 소속한 단체를 망하게 하는 자들, 당신들은 당신들의 의사와는 전혀 상관없이 멸망할 것이다.

떨어지지 않으려고 아무리 안간힘을 다해도 마침내는 떨어져 저 어두운 벌판으로 날아가고 말 것이다. 12월에도 안 떨어지면 명년 1월 새 시대 새 일꾼들이 몰려와 당신들의 팔 다리를 자르고 저~ 어두운 지옥으로 던져버릴 것이다.

왜, 올 가을엔 이렇게 더욱 쓸쓸할까? 단순히 계절의 탓만은 아니다. 사람이 없어서… 인정을 주고받을 사람이 없어서, 우정과 사랑을 주고받을 벗이 없어서 쓸쓸하다. 사람이 사람을 생매장해서 죽였다. '지존파'의 끔찍한 행태를 모방하여, 보스(Boss)라는 깡패 영화에 감명을 받아서, '막가파'라는 조직을 만들고 사람을 납치하여 산채로 땅에 묻어 죽였다. 화성에서는 처녀를 나체로 죽여 하수에 던져버렸다. 부모를 죽이고, 동기간을 죽이고, 온통 죽이고 죽는 세상이다.

심장병 어린이를 돕는다기에 성금을 보내주었더니 출판사와 모금한 자가 꿀꺽 해치웠다. 나도, 너도, 수많은 사람들이 두 얼굴의 사나이에게 속았다. 버스회사가 적자라고 울상을 지어 요금을 올려주었더니 오히려 관계 공무원과 회사 주인이 수백억을 착복했다. 국가의 운명이 걸린 무기구매를 놓고 부정축재를 자행한 국방장관들이 여섯 명이나 줄줄이 쇠고랑을 찬 때가 있었다.

동서남북 온통 믿을 사람이 없다. 온통 도둑으로 득실거리는 살벌한 현장이다. 정권말기 권력의 누스현상인가? 사정의 칼날에 아랑곳하지 않고 용감하게 잘도 삼킨다. 밀수를 눈감아 주고 돈을 챙긴다. 각종 불법 인허가를 내주고 뇌물을 삼킨다.

이 처참한 정황을 어떻게 사정이란 칼로만 다스린다는 말인가? 종교가 앞장서야 한다. 민족을 교도해야 한다. 아! 그러나 종교도 썩었다. 아니 어쩌면 치외법권 지대처럼 보호막 안에서 더욱 썩었는지도 모른다. 길거리에서 만천하에 교회쟁탈전을 벌이고 있지 않은가? 아버지가 담임하던 교회를 아들에게 세습하기 위하여 온갖 추악한 방법을 다 동원하는 예가 있지 않은가? 깡패를 경호원으로 쓰는 성직자, 하룻밤 호텔비로 수백만 원이 넘는 요금을 지불하고도 거리낌이 없는 교회지도자도 있다.

썩었다. 교회가 썩어서 냄새가 진동한다. 민족을 이끌고, 국민을 계도하기는커녕 물신에 사로잡혀 눈이 멀었다. 교권과 이생의 열락에 짐승이 되어버렸다. 종교개혁 이후 타락한 독일교회를 향하여 도덕적, 종교적 부흥을 부르짖었던 경건운동의 주창자 쉬페너(J. Spener)처럼 여기저기 우리의 뜰에도 예언자들이 나와야 한다. 성적으로, 물리적으로, 명예와 권력으로 썩은 교회가 죽고 다시 나야 한다. 나라의 부흥도, 통일도, 세계화도, 오직 민족의 올바른 가치관 수립으로부터 오는 것이다. 영어를 잘하고 수학문제를 잘 푸는 것이 교육인가? 아니다. 올바른 민족교육, 올바른 신앙공부로 먼저 우리 민족의 인간화(人間化), 도덕화(道德化)에 힘써야 한다.

교회여! 사찰이여! 위정자여! 교육자여! 당신들이 먼저 변하시오. 아~ 사람이 없는 가을 벌판은 쓸쓸하다.

(2002. 10)

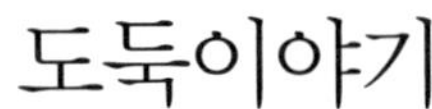

도둑이야기

설날 아침 아내와 딸을 대동하고 고향(진천)에 갔다가 오후에 귀성길 정차구간을 피하여 안양에 있는 보금자리로 돌아 왔다. 저녁을 먹고 노곤한 육신을 눕히고 있는데 천안아파트 관리소 직원으로부터 전화가 걸려왔다. 학교 근무 때문에 주중에 내가 기거하는 조그만 전세아파트가 있는데 거기에 도둑이 들었다는 것이다. 가져갈 것은 없지만 기분은 별로 유쾌하지 않았다.

밤을 뚫고 내려갈까 하다가 이튿날 한나절이나 되어 천안에 있는 아파트에 아내와 함께 도착하였다. 아파트 잠금장치가 열려있었다. TV 받침대에 달린 서랍들만 열려있고 없어진 물건은 전혀 없었다. 하기야 간단한 취사도구와 이부자리 밖에 없는 집인 줄을 도둑이 알았겠는가? 허망하게 돌아간 도둑을 생각하니 피식 웃음이 나왔다.

오래 전 가난한 신혼 때였다. 남의 집 이층에 세를 사는데 도둑이 들었었다. 아침에 나와 보니 현관문이 열려 있었다. 서재에 가보니 서투른 도둑인지 열쇠로 잠긴 책상서랍은 칼로 흠집을 내놓고 열지는 못했으며 열쇠 꾸러미는 냉장고 위에 던져놓고 가버렸다. 그 때도 우리는 잃어버린 것이 전혀 없었다.

요사이 경제사정이 어려워 도둑이 더 늘어난 것 같다. 수많은 젊은이들이 실업인구로 남아 있고 카드 남발로 수많은 사람들이 신용불량의 늪에서 허우적거리고 있다. 정부와 정치권에서도 걱정은 하고 있지만 난국을 타개하고 나아갈 묘수는 아직 없는 것 갔다.

무역흑자는 기록하고 있지만 내수 부진으로 국내경제는 바닥을 기고 있는 것이다. 하루속히 국민경제가 호전되어 훈훈한 사회가 되었으면 좋겠다. 광에서 인심난다고 했는데, 오히려 우리국민은 어려운 경제상황 속에서도 남을 돕는 성금은 더 늘었다고 한다.

본래 우리나라 사람들은 착한 사람들이다. 공동체의식이 강하고 인심이 후했으며 상부상조가 잘되는 민족이었다. 품앗이, 계 같은 것은 모두 상부상조의 풍습이다. 가을 추수가 끝나면 시루떡을 한다. 나는 어릴 때 온 동리에 그 시루떡을 돌리며 즐거워했던 추억을 간직하고 있다. 절기마다 온 마을이 한 덩어리로 모여 즐겼고 슬픔을 당하면 또 함께 슬픔을 나누었다.

그런데 어느 때부터인가 서양문화가 들어오고 핵가족 시대가 되면서 인심은 차츰 사나워지기 시작했고 이제는 사기, 강절도, 살인, 강간이 판치는 험악하고 살벌한 삶의 현장으로 바뀌어 버렸다.

우리는 먼저 인륜과 도덕을 가르쳐야 한다. 옛날 우리 조상들은 어릴 때부터 인성교육에 철저하였다. 양반 상민을 무론하고 인간이 천심(天心)으로 살아야 함을 가르쳤다. 부모에게 효도하고 어질게 살며 상부상조할 것을 어릴 때부터 가르쳐 행하게 하였다.

그런데 오늘 우리의 자화상은 어떠한가? 우리는 우리의 자녀에게 무엇을 가르치고 있는가? 뇌물을 주고받고 성적을 조작하고 수능부정을 조직적으로 저지른다. 목적을 위하여 수단과 방법을 가리지 않는다. 부자 되고, 권력 잡고, 명예 얻기 위하여 양심은 뒷전이다.

도대체 왜 그런가? 우리가 가르치지 않았나? 생산과 능률을 올리는 기술은 가르쳤지만 인간이 인간답게 사는 도리를 가르치지 않았다. 움켜쥐는 성공을 위하여 인륜과 도덕을 팽개쳤다.

선진국의 두툼한 역사교과서를 보라. 200년 역사를 가르치는 미국 중·고등학교의 두꺼운 역사교과서를 보라. 그리고 우리나라의 얇은 국사교과서를 보라. 저들의 교과과정을 보라. 얼마나 전인교육에 힘쓰고 있는가를!

삶의 기술을 가르치기 전에 인륜도덕을 가르쳐야 한다. 정서교육을 먼저 해야 한다. 인간교육을 먼저 해야 한다. 그래야 가난해도 도둑질하지 않는다. 정직과 성실을 가르치고 사랑과 인화를 가르쳐야 한다.

이처럼 살벌한 세상이 유독 경제적 여건 때문이라고 보는가? 아니다. 결코 아니다. 그 옛날 우리는 가난 속에서도 착하게 살지 않았던가?

지금 지구촌에 있는 경제적으로 가난한 나라들을 가보라. 오히려 거기에는 참된 인간 냄새가 난다. 순후한 인간들이 거기에 있다. 지금 우리는 편리하게 사는 것이지 결코 잘 사는 것이 아니다. 중·고등학교에는 입시만 있고, 대학에는 실용학문만 있다. 인륜을 가르치고 정서를 함양하는 학문은 추방당하고 있다. 온통 물량주의와 결과주의만 판치는 세상에서 우리는 인간을 만나기 힘들다.

최고의 도덕률을 가르치는 교회에도 물량주의가 판을 치고 있다. 성공주의가 발호하고 있다. 수단과 방법을 가리지 않고 교인 수만 늘리면 된다. 왜? 큰 교회만 있으면 총회장, 감독, 학교법인 이사, 이사장, 총장, 무엇이든지 할 수 있다. 도둑이 따로 있는가? 내 아파트에 들어

온 도둑은 좀도둑이다.

우리사회에 떵떵거리며 사는 큰 도둑들이 얼마나 많은가? 부정이 무엇인가? 도둑질이다. 선배도 스승도 없는 무질서의 자리다툼이 교회 안에서 벌어지는데 사회야 오죽 하겠는가? 사랑, 그것도 보통사랑이 아닌 아가페를 설교하면서도 미움과 증오로 가득한 종교, 정의와 질서를 외치면서 불의와 협잡을 일삼는 타락한 위인들이 교회 안에 득실거리는데 세상에 도둑이 있다고 감히 한탄할 수 있겠는가?

가정, 학교, 교회, 사찰이 달라져야 한다. 거기에 달라붙은 물량주의, 성공주의, 결과주의의 망령을 씻어내야 한다. 그리고 인성교육, 정서교육을 먼저 힘써야 할 것이다. 미친 소유욕을 버리고 물질을 선하게 관리하는 청지기 훈련을 해야 한다.

항상 쟁취하고 우두머리가 되려는 광적 인간들의 무의식 속에는 심한 열등의식이 도사리고 있다. 우리의 후대들은 이 불행한 인간초상이 되지 않도록 안정된 인성교육을 베풀어야 한다. 가정이 변화되고 학교와 교회가 변화되어 우리사회의 가치척도가 달라져야 도둑의 수가 줄어든다.

이제 나도 최소한 잘 안 입는 옷부터 이웃에게 나누어 주어야겠다. 결혼 할 때 선물로 받은 찻잔이며 접시들 중에는 한 번도 사용하지 않은 것들이 대부분이다. 이런 것들도 이웃에게 주어야 한다. 지극히 필요한 것들만 남기고 자꾸 버려야 한다.

법정 스님은 많이 버려야 많이 얻는다고 했다. 정초에 도둑이 우둔한 나를 깨우치고 갔다.

덕승재德勝才

북송(北宋)의 거유(巨儒), 사마광(司馬光)은 자신의 명저(名著) 「자치통감」(資治通鑑)에서 "덕이 재능보다 뛰어난 사람은 군자요, 재능이 덕보다 뛰어난 사람은 소인이다"(德勝才 謂之君子 才勝德 謂之小人)라고 했다

덕(德)과 재(才)는 모두 인간에게 필요한 요소이지만 재보다 덕이 많은 사람은 군자요, 덕보다 재가 많은 사람은 소인이라고 했다. 재와 덕을 겸비한 사람이 되는 것이 바람직한 일이다. 그리고 덕이 재를 다스려 널리, 인간을 이롭게 하고 사회에 유익을 끼치는 사람들이 늘어나야 한다. 우리 사회에는 재가 뛰어난 사람들이 많다. 두뇌가 명석하고 순발력이 뛰어난 사람들이 나라의 명문 대학을 졸업하고 우리 사회의 중요 기관에서 기량을 마음껏 뽐내는 사람들이 있다.

비록 명문대를 나오지 않았다고 할지라도 우리의 주변에는 재주 많고 똑똑한 사람들을 흔히 만나게 된다. 그러나 이러한 사람들에게 덕이 없음을 종종 발견하게 되는데 참으로 안타깝기 짝이 없다. 명석한 두뇌와 뛰어난 재주를 자신의 이익과 안전을 위하여 사용하고 오히려 이웃을 아프게 하고 심지어 소속된 단체를 무너뜨리는 사람들이 있다.

안타까운 일이다. 공자는 "군자는 의에 밝고, 소인은 이에 밝다" (君子喩於義 小人喩於利)고 하였다. 군자는 인륜 도덕과 진리에 밝고 소인은 자신의 이익에 민감하다.

나라가 망하고, 단체가 무너지고, 이웃이 상하더라도 자신의 이익만 챙기는 사람은 소인이다. 우리 사회에 이러한 소인배가 늘어나면 늘어날수록 희망은 사라진다. 날 때부터 유전인자 때문인지, 태교가 잘못 되었는지, 혹은 교육과 사회 풍조가 일그러졌는지 구제불능의 인간들이 우리주변에 꽤 많다.

회개의 기도를 수 백 번 드려도 작심 삼 일이다. 어찌 된 일인가? 우리는 이러한 현상을 심각하게 분석하고 연구하여 근본부터 바로 잡아야 한다. 제도의 개혁과 엄격한 사정의 칼날이 번득여야 하지만 보다 근본적인 해결책은 우리 국민의 인성을 바로 잡아야 한다. 의식의 일대 혁명을 단행하여야 한다.

도덕교육을 철저히 하여야 한다. 점수로만 우열을 가리는 세상이 아니라 신의와 정의, 사랑과 협동심으로 사람을 평가하는 사회가 되어야 한다. 덕이 앞서야 하고 재는 그 뒤를 이어야 한다. 남을 속이고, 협박하고, 진실을 왜곡해서라도 자신의 이익을 챙기는 악덕인들이 발붙일 수 없는 사회가 와야 한다.

어느덧 우리 사회가 도덕 불감증의 사회로 변모하였다. 자신의 편의에 따라 거짓말을 대수롭지 않게 한다. 불성실하게 근무하고 가당치도 않은 대우를 받으려고 한다. 이웃을 섬기지도 않고 존경과 섬김을 받고자 한다. 아니, 남이 가진 것을 강제로 탈취한다. 탈세가 아니라 국민의 세금을 세무공무원이 도둑질했다. 국가의 예산을 유용하고 착복

했다.

공금을 횡령하고 뇌물을 수수한다. 나의 이익을 위하여 이웃을 모조리 부정한다. 부모, 스승, 선배, 형제자매도 없다. 인륜도덕이 망가졌다. 언제부터 우리 민족이 이렇게 되었나? GNP가 조금 올라간 후부터 이렇게 되었다. 서양의 횡적윤리가 잘못 이식된 때부터 우리의 도덕이 멍들기 시작했다. 개인주의, 이기주의, 배금주의, 편의주의가 우리의 아름다운 정신의 정원을 무너뜨렸다.

군자의 도덕책이 소인의 수첩으로 바뀌었다. 덕이 재능에게 패배하였다. 저 거대한 부정의 주인공들을 보라. 저들은 군사 아카데미를 나왔다. 명문 대학 출신이다. 명문외국 대학을 졸업하였다.

거기서 무엇을 배웠나? 두뇌를 수련하고, 남을 누르고 생존하려는 약육강식의 정글법칙을 배웠다. 총명한 두뇌를 다스리는 덕이 없기 때문에 우수한 재능은 이리의 수법을 익히고 탐욕과 이기주의의 노예로 전락한 것이다.

세월이 살같이 빠르다. 야고보는 "너희 생명이 무엇이냐? 잠깐 보이다가 없어지는 안개니라"고 하였다. 어느덧 또 새로운 해가 시작되었다. 이제 우리는 금년부터라도 재주보다 덕을 쌓는 훈련을 하여야 한다.

안개와 같은 인생, 여류하는 세월을 극복하고 영원을 불러오는 길은 오직 진리이신 그리스도를 날마다, 순간 순간 자신의 마음과 삶에 화육시키는 일이다. 덕이 재를 다스려야 한다. 진리가 수단을 이끌어야 한다. 도덕이 악한 본성을 이겨야 한다. 덕은 사람과 사람 (彳) 사이의 곧은 마음(直心)이다. 덕(德)은 의(義)요 진리이다.

새해에는 우리 모두 덕승재(德勝才)의 일념으로 살자.

성령의 능력으로 정직하자. 성실하자. 진리를 화육하자.!

경쟁과 사랑의 정서

지금 지구촌은 뜨거운 경주장이다. 너를 극복해야 살아남을 수 있는 살벌한 정글법칙이 지배하는 세상이 되었다. 유치원, 초등학교 때부터 경쟁은 시작된다. 고등학교에 올라가면 대학의 서열화 때문에 거의 비인간적 입시경쟁을 하게 된다.

아침에 일찍 등교하여 밤 늦게 집에 돌아온다. 파리한 청소년의 얼굴은 더욱더 창백해진다. 대학을 나오고 취업을 하려는 문턱은 더욱더 어렵다. IMF 이후로 취업은 낙타가 바늘구멍으로 들어가는 것보다 더 어렵다. 정말 살벌한 세상이다. 기업은 기업대로, 국가는 국가대로 치열한 경쟁을 한다.

엊그제 개발한 반도체는 오늘 무용지물이 되어버린다. 살벌한 경쟁은 사람을 하루아침에 부요의 방석에 앉게도 하고 파산의 잿더미 위에 앉게도 한다. 요사이 TV에 방영되는 동물의 세계는 인기 절정이다.

치열한 생존경쟁과 정글법칙이 존재하는 밀림은 여기 지구촌 인간들이 사는 세상과 흡사하기 때문이다. 너를 먹지 않으면 먹히고 마는 끔찍한 현장이 여기 사람이 사는 밀림이다. 정치·경제·교육계 뿐만 아니라 종교계에도 생존의 정글법칙이 그대로 존속한다.

땅덩이는 작고 부존자원이 없는 우리나라는 이 밀림의 법칙에 능해야 한다. 세계시장에 물건을 하나라도 더 팔아야 한다. 그러기 위하여 상품의 경쟁력을 확보해야 한다. 값싸고 품질 좋은 제품을 생산해야 한다.

지금은 얼렁뚱땅 넘어갈 수 없는 세상이다. 털어 보고, 두드려보고, 사용해보고, 물품을 구입하는 고객중심의 세상이다. 고객은 왕이라는 명제가 적중하는 시대에 와 있다. 그래서 우리는 열심히 공부해야 한다. 능력 있는 인재로, 전문인으로 성장해야 한다.

1등만이 살아남을 수 있는 세상이 온 것이다. 숨 막히는 지겨운 세상이다. 사람이 무서운 세상이다. 세계의 열강이 모두 적국이다. 우방은 없다. 우리가 잘 살면 열방은 우방이 되고, 우리가 못 살면 열방은 우리를 버리고 떠나버린다. 생존의 경기장에서 이겨야 한다.

그러나 이런 세상은 정녕 인간이 사는 세상은 아니다. 이런 세상은 들짐승들이 사는 밀림이다. 거기엔 사랑도, 우정도 없다. 시와 노래도 없다. 거기엔 빠드득 빠드득 이 가는 지겨운 소리밖에는 없다.

이제 우리는 생존의 경쟁 못지않게 사랑하는 경쟁을 해야 한다. 더불어 사는 경쟁을 하여야 한다. 서로 주고, 서로 이해하고, 서로 돕는 경쟁을 해야 한다.

우리가 하나로 사랑하고 뭉치는 일은 최선의 국가 경쟁력을 살리는 길이다. 국수주의적인 애국은 금물이다. 외국사람들이 모르게, 저들에게 미소와 우정을 보내면서 우리들은 서로 돕고, 화해하고, 인내하며 사랑의 공동체를 가꾸어가야 한다.

어느새 우리의 젊은이들은 서양과 일본을 통하여 들어오는 쓰레기

문화에 익숙해 있다. 그리고 지독한 이기주의에 물들어 가고 있다. 나는 네가 있음으로써 존재한다. 너 없는 나는 있을 수 없다. 따라서 너를 부정하는 일은 곧 나를 부정하는 일이다.

이웃을 포용하고, 사랑할 때 솟아오르는 기쁨을 그대는 아는가. 자신의 능력을 개발하는 일보다 더 중요한 것은 아름다운 마음씨를 가꾸는 일이다.

사랑과 존경의 정서, 따뜻한 인간애는 치열한 이 경쟁의 시대에도 여전히 필요한 고전적 덕목이다.

이 땅의 젊은이들이 나무와 꽃과 구름과 별을 사랑하고 인간을 경쟁의 대상이 아닌 사랑과 그리움의 대상으로 여기는 계절이 오기를 기도한다.

나그네 운명의 극복

아일랜드의 서정시인 윌리암 바틀러 예이츠는 쓸쓸한 가을 낙엽을 보며 다음과 같이 노래하였다.

가을은 우리를 사랑하는 긴 잎새 위에,
보릿단 속 생쥐 위에도 왔네
우리 위에 있는 로우언 나무 잎새 노랗게 물들고,
이슬 맺힌 야생 딸기도 노랗게 물들었네

사랑이 시드는 계절이 우리에게 몰려와
우리의 슬픈 영혼은 지금 지치고 피곤하여라.
우리 헤어지자, 정열의 계절이 가기 전에,
그대의 수그린 이마에 키스와 눈물을 남기며!

젊은 계절이 떠나간 자리엔 허무와 슬픔의 잔해들이 뒹굴고 있다.

작열하는 태양 빛 아래 파도를 타던 젊은이들의 싱싱한 풍경이 사라지고, 여름밤 낭만의 기타 소리마저 멀어져간 지금, 스산한 바람소리가 뒷전을 두드리고 공원마다 캠퍼스마다 낙엽이 쌓이고 휘날린다.

속절없이 밀려드는 향수의 파도는 흑인의 슬픈 영가처럼 더욱 짙게 마음의 절벽을 때려온다. 탐욕스럽게 긁어 안았던 그 많은 것들이 어느새 우리의 품에서 사라져 버리고 허공에서 파열음을 내며 떨어지는 애드벌룬의 껍질을 보며 슬퍼하는 계절이 왔다.

그렇게 사랑스럽던 당신의 얼굴에 주름이 늘고, 그렇게 늠름하던 당신의 어깨가 힘없이 늘어지는 날, 우리는 아득한 옛날 청춘의 계절을 미치도록 그리워하며, 떠나가야 할 것이다. 나그네와 행인 같은 우리는 최후의 벼랑, 영원한 삶의 종착지에서 이별의 라멘트를 불러야 할 것이다.

그 때 그곳은 부요자도, 미인도, 권세자도 없는 이별의 플랫폼이다. 그때는 지금 우리가 혈기를 돋구어 주장하던 이론이 모두 허무한 것이 될 것이다. 많이 가지려던 욕심도, 유명하게 되려는 집착도 한낱 물거품이다.

성격이 급하고 팔팔했던 예수의 수석 제자 베드로는 성경 베드로전서 2:11~12에서 인생의 가을을 느끼며 우리에게 노숙한 충고를 하고 있다. 바다 위를 혼자 걷고 싶었던 영웅심 많은 자신, 말고라의 귀를 검으로 내려치던 다혈질의 소유자, 베드로가 이제 삶의 황혼기에서 그 옛날의 씁쓸한 추억을 되씹으며 성숙한 권면을 하고 있다.

가이사랴 빌립보 도상에서 외친 그의 외마디 증언 "주는 그리스도시요, 살아 계신 하나님의 아들입니다"라는 신앙고백. 아! 그러나 어린 여종 앞에서 예수를 모른다고 빽소니치던 비굴한 젊은 날을 회상하면서 베드로는 이제 풍상우로(風霜雨露)를 거쳐 온 고상한 충고를 우리에게 선물한다.

모든 이에게 배반을 당하고, 심지어는 베드로 자신에게까지 배반을 당하고 처형당하는 스승 그리스도의 마음을 이해하면 할수록 그는 더욱더 견딜 수 없는 후회를 안고 뒹굴게 된다.

실패와 경솔했던 과거, 그러나 만회할 수 없는 나그네의 종착지, 그는 괴로워서 우리에게 충고한다. "사랑하는 자들아! 나그네와 행인 같은 너희를 권하노니 영혼을 거슬러 싸우는 육체의 정욕을 제어하라." 이것이 위에서 읽은 본문의 첫 충고다.

베드로가 말 한대로 우리는 길 가는 행인이요, 나그네다. 꽃피고 새우는 아름다운 동네를 지나고 늑대와 여우가 우는 공포의 고갯길을 지나고, 가파른 산등성이 외길을 넘으면 어느새 우리의 머리는 하얗게 변색되어 버린다.

얼굴엔 어느새 굵고 가는 주름이 늘고, 허리는 굽고, 치아는 삭고, 눈은 어두워진다. 인생은 황야의 과객이다. 고아처럼 외로운 존재다. 진정한 영혼의 동반자도 없는 세상을 부초같이 떠다니다가 사라지는 존재다. 육체의 정욕이 시키는 대로 이생의 자랑을 펼치던 공작의 생활도 허무한 물거품이 되어 사라지고 밤이 오고 겨울바람 모질게 부는 삭막한 인생의 낭떠러지에서, 나그네는 누구나 영원한 이별을 고해야만 한다. 만나고 싶은 그 많은 벗을 뒤에 두고, 해야 할 그 많은 일을 남긴 채 그대로 물러가야 한다. 공항 대합실! 배웅 나온 많은 사람들과 마지막 기도를 드리고 발을 돌리려던 순간들이 생각난다.

사랑하는 사람들의 흐느낌, 늙으신 부모의 질척한 눈가, 형제자매들의 슬픈 표정들, 목석(木石)인들 메어지는 가슴을 억제할 수 있겠는가? 그렇게 몇 번 이별을 거듭하면서 나그네 된 우리는 늙고, 벗들은 영원히 떠나게 되고 우리는 가던 길을 멈추어야 한다. "기둥같이 우뚝 서서

활화산 같은 정열을 냉각의 채널을 통해 발산하던 이가 순식간에 시체가 되어 6척도 못되는 나무통속에 갇혀 버렸다"고 친구의 죽음을 슬퍼하는 신학자가 있다.

카랑카랑한 목소리, 단단한 의지력을 내보이던 입, 권력이 영원할 것 같았던 계절에 홀연히 그(박정희)는 가던 길을 멈추고 차디찬 나무관 속에 누웠다. 흐느껴 우는 세 자녀의 소리를 듣는지 못 듣는지 그는 흙 속에 눕고 그의 관은 검은 흙으로 덮여졌다. 부탁해야 할 말이 많았을 터인데 그냥 떠나가야만 했던 사실을 우리는 목도했다. 부귀와 권세, 명예가 얼마나 초라하고 허무한 것들인가를 보았다.

영화 '닥터 지바고'의 첫 번 장면을 보신 분은 잘 알 것이다. 산장에 낙엽이 스산하게 휙 몰아쳐 뒹굴고, 몇몇이 운구하는 관이 땅속에 고요히 들어가고, 흙덩이들이 후두둑 관 위에 떨어지는 그 적막하리만큼 슬프고, 숙연하고 고독한 장면을 보았을 것이다. 그것이 나그네의 마지막 장면이다. 그 나그네의 마지막 순간은 언제인지 예측할 수 없다.

이러한 나그네의 고독한 운명을 극복하는 길이란 무엇인가? 후회하는 일인가? 직업을 바꾸는 일인가? 인생의 설계와 사업의 계획을 바꾸는 일인가? 지나간 과거의 상황으로 거슬러 올라가 다시 생을 출발하는 일인가? 그럴 수도 없는 일이다. 우리는 두 번 태어날 수 없기 때문이다.

'무도회의 수첩'이란 옛 영화의 줄거리가 생각난다. 한 여인이 부유한 남편을 잃고 마음 달랠 길 없이 물건들을 정리하다가 처녀시절 첫 무도회의 수첩을 발견한다. 거기 그때 알게 된 몇몇 남자들의 이름을 발견하고 그들을 만나보기 위하여 여행길에 나선다. 그녀는 그때 사랑을 고백해왔던 그 순진한 남자들이 그대로 자기를 따뜻이 맞아 줄 것을 상상한다.

그러나 애써 찾은 그들은 하나같이 삶에 쪼들려 아주 변해있었다. 실망을 거듭하던 그녀는 마지막 남자의 거처를 탐문하러 떠났습니다. 그리고 그 집 가까이에 이르렀을 때 그녀는 그 옛날 남자 친구가 전과 조금도 달라지지 않은 채 그 앞에 다가오는 것을 본다.

아! 그러나 그는 그 남자의 아들이었다. 이 여인은 흘러간 시간을 잠깐 잊었던 것이다. 그 사람이 그 남자의 아들이었기에 망정이지 정말 그 남자가 그녀의 소망대로 변하지 않았다면, 옛 모습 그대로 있었다면 그 비극은 더 컸을 것이다. 왜냐하면 그녀는 이미 늙은 노인이 되어 있으니 말이다. 나그네의 운명을 극복하는 일이란 밖에 있지 않다. 고독한 운명을 극복하는 길은 우리 안에 있다.

고독한 철학자 조렌 키에르케고르는 "인간이 사람에게 참된 위로와 동정과 동행자를 발견할 수 없다는 사실 자체가 매우 다행한 일이다"라고 말했다. 그것은 만일 인간이 사람에게서 위로와 만족을 찾을 수 있다면 인간에게는 영원자가 필요하지 않았을 것이기 때문이라는 것이다.

인간에게서 참된 동행자를 찾을 수 없는 나그네 인간, 그는 결국 영원자의 손길을 찾을 수밖에 없다. 세상에 있는 친구, 제자, 이웃은 이해타산 때문에 우리를 배반할 수 있고, 권총까지 빼들 수 있으나 영원자, 참사랑의 화신, 하나님은 우리를 배반하지 않으신다. 바로 이 분과 만나는 길이 나그네의 운명을 극복하는 길이다.

그것은 먼저 육체의 정욕을 이기는 일이다. "영혼을 거슬러 싸우는 육체의 정욕을 제어하라"고 베드로는 권면한다. 이 세상에서 일어나는 불협화음과 비극의 원인은 무엇인가? 욕심 때문이다. 탐욕 때문이다.

전쟁의 원인을 아는가. 욕심 때문이다. 실연의 이유는 무엇인가. 이기주의 때문이다. 번민의 원인은 무엇인가. 집착 때문이다. 슬픔의 동기는 무엇인가. 탐욕 때문이다. 병고의 원인은 무엇인가. 과욕 때문이다. 죽음의 원인은 무엇인가. 죄 때문이다.

우리의 삶에 새로운 활력과 번영을 가져오려면 욕심을 버려야 한다. 우리의 영혼이 평화를 얻으려면 욕심을 버려야 한다. 상대를 누르고 발고 서려는 욕심을 버려야 한다. 지나친 경쟁의식과 투기심은 열등의식의 발로다. 많이 가진 것 때문에 고민하는 사람이 얼마나 많은가? 기득권의 안전은 물론 더 많은 것을 탐하는 욕심이 마침내는 비참한 종말을 불러온다는 사실을 우리는 많은 역사의 현장에서 보고 있다. 욕심은 영혼과 양심을 흐리게 한다. 욕심은 우리를 부자유로 인도한다. 욕심의 강물에 빠진 형제, 자매, 정욕의 감옥에 갇힌 친구 있으면 욕심과 정욕을 버리라.

"이방 중에서 행실을 선하게 하시오."

있는 것으로 이웃을 구제하라. 욕심을 버리는 일은 동시에 이웃을 내 몸과 같이 사랑하는 것이다. 버리는 일에 더 강조를 둔 불교의 소극적 자세가 아니라 있는 것으로 이웃을 내 몸과 같이 사랑하는 길이 예수 그리스도의 길이다.

욕심 없는 우리의 빈 마음에 진리가 채워지고 성령으로 충만할 때 우리는 먼지 이는 삶의 광야로 나아간다. 골고다의 행진에 참여한다. 그리고 사랑한다. 입으로, 찬양으로만이 아니라 구체적인 삶으로 이웃을 사랑한다. 소외된 자, 가난한 자, 눌린 자, 병든 자를 사랑한다. 이것은 그리스도의 절대적 요청이다. 정의로 보행하는 자! 사랑으로 숨쉬는 자! 그는 이미 고독의 밤을 벗어난 사람이오, 홀로 헤엄쳐 가는 절망의 나그네가 아니라 성령과 동행하는 사람이다. 그리스께서 함께 하시는 사람이다.

홀로 가던 나그네 베드로의 노정은 실패와 좌절과 분노와 우수의 연속이었다. 혼자 가려고, 자기중심으로 살려고 진리를 배반 했던 나그네 베드로의 한때는 번민과 후회와 고통의 기간이었다. 그러나 마침내 그가 세상의 욕심을 버리던 날, 육체의 정욕을 청산하던 날 그는 부활하신 예수 그리스도를 만났다. 그는 이날 나그네의 운명을 극복했다. 행복의 문이 열렸다. 로마의 박해도, 사자들의 위협도, 차가운 감옥의 고통도 결코 그의 완전한 기쁨을 빼앗아 갈 수 없었다. 그는 그리스도를 사랑하는 기쁨으로, 그리스도를 전하는 기쁨으로 살았다. 그는 십자가에 거꾸로 달려 순교하였다.

나는 연약한 존재이지만, 나는 비록 힘도 없고 지조도 없는 갈대이지만 성령이 함께 하시면 그의 능력으로 우리는 모든 유혹에서 해방받을 수 있다. 우리의 의지를 그리스도의 뜻에 모으자. 날마다 그가 주시는 사랑의 명령을 준행하자, 우리의 믿음이 진리와 함께 하는 때 하나님은 우리를 자유케 하신다. 우리가 우리의 탐욕을 제거하고 그리스도의 사랑을 구체적으로 실천할 때 나그네의 운명으로부터 해방된다. 나그네의 우수와 슬픈 운명이 사라진다. 하나님께 영광을 돌린다. 실망의 계곡에서 극복될 수 있다. 육체의 싸움과 영혼의 피곤한 싸움에서 승리한다.

우리는 길 가는 나그네! 행인같이 외로운 이 망망한 바다위에 홀로 떠나가는 돛단배, 빈들에서 방황하는 실향민, 아! 그러나 완전한 동반자를 구했다. 그는 그리스도시다. 영혼을 거슬러 싸우는 육체의 정욕을 버리고, 행실을 선하게 하는 사랑을 통하여 운명은 바뀌었다. 내 안에 욕심이 죽고 그리스도가 사는 날, 가난하고 헐벗은 이웃을 찾는 보람의 날, 소자 하나에게 냉수 한 그릇이라도 베푸는 때, 그 구원의 시각에 우리는 나그네의 운명을 극복할 수 있다. 구원은 이 영원을 포착하는 것이다. 이때가 영원한 지금이다.

나귀와 호랑이

당대(唐代)의 문인 유종원(柳宗元)의 글로서 이은상(李殷相) 님의 「노변필담(爐邊筆談)」이라는 책에 수록되어 있는 재미있는 이야기가 있다.

옛날 중국의 귀주성(貴州省)에는 원래 나귀가 없었다. 그런데 어느 호사가가 나귀 한 마리를 이 고장에 끌고 왔다. 나귀는 처음에 산기슭에 있었는데 나귀를 본 그곳 호랑이는 생전 처음 보는 동물이어서 매우 무서워하였다. 더구나 그 괴상한 울음소리를 듣고 놀라서 굴속으로 들어가 숨었다.

그러나 나귀의 울음소리를 자주 듣게 된 호랑이는 별 것이 아니라고 생각되어 슬금슬금 나귀에게로 가까이 갔다. 나귀는 화가 나서 호랑이를 한번 걷어찼다. 나귀에게 걷어차인 호랑이는 생각한 것보다 나귀의 힘이 약한 것을 알고 더욱 나귀를 깔보게 되었다. 이윽고 나귀가 몸집은 크지만 실상은 아무 것도 아니라고 판단한 호랑이는 얼마 뒤에 나귀를 잡아먹고 말았다.

우리가 사는 주변에는 종종 내실도 없으면서 대단한 실력이나 있는 것처럼 자기 선전에 능한 사람들이 있다. 서점에 가면 책도 아닌 책들이 화려한 책의 모습으로 독자들을 현혹하고 있다. 용감한 사람들이다. 그토록 내용이 빈약한 책을 내고도 부끄러워 할 줄 모른다. 아무리 PR시대라고는 하지만 순진한 독자, 착한 민초들을 그렇게 속여도 되는 것인가. 정치, 경제, 사회, 문화, 학술 등 분야에서 온통 나귀가 판을 친다. 이러한 가짜들은 그레샴의 법칙에 따라 오늘도 종횡무진 허공에 현란한 무지개를 그리고 있다.

역사적으로 국민들은 거짓말 잘하는 정치꾼들을 훌륭한 지도자로 알고 표를 던졌다가 수없이 배반당해 왔다. 그들의 공약은 처음부터 터무니 없는 것이었고 그들의 양심은 출장간 지 오래되었다. 어쩌다가 훌륭한 지도자가 나오면 그 나라는 번영한다. 그러나 호랑이보다도 더 무섭고 여우보다도 더 교활한 지도자를 만나면 국민은 더할 나위 없이 고달프다. 권력과 경제의 주체들이 가렴주구에 몰두하면 나라는 피폐해진다.

오늘도 부패정국으로 온 나라가 시끄럽다. 너나 할 것 없이 자기의 자리를 이탈하여 남의 것을 탐내면 사회는 무너진다. 예술인은 오로지 예술에 몰두해야 한다. 웬 상이 그렇게 많고 웬 예술단체가 그리도 많은가. 하라는 예술은 팽개치고 예술계 안에서의 정치로 유명해진 사람들이 있다. 모름지기 작가는 작품으로, 학자는 학문으로 승부해야 한다. 상을 흥정하고 명예를 사고 파는 단체에는 발걸음도 하지 말아야 한다. 어쩌면 그런 가짜들과 어울리지 않으면 영영 문단이나 화단에 발을 붙이지 못할 수도 있다.

그러나 낙심하지 말라. 하늘이 알고 독자들이 안다. 만일 생전에 빛을 보지 못하면 사후에라도 당신의 예술은 인정 될 것이다. 아니 진정한 예술인은 세상의 판단에 괘념하지 않는다. 어느 때나 그랬겠지만 대중매체의 발달로 더욱 가짜들이 그럴듯하게 보이는 세상이 되었다. 심지어 종교의 영역까지 악화가 양화를 몰아내는 세상이 되었다.

숫자놀음의 위력은 대단하다. 교인의 수가 종교인의 귀천을 결정한다. 신도들을 많이 거느린 종교지도자들, 이 세상에서 이미 천당을 몽땅 맛본 자들은 사후에 어느 곳으로 갈 것인가. 무엇이 그리도 불안한지 경호원까지 대동하고 다니며 세상의 영광을 다 누리는 일부 종교인들이 진짜란 말인가.

봄직도 하고 먹음직도 한 열매는 금단의 열매다. 이브를 유혹하고 아담을 타락하게 한 열매는 그럴듯한 모양을 지닌 과일이었다. 이러한 봄직도 한 가짜들이 판치는 세상을 예방하려면 국민들이 똑똑해야 한다. 국민 한 사람 한 사람이 건강해야 한다. 대중매체의 농간에도 속지 않는 실력을 길러야 한다. 선동과 위장을 판별할 수 있는 실력 있는 국민이 되어야 한다.

우리의 주변에는 실제보다 위장되고 과장된 나귀들이 많다. 수많은 매스컴들이 찬사를 아끼지 않았던 인물들 중에는 참으로 안타깝게도 사실과 거리가 먼 위인들이 상당 수 있다. 세상에 발표된 그의 인격, 그의 인간성 그리고 그의 삶이 사실과 매우 다름에도 불구하고 거짓 세상에서는 그가 훌륭한 인물이라고 회자된다. 그 단체의 홍보팀과 매스컴의 농간으로 "당나귀가 호랑이보다 더 강하다"고 광고된다. 형편없는 인격의 소유자도 이들의 손을 거치면 하루아침에 훌륭한 인물로 둔갑한다.

그러므로 시인 하이네는 다음과 같이 말했던 같다. "이 세상은 이성적인 사람에게는 희극이고 감성적인 사람에게는 비극이다." 당나귀의 허세가 잘 통하는 세상은 희극이다. 괴상한 나귀의 울음에 호랑이가 놀라서 도망가는 세상은 희극이다. 그리고 그것은 동시에 비극이다. 지나간 역사만 왜곡되는 것이 아니다. 지금 우리가 사는 세상에서도 역사가 왜곡되고 있다. 엉뚱한 사람이 상을 타고 터무니없는 사람이 훌륭한 사람으로 포장되고 보도된다.

물론 참으로 훌륭한 사람이 훌륭한 사람으로 알려지는 경우가 없는 것은 아니다. 나귀의 허세와 기괴한 울음소리가 오히려 참된 것으로 간주되고 진정 실력과 인격을 겸비한 진실한 일꾼이 오히려 홀대받는 세상에는 희망이 없다. 거기엔 반목과 질시와 거짓만이 판을 칠 뿐이다. 호랑이는 호랑이의 진면목을, 당나귀는 당나귀의 참 모습을 갖고 정정당당하게 살아가는 세상이 아름다운 세상이다. 진정으로 실력 있는 사람, 신실한 사람, 성실한 사람, 향내나는 사람이 대접받는 세상이 살맛 나는 세상이다.

거짓이 참으로 둔갑하고 허세가 실세로 보이는 세상은 더러운 세상이다. 성형수술이 보편화된 세상에서 우리는 살고 있다. 온통 그럴듯하게 포장된 가짜가 진짜로 대접받는 코메디 세상에서 오늘도 참 일꾼은 당나귀의 허세에 밀려 슬픔의 강으로 떠내려가고 있다. 그러나 실망하지 말자. 역사는 호랑이 편이다. 끝내 진실은 증명될 것이다. 우리는 역사의 신의를 믿는다.

꽃이 피네, 꽃이 지네

분주한 일상에 쫓기고 시멘트로 지은 닭장에서 살다보니 목련, 매화, 진달래, 철쭉이 피고 벚꽃이 일시에 무리 지어 피어나 춤추다가 떠나가는 정경도 보지 못한 채 봄을 보낸다.

올 봄에도 아파트 베란다에 서 있는 군자란이 고맙게도 작년에 밀어 올렸던 꽃대를 다시 내밀고 그 화려한 자태를 드러내었다. 군자란은 꽃이 군자다울 뿐만 아니라 잘만 보살펴 주면 꽃의 수명도 꽤 오래 간다. 어차피 꽃은 피고 지는 것이지만 부질없는 마음은 지는 꽃을 붙들고 아쉬워한다.

신학대학원생들의 심령수련을 위하여 모처럼 산으로 들어왔다. 아침 기도회를 마치고 수양관(안성 사랑의 수양관) 뜰로 나왔더니 신선한 공기가 품으로 들어온다. 이름 모를 산새들이 지저귀고 삼태기처럼 수양관을 두르고 있는 산허리 여기저기에는 일찍부터 피어난 진달래가 활짝 웃고 있었다.

농구장으로 내려가는 둑에는 흰매화가 자지러지게 피었다. 하얀 목련도 소담스럽게 피어나고 있었다. 진해의 군항제 소식은 벌써 들었다. 여의도 윤중로에도 벚꽃이 만발하여 인파로 출렁인다. 이웃나라 일본도 요사이 사쿠라 축제로 들떠있단다.

벚꽃은 피면서 진다. 잠시동안 일시에 피었다가 일시에 지는 꽃이 벚꽃이다. 흰 꽃잎이 눈처럼 날린다. 매화는 온 몸으로 피었다가 허무의 가루로 쏟아진다. 진달래가 지면 철쭉이 피어나고 철쭉이 지면 초여름 꽃들이 피어오른다. 봄은 꽃의 계절이다. 꽃은 생명의 지고한 표현이다.

꽃은 생명의 환희며 슬픔이다. 꽃은 기쁨이며 허무다. 꽃이 피어오르는 경이와 감격은 순식간에 꽃이 지는 허무와 슬픔으로 이어진다. 이 찬란한 봄날 우리는 또한 생의 덧없음을 느낀다. 꽃의 영광이 그러하듯이 인간의 영광도 저 들꽃의 영화와 다를 바가 없다.

그러나 우리는 믿는다. 올 봄에 피어난 저 아름다운 꽃들은 내년 춘삼월에 필경 다시 필 것이다. 꽃이 지는 슬픔은 꽃이 피는 환희로 다시 이어질 것이다. 서경(書經)에 이런 말이 있다. 유천지만물부모(惟天地萬物父母) 유인만물지영(惟人萬物之靈). 무릇 천지는 만물을 낳은 근본이요. 인간은 만물 중에서 신령한 존재라는 말이다.

만물은 하나님의 피조물이다. 그리고 인간은 모든 피조물의 으뜸이다. 왜 인간이 만물의 영장인가. 그것은 인간이 하나님의 형상을 닮았기 때문이요. 생각하는 존재이기 때문이다. 만물은 무심하다. 나고 죽는 것이 무심하고 자신의 존재의미를 자각하지 못하기 때문에 무심하다.

그러나 인간은 다르다. 생사와 변화를 지각하고 가치의 경중을 구별할 줄 안다. 선과 악을 판단할 줄 안다. 그러므로 인간은 만물의 영장이다. 따라서 인간은 하늘과 땅에 대하여 부끄러움이 없어야 한다.

스스로 하나님의 형상을 욕되게 하지 말아야 하며 또한 하나님의 형상을 닮은 존엄한 존재인 이웃을 소중하게 대하여야 한다. 우리는 종종 저 무심(無心)한 산천으로부터 배워야 한다. 탐욕을 모르고 술수와 배반을 모르는 자연으로부터 배워야 한다.

자신에게 주어진 시간만을 살다가 미련 없이 사라지는 꽃의 무욕청담(無慾淸淡)함을 배워야 한다. 내년에 또다시 같은 모양으로 피어나는 꽃의 후손을 위하여 바람처럼 왔다가 홀홀히 떠나가는 꽃의 허무로부터 우리는 무심의 도를 배워야 한다.

금년 봄에 솟아오른 저 꽃은 작년에 피었던 꽃의 부활이다. 영생의 이어감이다. 봄이 가면 여름이 오고, 여름이 가면 가을이 오며, 가을이 가면 겨울이 온다. 아침이 지나면 낮이 되고 낮이 지나면 밤이 된다. 이러한 순환은 만고불변의 법칙이다. 콩을 심으면 콩이 나고 팥을 심으면 팥이 난다. 천지의 법칙은 변함이 없다.

과학자들에 의하면 우주에는 약 2천 억 개의 태양이 있단다. 그리고 각각의 그 태양을 중심으로 약 2천 억 개의 은하계가 있다고 한다. 지구가 속하여 있는 태양계에는 아홉 개의 행성이 있고 60여 개의 위성이 또다시 이들 행성의 주위를 돌고 있다.

이 방대한 우주에 먼지만도 못한 인간에게 웬 탐욕이 그리도 많은가. 염려함으로 사람의 키를 한 치도 더 자라게 하지 못하는 무능한 인간의 부질없는 욕심이 세상을 어지럽히고 있다.

몇 번을 거듭 태어나서 쓰고도 남을 재물을 가지고도 부족하여 부정을 저지르는 인간들, 세상의 온갖 부귀와 영화를 누리고도 시원치 않아 사후의 영광까지 훔치려는 인간, 도대체 당신들의 욕심의 샘은 언제나 마를 것인가.

언제나 "솔로몬의 모든 영광으로도 입은 것이 이 꽃 하나만 같지 못하였느니라"(마 6:29)는 교훈을 깨달을 것인가.

꽃이 피고 지듯이 우리도 피어나면 반드시 지는 것이다. 생자필멸(生者必滅)의 법칙은 허무가 아니다. 왜냐하면 죽어야 살기 때문이다. 올 봄에 꽃이 지면 내년 봄에 그 꽃의 아들과 딸들이 다시 피어오른다. 혹독한 겨울이 만물의 생명을 어둠의 영역으로 쓸어가는 것 같으나 속 깊이 묻혀 있는 생명은 죽지 않고 다시 살아난다. 그것이 부활이요 영생이다.

인간들이여! 이 탐욕스러운 인간들이여! 어찌하여 불변하는 천지만물의 법칙을 바꾸려 하는가.

영생하는 길이 여기에 있다. 무심히 피고 지는 저 꽃의 삶이 영생의 길이다. 자연의 순환을 받아들이라. 속절없이 피고 지는 저 들꽃의 덧없음을 배우라.

올 봄에도 어김없이 꽃이 피네, 꽃이 지네!

꽃비가 내린다

꽃비가 내린다. 벚꽃이 무리지어 피는 줄도 모르고 보름 가까이 폐렴과 식도염으로 병원 신세를 졌다. 황사도 멈칫하고 눈이 부시도록 햇빛이 좋았고 꽃이 춤추던 날들. 진해, 윤중로, 남도 등 곳곳에서 벚꽃 축제가 열리던 금년 봄에 나는 두 개의 링거주사를 팔에 꽂고 항생제 주사를 맞으며 끼니 때 마다 한 움큼씩이나 되는 약을 먹어야 했다. 은퇴 시기가 얼마 남지 않아 슬그머니 고독하고, 억울하고, 소외감도 느끼며 말은 하지 않았지만 꿈속에서까지 정년병(病)을 앓고 있음을 확인했다. 나를 병원 응급실까지 태워다 준 교무처 직원에게 나의 입원 사실을 일체 알리지 말라고 했는데 비밀은 없는 법, 수많은 분들이 문병을 다녀갔다. 아프면서도 그분들의 사랑에 감사하며 나도 모르게 밀려 왔던 정년병의 일부를 털어낼 수가 있었다.

그러나 나는 병실에서 내가 좋아하는 매화도, 벚꽃도 보지 못하고 대부분의 꽃잎이 떨어져 내리는 허무를 보았을 뿐이다. 황홀한 봄의 일부를 상실한 것이다. 벚꽃의 원산지는 원래 우리나라라고 한다. 그것을 일본 사람들이 가져가 왕 벚꽃나무로 개량하였다고 한다. 몇 년 전만해도 벚꽃 하면 일본을 떠올렸는데 이제는 우리나라 방방곡곡에 봄 마다 벚꽃이 산천과 거리를 뒤덮고 있다. 섬진강 매화 축제가 지나면 벚꽃은 남쪽으로부터 차례로 피어난다. 그리고 몇 날이 못 되어 벚꽃은 허무를 안고 꽃비로 내린다. 꽃비는 또다시 일렁이는 봄바람에 꽃눈이 되어 이리저리 몰려가고 흩어진다.

내가 기거하는 아파트 입구에 줄 세워 심어놓은 수녀 같은 목련꽃이 떨어지기 시작한다. 고결하고, 지조 높은 조선 여인 같은 목련, 학처럼 목이 긴 목련은 떨어질 때 너무도 비참하다. 어쩌면 저렇게 추한 모습으로 떨어져 쌓인단 말인가?

엊그제 퇴원 후 큰 형님부부가 두 아들들과 함께 빠른 회복을 바라는 마음으로 밑반찬을 만들어 가지고 오셨다. 음식점에서 음식을 함께 먹으며 세월의 비정한 질서를 형님 내외로부터 또 다시 보았다. 금년에 형님부부는 동갑내기로 일흔 다섯이다. 꽃 같은 나이 스물 두 살에 시집 온 큰 형수는 자타가 공인하는 미인이었다. 큰 형님도 키는 조금 작았지만 우리 형제들 중 가장 잘 생긴 청년이었다. 그러나 지금 그들은 완연한 시골 노인이 되었다. 형수는 허리가 굽었고 형님은 치아의 개수 중 반이나 없어지고 머리는 하얗게 변해버렸다.

나는 얼마 전 형님께 "그 많은 재산을 소유할 시간이 과연 얼마나 남았습니까?" 하고 질문한 적이 있다. 형님은 그 많은 재산을 모으기 위하여 엄청난 고생을 하였고 일생 동안 험난한 세월을 보냈다. 아직도 부동산 이야기가 나오면 눈빛이 달라진다. "가장 안전한 투자는 땅을 사는 것이다"라는 견해가 형님의 재물에 대한 소신이었다. 그리고 그 분의 소신은 적중했고 큰 부자가 되었다. 그러나 이제 세월이 얼마 남지 않았다. 모든 소유를 놓고 빈손으로 가야 하는 운명을 거부할 수 없는 것이다. 시간의 허무는 망각이라는 피안으로 숨을 수 없다.

꽃비가 내린다. 그것들은 다시 꽃눈이 되어 날아간다. 삶의 잔해들이 허공으로 날아간다. 색즉시공 공즉시색(色卽是空 空卽是色)이다. 영원한 것은 하나님 이외에 아무 것도 없다.

영원한 권력자도 없고 영원한 부자도 없다. 당신이 가진 모든 것이 꽃잎처럼 떨어질 것이다. 아니, 당신 자신도 바람에 휘몰아 사라지는 저 꽃잎이 될 것이다. 역사는 당신의 그 탐욕을 심판 할 것이다. 그 터무니없는 욕심 때문에 친구와 선후배와 스승까지도 배반한 그 추악한 삶을 낱낱이 폭로하고 심판할 것이다. 하나님은 그리스도를 배신자 유다보다도 더 싸게 팔아버린 그 위선을 심판할 것이다. 매주일 강단에서 저지른 그 성의 없는 거짓 증언을 심판하실 것이다.

당신은 세상의 장사꾼보다도 더 악독한 예수를 파는 장사꾼이었다는 사실을 지금이라도 회개해야 한다. 국회위원을 포함한 공직자는 일백만원 이상의 벌금형만 받아도 현직에서 물러나야 한다. 그런데 타락한 교회사회는 엄청난 돈을 교회정치 자금으로 쓰고도 감독이나 총회장, 연합회장의 자리에서 위세를 부리고 있다, 성직을 매매하고, 교회 이동이나 담임자 교체에 뇌물이 오고간다. 가짜, 엉터리 박사들이 그 수를 헤아리기 어려울 정도다.

더욱이 쓴 웃음을 자아내는 것은 자신들은 교회를 세습하고도 김정일 가의 세습을 비판한다. 진정으로 당신들은 하나님을 믿기나 하는 사람들이요? 당신들 때문에 다수의 신실한 목자들이 한꺼번에 매도당하고 있다. 죽고 난 다음에 천국 갈 생각 말고 지금 여기서부터 그리스도를 살아야 한다. 예수를 믿는다는 것은 히브리어의 의미로 예수의 구원을 체험하고 그 감격으로 예수를 본받아 산다는 뜻이다.

봄은 꽃샘추위를 하며 어렵게 와서 너무나도 쉽게 간다. 봄은 오는 속도의 2배 속도로 사라진다. 인생도 이와 같은 것이다. 그래서 인생을 일장춘몽(一場春夢)이라고 하지 않았던가? 폴 틸리히(P. Tillich)의 말처럼 오직 영원한 것은 지금이다. 지금 이 시간을 영원한 시간으로 바꾸는 것이다. 영원한 현재를 사는 것이다. 목숨 걸고 바르게 사는 것이다. 이웃을 사랑하는 것이다. 봉사하는 것이다. 겸손하게 사는 것이다. 그리스도가 사신 삶을 진정으로 본받는 제자가 되는 것이다. 교리, 종교, 교파, 도그마를 초월하여 가장 가까운 이웃으로부터 사랑을 확대하는 것이다. 그리스도를 따라 사는 것으로 기뻐하며 사는 것이다.

지금 여기서 흐르는 시간(chronos)을 의미 있는 시간(kairos)으로 바꾸는 삶이 천국이다. 그리스도는 "이 작은 자 하나에게 한 것이 곧 내게 한 것이라"고 말씀하셨다. 작은 자가 누구인가? 힘없는 자다. 가난하고 눌린 사람, 소외된 민중이다. 이들에게 사랑을 베푸는 것이 하나님을 사랑하는 것이다.

연구실 옆 주차장 길 돌 틈 사이에서 진달래가 어느새 시들어가고 진홍 빛 영산홍이 화사하게 피고 있다. 삼십년 전에는 이곳이 시골이라 뻐꾹새도 울고 소쩍새도 울었는데 지금은 도시화로 새의 노래도, 산새의 울음도 멈췄다. 오늘 오후에는 연구동 앞 잔디밭에 여기저기 피어난 제비꽃무리를 보았다. 연보라 청초한 저 작은 꽃들이 조금 있다가 무성한 잔디 속으로, 속절없는 세월 속으로 사라질 것을 생각하니 눈물이 날 것 같다.

올 봄에도 꽃비가 내린다. 꽃잎이 눈처럼 날아간다. 인생이 그 꽃의 연무 속으로 사라지고 있다. 우리도 이같이 시간의 지평선 너머로 사라질 것이다. 우리, 영원한 지금을 살자.

(2009. 4)

꽃, 잎새, 열매

꽃샘추위로, 황사로 어렵게 봄이 몰려와 꿈처럼 눈부신 꽃들을 피우고 짧게 한바탕 놀다가더니 여름은 다습한 무더위로, 홍수와 태풍으로 제주도를 비롯하여 우리네 삶의 터전 곳곳을 할퀴고 휘몰아 떠나갔다. 금년에는 비오는 날이 너무 많아 일조량이 부족하여 벼도 알차게 여물지 못했고, 과일도 당도가 떨어진단다. 오죽하면 채소 값이 너무 올라 상추를 금추라고 부른다. 사계절이 뚜렷한 우리나라는 꽃이 좋고, 잎새가 무성하며 열매가 풍성해야 풍년이다.

그러나 지금 지구는 더워지고 있다. 자동차와 공장에서 뿜어내는 이산화탄소의 증가로 지구는 날로 기온이 상승하고 있다. 앞으로 4~50년 후에는 북극의 얼음산이 다 녹는다고 전문가들은 진단한다.

그렇게 되면 국토가 해수에 잠겨 없어지는 나라도 있을 것이고 상당한 육지의 면적이 바다에 잠길 것이며 인류를 향한 대 재앙이 전개 될 것이다. 좀 더 시원하게, 좀 더 따뜻하게, 좀 더 안락하게, 좀 더 편리하게 살려는 인간의 끝없는 욕망이 결국 인류의 공멸을 불러오고 있는 것이다.

지금까지 우리가 안락하게 살아 온 것은 지구의 오지에서 문명의 혜택을 받지 못하고 살아온 가난한 사람들의 희생 때문이다. 세계는 80%의 비조직(non-system) 국가들과 20%의 조직(system) 국가들로 이루어졌다. 그동안 우리는 80%의 비시스템 국가에 사는 가난한 사람들의 생태보전의 덕으로 안락을 누리고 살아온 것이다.

그런데 지금 인구 13억의 중국과 인구 11억의 인도가 경제적 고도성장을 거듭하고 있다. 따라서 지구의 환경도 빠른 속도로 망가지고 있다. 허리케인, 쓰나미, 지진, 온난화, 폭우, 가뭄이 더욱 더 인류를 괴롭힐 것이다. 앞으로 인류는 어떻게 될 것인가?

얼마 전 미국 부통령을 지냈으며 아슬아슬한 표차로 대통령 선거에서 패하고 정치를 떠나 지구 환경운동에 투신한 엘 고어에게 스웨덴 한림원은 노벨평화상을 수여하였다.

이것은 무엇을 의미하는가? 그것은 인간의 욕심으로 망가지고 죽어가는 지구를 살려야 한다는 간절한 인류 염원의 표현인 것이다. 지구가 죽으면 인간도 죽는다. 생태계의 파괴는 곧 인간의 멸망을 뜻한다. 근래에 들어서 우리나라의 기후도 아열대성 기후로 변해가고 있다.

이러한 기후의 변화에도 불구하고 참으로 감사한 것은 올해도 어김없이 가을이 우리의 뜰에 찾아 온 것이다. 늦장마, 늦은 태풍으로 한반도의 곳곳에 엄청난 상처를 주어 과연 가을다운 가을이 올 것인가 염려했는데 설악산, 금강산을 비롯하여 온 산이 고운 단풍으로 장관을 이루었다. 몽롱한 봄날, 꽃의 현란한 춤이 펼쳐지더니 한여름 푸른 물감을 뿌려놓은 듯 잎새들의 너울이 파도치고 이제 산은 형형색색의 단풍으로 수를 놓는다.

어디 그뿐인가? 곡식의 낱알들이 익어가고, 밤, 대추, 사과, 배, 감,

다래가 주렁주렁 열린다. 경이로운 일이다. 사계절이 뚜렷한 우리나라에 살고 있다는 것을 나는 감사한다. 봄은 꽃이 있어서 좋고, 여름은 푸른 산이 있어서 좋다. 그리고 가을은 단풍이 있고 쓸쓸해서 좋다. 겨울은 나목들의 순수가 좋다. 그래서 나는 자동차에 DVD 비발디의 사계를 가지고 다니면서 자주 듣는다.

나는 시끄러운 도시가 싫다. 편리해서 아파트에 살면서도 시멘트로 지은 정형화 된 건물 숲이 싫다. 빠각 빠각 하는 도시 인심이 싫고 살벌한 경쟁이 싫다.

12월 대선을 앞두고 각 정당에서는 대통령 후보선출로 시끄럽다. 서로 자기가 잘났다고 야단이다. 아니, 자기 잘 난 것을 부각시키기 위하여 상대방을 끌어내리고 흠집을 캐내느라고 혈안이 되어 있다. 거기에는 친구도, 선후배도, 선생과 제자도 없다. 이익을 위해서는 금방 동지가 되었다가도 금방 적이 된다.

나는 요사이 TV 뉴스기피증이 생겼다. 더러운 정치, 더러운 흥정, 더러운 합종연횡을 보면서 정치 없는 별나라로 이민을 가고 싶다. 교회 안에도, 학교 안에도 저 더러운 정치의 흙탕물이 범람하여 구토가 난다. 무엇을 주고 받았는지 내 편이 되면 그 사람의 능력이나 인품 따위는 아랑곳하지 않고 무조건 파당을 지어 움직인다.

종교지도자를 잘못 뽑으면 교단을 어지럽게 하고 학교의 장을 잘못 선출하면 미래의 발전은 고사하고 생존이 위태로운데도 저들은 몰려다니며 순간의 즐거움에 도취된다. 한 국가의 지도자를 선출하는 일은 더욱더 중차대한 일이다.

심사숙고하여 떨리는 마음으로 지도자를 뽑아야 한다. 겸손한 지도자, 섬길 줄 아는 지도자, 슬기로운 지도자, 화합하는 지도자를 뽑아야 한다. 독선과 오만의 지도자를 선출하면 망한다. 아첨하고, 위선하고,

흥정하는 지도자를 선출하면 희망이 없다. 아쉬울 때는 허리를 숙이고 투표에서 이기고 나서는 교만과 독선으로 거드럭거리는 자는 퇴출시켜야 한다.

꽃의 허무를 아는 자, 잎새의 종말을 읽을 줄 아는 사람, 가을 열매에 응축된 땀의 의미를 아는 사람이야 말로 성숙한 인간이다. 흔히 인생을 잎새에 비유한다. 연초록 작은 잎새를 유년기로, 너울거리는 푸른 잎새를 청장년기로, 단풍과 낙엽을 노년기로 비유한다.

그러나 잎새는 정직하다. 잎새는 나뭇가지에 매달려 주어진 삶에 충실하다. 햇빛과 수분, 그리고 영양분에 따라 잎새의 얼굴은 정직하게 변해간다. 속일 줄도 모르고, 배반할 줄도 모른다. 또한 탐욕도 모른다. 그저 뿌리에서 오는 물과 영양에 의존한다. 햇빛과 바람에 순응한다. 순리대로 살다가 어느 날 소리 없이 대지로 돌아간다.

인간 잎새들아! 너나 할 것 없이 저 꽃의 허무를 읽어라. 잎새의 순응을 배우라, 열매의 성실을 닮아라. 있어야 할 자리에 있어라.

적소적재(適所適材)라는 말이 있지 않은가? 가당치도 않은 자리를 탐하고 억지로 이웃을 떠밀어내고 자리를 빼앗는 미친 춤을 멈추라. 하나님의 심판이 당신들의 발밑에 있다. 꽃이 지고, 잎새 떨어지면 저 나무는 봄부터 땀 흘린 농부에게 모든 열매를 아낌없이 다 주고 나목(裸木)의 순수로 겨우내 직립할 것이다.

나는 꽃, 잎새, 열매, 나무를 사랑한다. 그 엄연한 질서를 사랑한다.

(2007. 10)

가진 자의 겸손

사촌이 땅을 사면 배가 아프다는 말이 있다. 사촌이면 매우 가까운 친척이다. 친척이 잘되면 축하와 격려를 해주어야 마땅한 것인데 오히려 배가 아프다는 논리는 병든 인간의 마음을 잘 지적해주는 말인 것 같다.

하기야 학창시절에 우열을 다투던 친구가 사회에 나와 승승장구하고 자신은 초라한 모습으로 뒤에 처져 있다면 친구를 축하하는 마음보다는 선망과 시새움으로 착잡해지기 마련이다. 인간의 본성 속에 도사린 이 질투심은 종종 끔찍한 결과를 초래하기도 한다.

이러한 심리를 잘 다스려 승화시키면 창조의 열매를 거두지만 잘못 다스려 방치해 두면 인간의 생명까지도 부정하는 극한의 상태를 불러올 수도 있다. 소극적인 퇴행심리는 자기 목숨을 부정하지만 과격한 퇴행 심리는 타인을 증오하고 생명까지 부정하는 지경에 이르게 된다.

히틀러가 600만 유태인을 가스로 학살했다. 그것은 깊이 보면 유태인을 시기하고 질투하는 서구인의 심리가 살인을 자행한 것이다. 인격이 왜곡된 히틀러는 서구인의 집단의식을 따라 권력의 칼춤을 추었던 것이다.

오래 전에 미국에 있는 한국 교포들이 흑인들과 스페니쉬 계통 사람들에게 수난을 당했다. 뉴욕에 정착한 한국인들은 유령의 도시처럼 방치해 둔 할렘가에 용감하게 뛰어들었다.

싼값으로 건물을 사거나 임대하여 흑인들을 상대로 장사를 시작했다. 밤잠 안자고 노력하면 성공할 수 있는 청과물 업에 손을 댄 한국인들은 얼마 안가서 할렘가의 상권을 손에 넣었다. 근면을 밑천으로 악착같이 돈을 벌어 튼튼한 경제적 토대를 굳혔다.

그래서 미국인들은 한국인을 제2의 유태인이라고 부른다. 참으로 장한 일이다. 산 설고 물 설은 타국에서 맨주먹으로 일어서기까지는 상상도 할 수 없는 피나는 노력이 있었다. 눈물과 땀과 피, 이 고귀한 인생의 삼대 액체가 응고하여 이룩한 성공이다.

그런데 뉴욕의 할렘 가에 거의 집단적으로 살고 있는 흑인들의 반발이 매우 심했다. 종종, 권총을 든 무법자들이 나타나 총격을 가하고 인명을 빼앗아갔다.

마침내 LA에서는 흑인폭동으로 한국인이 엄청난 피해를 입었다. 흑인을 주 고객으로 장사하여 치부한 코리언들이 정작 흑인을 차별하고 무시한다는 것이다. 돈은 할렘 가에서 벌고 소비는 엉뚱한데 가서 한다는 말이다. 뉴욕의 아름다운 곳에 주거를 정하고 백인들과 어울려 돈을 쓰며 고급승용차를 타고 엉뚱한 곳에 가서 재미를 본다는 말이다. 쉽게 말하면 그들로부터 돈을 벌어갔으면서도 그들에게 돌린 것이 없다는 말이다.

악착같이 벌기만 했지 공익을 위하여 쓴 것이 무엇이냐는 지적이다. 한국인이 얄밉고 오만하게 보인 이런 여러 이유로 한국인은 할렘 가에서 떠나라는 것이다.

결국 한국인이 돈을 많이 벌고, 자리를 잡은 것이 흑인들의 배를 아프게 한 것이다. 유태인의 결속이 서구인의 배를 아프게 하고 일본의 팽창이 동아시아와 세계인의 배를 아프게 한 것처럼 미국에서 한국인이 성공하니 미국인들의 배가 아프다는 것이다.

그러므로 가진 자의 언동은 더욱 어려운 것이다. 하나님이 유태인을 만민 중에 선택하였고 유태인은 세계에서 가장 우수한 민족이라는 자존심과 정체성을 가지게 되었고, 이것은 저 황량한 사막에 기적을 심었으며 인구 2억이 넘는 아랍과의 전쟁에서 350만 이스라엘은 승리하였다.

이것은 매우 중요한 민족의 승리이다. 그러나 이러한 사실이 서구인의 눈에는 오만으로 비춰진 것이다.

사회적 지위가 확보되고, 부유해지면 사람들이 박수갈채를 보낸다. 그러나 속으로는 시기한다. 그리고 은연중에 망하기를 바란다. 그러므로 못 가진 자의 처신보다 가진 자의 처신은 더욱 어려운 것이다.

까닭 없이 나를 향하여 질타를 가해 오는 이가 있는가? 겸손을 보이라는 요청이다. 까닭 없이 헐뜯고 비방하는 이가 있는가? 자신의 초라한 모습에 연민과 분노를 느끼기 때문이다. 까닭 없이 경계하는 이가 있는가? 악마의 이간 때문이다. 소외감 때문이다.

가진 자일수록 겸손해야 한다. 명예를 가졌든, 권력을 잡았든 간에 겸손해야 한다. 많이 가졌다고 훌륭한 것은 아니다. 인간은 많이 가질수록 자기 자신을 볼 수 없게 된다. 높아질수록 자기 허상에 사로잡히기 쉽다.

아첨의 무리가 모이고 축하의 합창이 높아지면 진실한 자아는 사라지고 껍데기 자아가 자기 우상을 만든다. 남이 하는 직언을 싫어하고 칭찬을 좋아한다. 정의를 미워하고 아첨을 선호한다. 그래서 결국은 스스로 붕괴한다.

오늘은 가진 자의 겸손히 절실히 요구되는 때다. 눌린 자, 가난한 자, 소외된 자의 원성이 높은 때다. 못 가진 자의 한숨이 하늘까지 닿는 계절이다. 개인이든 민족이든 간에 가진 자의 오만을 버리고 겸손한 마음으로 돌아가야 한다. 우리나라 정치인들은 정권만 잡으면 오만하기 짝이 없다. 천 천세, 만 만세를 누릴 듯이 기고만장하다.

여호와는 겸손한 자를 붙드시고 악인은 땅에 엎드러지게 하신다고 성서의 시인은 증언한다. 오만한 정권, 오만한 부자, 교만한 인간은 반드시 망한다. 탐심과 거짓으로 사는 악인은 망한다.

이스라엘이 불순종하고 교만할 때 하나님은 저들을 풀무에 부치시고 열방의 노예와 포로가 되게 하였고 이스라엘이 여호와께 순종하면 하나님은 저들을 열방 중에 높이 세웠다.

하나님은 겸손한 자를 붙드시고 그의 편에 선다. 베일리는 "겸손은 최고의 미덕"이라고 하였다. 위장되지 않은 겸손, 가진 자의 겸손, 힘있는 자의 겸손을 하나님은 원하신다.

하나님은 보좌를 버리시고 육축의 구유에서 나셨고 십자가에서 죽으셨다. 그분의 겸손이 우리를 사망에서 건지셨다. 영생을 얻게 하였다. 부활의 영광은 겸손의 십자가에서 솟아난 것이다.

가정은 창조 질서의 으뜸

옛 시인이 "천산만홍(川山萬紅)"이라고 봄을 노래하였다. 천산에 만 가지 형형색색의 꽃이 피었다는 뜻이다. 산 두견이 임 그리워 울다가 토해낸 핏물이 꽃으로 피어난 진달래가 지더니, 뒤이어 그 아쉬움을 달래듯 철쭉이 산허리를 붉게 수놓았고, 벚꽃이 지는가 했더니 매화가 자지러지게 피었다.

그러나 인간의 탐욕으로 저지른 죄업으로 산과 내와 바다가 신음한다. 온통 도시의 하늘이 매연으로 뒤덮였다. 좀 더 많이 갖고, 좀 더 편리하게 살고 싶은 인간의 욕망이 하나님의 뜰을 악취 나는 동산으로 변하게 하였다. 세계 각국이 환경협약을 맺고, 지구 살리기 운동을 펼치지만 개인과 단체, 그리고 각국의 이기심은 더욱 더 땅과 바다를 더럽히고 있다. 사람이 지은 업보가 너무 커서 행여 올 봄에 꽃이 필까 염려하였는데 하나님은 사람 같지 않으셨다. 변함없는 사랑으로 꽃을 피우시고, 연초록 의상으로 산을 장식하셨다. 오월은 봄이 익는 달이다. 오월은 꽃잎이 뒤이어 피어나는 붉고 푸르른 계절이다. 그래서 계절의 여왕이라고 하는가 보다. 이 찬란한 계절을 우리는 '가정의 달'로 지정하였다. 가정이 건강해야 사회도, 나라도 건강해진다. '호란드'는 "어떠한 나라도 선량한 가정생활이 있는 한 붕괴되지 않는다"고 하였다.

가정은 사회의 최소단위다. 이 최소단위가 무너지면 마침내 국가도 무너진다. 지금 우리의 주변에는 이 가정이 무너지는 소리들이 요란하다. 국민소득이 늘고 감관문화는 발달했지만 가정은 지옥으로 변해가고 있다. 가정법원이 점점 붐비고 있다. 이혼서류를 든 남녀들이 몰려들고 있는 것이다. 어떤 이들은 신혼여행지에서 이혼을 선언하고 돌아온다고 한다. 상호간의 성격과 계산이 맞지 않기 때문에 헤어지자고 한다. 신성한 결혼이 상업적 결혼으로 전락하였다. 그리고 둘 사이에 태어난 아이들을 거침없이 유기한다. 무책임하기 짝이 없다.

결혼과 가정은 하나님의 창조질서다. 아무렇게나 자신의 의지에 따라 결정된 가정이 아니다. 부모와 자식, 아내와 남편의 관계는 하늘이 결정한 친애와 운명의 만남이다. 본회퍼는 이러한 하나님의 질서를 "위임(Mandate)"이라고 부른다. 하나님이 정하시고 맡겨주신 책임이라는 말이다. 부부는 서로 사랑하고 공경해야 한다. 심지어 자신의 몸까지 혼자 주관하지 못하게 하였다. 그리고 자식을 노엽게 하지 말고 하나님의 진리로 훈계하며 양육하라고 성서는 가르친다. 그리고 자녀에겐 효를 명한다. 효는 유교의 기본덕목이며 우리의 기본 에토스다. 십계명 중 인간에게 준 제 1계명은 분명히 효라는 덕목이다.

우리는 이스라엘 백성과 마찬가지로 효를 인간 윤리의 근본으로 삼아왔다. 공자는 인(仁)사상의 출발점을 효제(孝悌)라는 덕목에 두었다. 이렇게 아름다운 우리의 에토스가 지금 무섭게 무너지고 있다. 부부의 반목이 이혼으로, 살인으로 확대되고 있다. 부모와 자식의 반목이 살

부살모(殺父殺母)로, 기아(棄兒)로 이어지고 있다. 돌아가고 싶지 않은 가정이 되었다. 가정이 무너지니 또한 사회가 무너지고 혼란해졌다. 선생과 제자의 도리가 무너지고 친구와 친구의 우정이 붕괴되어 버렸다. 산업사회를 거쳐 바야흐로 정보화 사회가 되었다. 물질문명의 극점에서 인간은 오히려 불행을 고백하고 있다. 황폐한 인간성, 믿을 수 없는 살벌한 현장에서 조금도 방심할 수 없는 긴장의 나날을 보내고 있다.

왜 그런가? 홈 스위트 홈이 없어지고 있기 때문이다.

학교교육, 사회교육, 교회교육도 중요하지만 더 중요한 교육은 가정교육이다. 가정에서 인간자아의 기초가 형성된다. 거기서 기본적인 인간성이 형성되는 것이다. 지금 우리는 더 많이 벌고, 더 많이 가지려는 욕심 때문에 자녀를 병들게 하고 있지는 않은가 반성해야 한다. 지금 우리는 무심코 말하고 행하는 가운데 우리의 자녀들은 거짓을 배우고, 탐욕을 익히며, 이기주의를 본받고 있는 것이다. 거리와 버스안의 치한을 보고도 잠잠한 무관심, 교회 안까지 깊숙이 쳐들어온 저 터무니 없는 물신과 명예욕 그리고 권세욕…. 그것들은 모두 어른에게서 배운 것이다. 가정과 학교와 교회가 썩으면 도대체 어디에 희망을 걸어야 하는가?

창조의 질서를 되살려야 한다. 하나님이 세우신 질서를 회복해야 한다. 잃어버린 하나님의 형상을 회복해야 한다. 그리스도인들은 입으로만 성서를 외우지 말자, 의식으로만 예배하지 말자, 말씀을 실천해야 한다. 말씀의 화육만이 가정을 살리는 일이다. 진정한 인간화는 가정으로부터 실현된다. 아버지, 어머니, 아들, 딸, 남편, 아내, 선생, 제자… 모두 제자리로 돌아가라. 그리고 그 자기됨에 최신을 다하라, 가정은 창조질서의 으뜸이다.

개구리 합창

한겨울 앙상했던 나목들이 연초록 의상으로 단장하고 수직성장을 시작하였다.

봄! 봄은 희망과 향수, 활기와 사랑이 넘치는 계절이다. 인간은 하나님이 베풀어 주신 뜰을 지나친 욕심으로 파헤치고 병들게 하였다. 맑은 물, 맑은 하늘이 사라져 간다. 메뚜기, 개구리가 자취를 감추었다.

나는 유년기에 개구리 소리를 들으며 봄밤을 지냈다. 지금도 그 어린 개구리들의 초저녁 합창은 잊을 수가 없다.

몇 해 전부터 나는 학교에서 학기 중 잠을 자야 했다. 먼 거리에 있는 집에서 출퇴근 하는 일이 힘들어 주중에 머물던 잠자리가 이제는 제법 안식처가 된 느낌이다.

특히 나른한 봄밤, 뒷논에서 들려오는 개구리의 오케스트라는 나의 마음을 평정하고, 평화의 강으로 인도하였다. 바쁘고 피곤한 일상을 마치고 잠자리에 들 때면 개구리는 영락없이 동일한 합창을 들려주었다. 아무리 유명한 곡일지라도 인간이 작곡한 음악은 반복하여 들으면 싫증이 나건만 개구리의 합창은 결코 물리는 법이 없다. 한 놈이 선창하면 다른 놈이 화답하고, 마침내는 온통 개구리의 합창으로 밤은 충만해진다.

개구리의 울음은 나의 동심을 자극한다. 나의 고향 집은 당시 외딴 집이었는데 논 가운데 있었다. 그리고 논과 마주 닿은 텃밭 한 모퉁이에는 우물이 있었다. 아침저녁이 되면 동네 아주머니들과 댕기를 길게 딴 처녀들이 우물가로 모여들었다.

그리고 봄밤은 개구리 소리와 뒷산 두견의 애달픈 울음과 함께 깊어갔다. 여름밤이면 우리 다섯 식구는 개구리 소리를 들으며 도란도란 이야기를 나누었고, 가슴 설레는 처녀와 총각이 우물가 큰 돌 위에 앉아 사랑을 속삭였다. 개구리가 시끄럽게 울어대는 논에 장난꾸러기 아이가 돌을 던지면 금시 개구리의 합창은 중단 된다.

그러나 잠시 후면 한 용감한 개구리가 굵은 목소리로 다시 선창을 한다. 그러면 이 구석 저 구석에서 꾸르륵 꾸르륵 다른 개구리들이 화답을 재개한다.

그렇게 서장(序章)이 시작되면 금방 논가는 개구리의 합창으로 가득해진다. 개구리 합장은 어느새 나의 심층에 자리 잡은 평화의 노래가 되었다.

정지용 시인이 노래한 "해 설피 우는 소 울음소리" 만큼이나 개구리의 합창은 나에게 향수 짙은 음향이 되었다. 하루 일과를 마치고 숙소로 올라갈 때면 눈에 핏발이 서고, 삭신이 쑤시도록 피곤할 때가 있다. 그럴 때마다 번번이 개구리는 나의 영혼 깊숙이 평화의 노래를 불러주었다.

개구리의 울음은 이미 울음이 아니었다. 그것은 나의 무의식에 묻힌 친숙한 유년기의 사랑이며 그리움이었다. 아니, 시공을 초월한 영원한 평화의 전설이었다.

이러한 개구리의 공간이 지금 무참히도 우리의 주변에서 허물어지고 있다. 캠퍼스의 둘레가 온통 아파트와 주택 부지로 바뀌었다. 저녁까지 불도저 소리가 끊이지 않는다.

개구리의 합창은 사라졌다. 산 뻐꾸기의 처량한 울음도 들을 수가 없다. 아마도 요사이 내가 쉽게 잠들지 못하는 원인이 이러한 기막힌 사연에 있는 것이 아닐까?

가요의 가사처럼, 신문도 TV도 없는 두메산골로 가고 싶다. 나의 유년기, 그 평화로운 고향집으로 돌아가고 싶다. 저 현란한 현대 문명의 소음과 소란한 인간사를 떠나고 싶다.

가난하지만 인정이 넘치는 아늑한 옛 고향 마을이 그리워진다. 거기엔 위선도 없고, 명예와 권력다툼도 없었다. 미움도 경쟁도 없었다. 오직 훈훈한 인정과 자연스러움이 있었을 뿐이다.

오! 언제 다시 개구리의 평화로운 합창을 들으며 잠자리를 청할 수 있을 것인가?

배은수 선생님

다섯 해 전 나는 사랑하고 존경하는 어머니를 여의고 근 1년 동안 마음의 갈피를 잡을 수 없었다.

요사이도 차를 타고 한적한 도로를 운전하여 가다가 슬픈 노래가 자동차 라디오에서 흘러나오면 종종 어머니의 사랑이 그리워 눈물이 돈다. '생전에 왜 좀 더 잘 해드리지 못 했던가'하는 불효자의 자괴심(自愧心)으로 가슴이 미어진다.

그런데 오늘 나는 또 한 분의 님을 이별하였다. 영원히 잊을 수 없는 은사 배은수 선생님이 떠나가신 것이다. 선생님은 지난 7월 4일 지병인 파킨슨씨병으로 뉴저지 플레인필드(Plainfield)에서 영면하셨다.

1973년 나는 신학대학을 졸업하고 경기도 이천 단월감리교회의 담임 교역자로 부임하기로 결정하고 서울에 올라와 선생님께 보고를 드렸더니 선생님은 호되게 꾸중을 하시면서 대학원 입학시험을 치르도록 강권하셨다. 입학시험에 합격한 후 등록금이 없는 나를 위로하시고 며칠 후 광화문 국제제과에서 등록금 53,000원을 넌지시 내게 건네주셨다.

그때는 교단 분규의 상처로 시간강사 수입 외에는 일정한 수입이 없으셨던 선생님의 형편을 아는 나는 그 돈을 받을 수 없다고 사양하였다. 그러나 선생님은 좋은 일 해주고 누구에게 사례금으로 받은 돈이니 부담 없이 등록하라는 것이었다.

입학 후 석 달이 지났을 무렵 마침내 나는 사모님의 눈물과 함께 그 돈의 기막힌 출처를 알 수 있었다. 그것은 넷째 딸의 전세금 중 일부였다. 당신의 딸은 등록금이 없어서 휴학을 했었는데…. 배은수 선생님은 그런 분이었다. 사모님으로부터 들은 사연이지만 선생님은 일생동안 자신과 자신의 가족을 위해서는 가난하였다.

일찍이 연희전문(연세대학교 전신학교) 영문과를 졸업하시고 매일신문 기자를 오래도록 하셨다. 이승만 박사의 공보비서를 사양하고 오히려 뜻하신 바 기자의 길을 걸으셨다.

해공 신익희 선생과 함께 「자유 신문」을 창간하셨으며 이승만 정권의 남한만의 단독정부를 반대하시다가 옥고를 치루시고, 뒤늦게 나사렛대학에 교수로 10여 년간 재직하셨다. 당시에 선생님은 학생들로부터 가장 존경받는 교수님이었다.

그의 언변은 결코 유창하지 않았다. 그러나 선생님의 강의는 조용, 조용히 진행되었다. 또한 올곧고 따뜻한 인품으로 제자들의 존경을 독점하셨다. 젊은 날 육당(六堂) 최남선, 춘원(春園) 이광수, 이상(李箱) 김해경, 팔봉(八峯) 김기진 등 당시 문단의 거목(巨木)들과 교류하셨다. 나에게 유학의 강한 동기를 부여해 주신 분도 선생님이었다.

내가 위스콘신에서 잠시 목회할 때 선생님은 오셔서 한 달 동안 일제(日帝)시대와 해방정국의 생생한 체험과 역사를 가르쳐 주셨고, 그 후 몇 번 선생님 댁을 방문했을 때도 수많은 당시의 감추어진 역사와 자신의 사상적 신념을 말씀해 주셨다.

그는 깨끗한 선비였다. 위대한 신앙인이었다. 선친 배선표 목사님의 훌륭하신 생애를 닮아 항상 흔들리지 않는 신앙인이었다. 둘째딸이 백혈병으로 미국에서 신음하면서도 의연하게 임종을 준비하는 모습을 지켜보시고 더욱 하나님의 나라에 대한 확신으로 충만하셨던 선생님의 모습이 눈에 선하다.

선생님은 지병으로 마지막 글을 읽을 수 없는 순간까지 늘 책과 신문을 손에서 놓지 않으셨다. 그리고 늘 새로운 것을 추구하셨다. 그러므로 선생님은 항상 청년이었다. 생각하고 느끼고 생활하시는 모습이 항상 신선하였다. 선생님의 사상에는 몽양(夢陽), 춘원(春園), 육당(六堂), 다석(多夕), 해공(海空), 함석헌, 제임스조이스… 등 헤아릴 수 없는 사상의 편린들이 들어있었다.

정갈한 미남 선비, 곧고 따뜻한 눈물의 선생님이 안 계신 올 가을은 허허롭다. 1992년 2월인가? 워싱턴 DC에서 하루 전에 전화를 드리고 차편이 여의치 않아 어렵게 플레인필드 노인아파트에 갔다가 저녁을 먹고 떠나오게 되었다. 못난 제자가 온다는 소식에 모든 일정과 오찬 초대를 취소하시고 꼬박 이틀을 기다리시던 선생님 내외분을 불과 몇 시간 뵙고 떠나왔던 때가 마지막 상봉이었다. 그때 이미 병환이 깊어 말씀의 횟수가 현저하게 줄었고, 다만 미소로 듣기만 하셨다. 불편하신 몸으로 일층까지 지척지척 걸어 나오셔서 떠나는 내 손을 잡고 눈물을 펑펑 흘리시던 선생님의 얼굴이 자꾸만 나를 슬프게 한다. 그 후에 한번만이라도 더 가 뵈어야 하는 건데….

아쉬움만 남는다. 내게는 일생의 두 기둥이었던 어머니와 선생님이 떠나가신 이 가을, 텅 빈 벌판은 오늘도 나를 울먹이게 한다.

선생님! 편히 잠드소서!

우리의 봄은 멀었나?

몸이 나른한가 했더니 어느새 봄이 문 앞에 와 쏟아지고 있다. 금년에는 작년보다 봄이 한 열흘쯤 빨리 왔다고 한다. 수년 만에 강물이 얼어붙는 강추위를 하더니 봄이 서둘러 몰려왔나보다. 봄은 와야 한다. 와서 얼어붙은 강도 녹이고, 땅속 개구리도 튀어나오게 해야 한다. 개나리, 진달래, 철쭉도 꽃망울 터지게 해야 한다. 나는 봄의 신의(信義)를 믿는다. 봄은 사람과 다르다. 아무리 섭섭한 모습으로 떠나갈지라도 명년 삼월이면 어김없이 다시 온다. 화사한 미소로 싸리문 살포시 밀며 봄이 들어온다. 그래서 봄을 춘삼월(春三月)이라고 했던가?

지금 얼어붙은 우리의 정국에 봄이 와야 한다. 냉기류와 함께 추락하는 우리의 경제에도 봄이 와야 한다. 화해의 징조는 보이지 않고 점점 더 대결의 골만 깊어가는 남북의 뜰에도 봄은 와야 한다. 아니, 이 백성의 얼어붙은 인정, 강퍅하고 살벌한 마음 복판에 봄이 와야 한다. 뼈저린 대가를 더 지불하기 전에 우리 모두 민족의 뜰에 봄을 불러와야 한다. 지금 백성들이 여야를 가릴 바 없이 정치인들을 신뢰하는가?

부정한 기업인들, 탐관오리들, 잘못된 경제구조로 하루아침에 부자가 된 졸부들 때문에 지금 이 나라가 휘청거리고 있다. 문민정부가 출범하고 과감한 개역 드라이브를 시도했다. 공직자 재산공개 및 등록을 했고, 아직도 보완해야 할 점은 많으나 금융실명제도 용기 있게 단행하였다. 역사청산의 법정에 전직 대통령들도 세워놓고 심판하였다. 숨가쁜 4년을 달려왔다.

그러나 김영삼 대통령 임기 1년을 앞두고 어느 것 하나 시원한 것이 없다. 세계의 경제가 활황 분위기로 돌아섰고, 아시아의 경제가 4% 이상의 성장계단에 올라섰다. 그러나 유독 한국만이 정치 경제적 위기 국면에 봉착해 있다. 아시아 G7에서 한국이 탈락되었다. 우리나라의 외채가 작년 말까지 1천 22억불이라고 한다. 어디 그 뿐인가? 북한의 정치 불안, 경제 불안은 최악의 상태에 돌입하였다. 세계의 정세분석가들이 연일 북한의 몰락을 예언하고 있다. 수백 명의 탈북자들을 우리는 이미 받아들였다.

중국정부는 아예 연변에 탈북자 수용소까지 준비하였다. 지난번 황장엽 비서의 망명사건은 북한의 실정을 더욱 극명하게 보여주는 예표인 것이다. 이러한 숨 가쁜 역사의 소용돌이 속에서 지금 이 나라의 정치인, 공직자, 특권층들이 과연 온전한 의식들을 지니고 있는가? 지식층, 종교인, 지도층 인사들이 국민을 위하여 건강한 의식을 제공하고 있는가? 안보가 무너지고, 경제가 파탄에 이르고도 과연 나 하나만 잘 살 수 있다고 보는가?

지난번 황장엽 비서가 밝힌 바를 상기하자. 소름끼치는 일이 아닌가? 남한의 정부요직에 간첩이 있다고 한다. 수많은 남파간첩과, 고정간첩이 암약하고 있다. 불안에 떨며 전전긍긍하던 이한영씨가 급기야는 살해되고 말았다. 이런 한심한 치안의 나라에서 국민이 어떻게 안심하고 살 수 있단 말인가? 작년 연세대학에서 발생한 한총련의 폭력행사에 북한은 얼마나 고무되었겠는가?

지금의 북한은 이상한 집단이다. 식량이 없어서 인민은 굶어죽고 있는데도 북한의 군사력은 막강하다. 가공할 무기들을 보유하고 있다. 화학탄, 세균탄, 핵폭탄까지 가지고 있다고 한다. 저들의 군사력은 가히 한반도를 초토화시킬 수도 있다. 이러한 실체가 불과 서울에서 자동차로 1시간 이내의 거리에 있는 것이다. 저들이 노동 1호를 발사하면 순식간에 서울은 불바다가 된다고 한다. 이 엄청난 현실 앞에서 우리는 아직도 민주화를 가장한 불순 좌경세력을 언제까지 포용할 것인가?

민주화의 물결에 숨어버린 위험한 좌익세력, 무너진 공산주의를 끈질기게 구세주처럼 끌어안고 있는 붉은 세력을 우리는 우리사회의 요소요소에서 색출해 내야 한다. 그렇지 않으면 지금까지 쌓아놓은 경제성장도, 민주화도 하루아침에 물거품이 되고 만다.

일반 백성이 원하는 것이 무엇이겠는가? 권력 같은 것은 추호도 원치 않는다. 튼튼한 국방의 나라에서, 통일된 이 땅에서, 향상된 문화적 주체사회에서, 자유민주주의의 틀 속에서 잘 먹고 잘 사는 것 이외에 무슨 소원이 있겠는가? 돈이 있어야 국방도 할 수 있는 것이 아니겠는가?

부국강병은 우연히 오지 않는다. 위정자를 비롯한 모든 국민이 정직해야 한다. 땀 흘려야 한다. 서로 사랑해야 한다. 대결을 지양하고 사랑으로 단결해야 한다. 사람의 목숨, 사람의 가치를 존중해야 한다. 지금 이 땅에 통일의 방법론이 없어서 통일이 안 되는가? 지금 이 땅에 엘리트가 없어서? 조직개편이 잘 안되어서 정치와 경제와 사회가 허둥대는가? 아니다. 진리와 사랑이 없기 때문이다. 그러나 봄은 엄동설한을 뚫고 온다. 우리의 봄은 아직 멀었나?

(1997. 2)

아카데미아 Akademia

20세기 위대한 철학자 화이트헤드(Alfred North Whitehead)는 "지금까지의 서양 철학은 플라톤(Platon)철학의 각주에 불과하다"고 하였다. 또한 19세기 미국의 뛰어난 사상가였던 에머슨(Emerson)은 "플라톤은 철학이요, 철학은 플라톤이다"라고 예찬하였다.

플라톤은 자신의 고매한 철학적 이상을 교육을 통하여 실현시켜 보려고 우수한 청년들을 모았고, 수십 권의 저술을 남겼으며 B.C. 387년 그의 나이 40세 때에 아테네의 서북쪽 교외에 위치한 아카데모스(Akademos)의 숲속에 아카데미아(Akademia)라는 학원을 창설하였다.

그는 B.C. 427년 아테네의 명문가(名門家)에서 태어나 얼마든지 정치적 야망을 달성할 수 있었다. 그러나 그는 정치에 환멸과 비애를 느꼈다. 훌륭한 스승 소크라테스를 모함하여 죽인 더러운 정치가 싫어서 진리탐구와 교육에 심혈을 기울였다.

대학은 '아카데미아'다. 대학엔 훌륭한 스승이 있고, 우수한 제자가 있어야 한다. 거기엔 진리가 있고, 이상이 있어야 한다. 그래야 거기서 플라톤과 아리스토텔레스(Aristoteles)가 나오며, 맹자, 퇴계, 율곡이 배출된다.

그런데 지금 우리의 교육은 어떠한가? 참 인간을 배출하는 올바른 교육을 하고 있는가? 교육개혁은 진정 국적 있는 교육을 지향하고 있는가? 문제의식도 올바르지 못한 느낌이다.

문제의식이 올바르면 개혁의 방안도 옳게 되는 법이다. 중병에 걸린 환자를 고치려면 먼저 정확한 진단을 해야 한다. 그리고 치료에 임하여야 한다. 그러므로 전문의(專門醫)가 필요한 것이다. 심장병엔 심장병 전문의가, 소화기병에는 내과 전문의가 치료해야 한다.

21세기를 대비한 우리사회의 각 분야별 개혁은 각기 다른 전문가들이 올바른 문제의식을 가지고, 소신과 철학을 바탕으로 일관성 있게 추진해야만 한다. 갈팡질팡해서는 안 된다. 철학부재의 개혁은 오히려 혼란만 초래한다.

청와대에서 기침만 한번 하면 나라 전체가 감기를 앓는다. 호주를 방문하던 대통령이 세계화를 선언하자마자 온 나라가 갑자기 떠들썩거리고 우왕좌왕하기 시작했다.

우후죽순처럼 영어학원이 생겨나고, 유치원부터 대학까지 교육과정이 바뀌고, 자격·무자격 할 것 없이 영어권 교사들이 몰려오고, 조기유학의 열풍이 휘몰아치고 있다. 여기에 교육개혁, 대학종합평가, 교육재정확충 등등의 엄청난 과제들이 한꺼번에 쇄도하여 숨을 쉴 수가 없게 되었다.

이 나라는 정치가 지배하는 나라인가? 경제, 사회, 문화, 교육이 정치에 종속하는가? 정치권이 제일 먼저 개혁되어야 한다. 교육개혁, 세계화는 일정한 기간도 없이 단시일 내에 성취할 수 있는 과제들이 아니다. 여과되지 않는 성급한 개혁방안을 내놓고 이를 고속으로 진행하자니 거기엔 응당 혼란과 마찰의 부작용이 파생될 수밖에 없다.

세계화는 우리가 서양 사람이 되는 것도 아니며 외국어를 잘하고 외국문화에 익숙해지는 것이 아니다. 세계화에 부응하는 교육개혁의 목표는 똑똑한 한국인, 국적 있는 한국인을 가꾸는 일이다. 세계 어느 곳에 내놓아도 당당하게 경쟁하여 승리할 수 있는 주체성 있는 한국인이 되게 해야 한다.

유치원부터 대학까지 우리의 아카데미아는 우리 것으로 우리가 가꾸어야 한다. 일본에는 일본식 교육이 있고, 이스라엘에는 유대인의 고유한 교육이 있다. 유럽이 담장도 없이 경제 통합을 하면서도 저들은 각자 자신들의 고유한 교육영역을 가지고 있다.

왜 우리의 교육이 미국식 교육으로 바뀌어야 하나? 우리는 우리 나름의 고유한 교육이 있어야 한다. 남의 흉내를 내는 것이 개혁인가? 맞지도 않는 옷을 억지로 입는 것이 개혁인가? 일본이 우리보다 영어를 더 잘해서 세계 강국이 되었나?

분명한 아이덴티티(Identity)를 가진 국민이어야 한다. 물론 세계화, 교육개혁은 해야 한다. 저들의 장점을 본받고, 참고는 해야 한다. 그러나 맞지 않는 의복을 억지로 입혀서는 안 된다. 냉엄한 국제 경쟁에서 이겨야 한다.

그러기 위하여 우리는 분명코 이상적인 한국인이 되어야 한다. 먼저 가장 후진적인 정치권이 변해야 한다.

그리고 국민 모두의 의식이 개혁되어야 한다. 권리만큼 책임질 줄 아는 국민이 되어야 한다. 스스로 법을 준수하고, 더불어 살아가는 모습으로 우리 모두가 바뀌어야 한다. 근검절약 해야 한다. 우리의 주체성을 확립해야 한다.

먼저 기성세대부터 의식을 바꾸고, 새로운 세대는 이스라엘처럼 나면서부터 한국인으로 키워야 한다.

지금 우리의 교육개혁은 거의 돈으로만 달성할 수 있는 개혁이다. 기능주의, 실용주의, 물질주의 교육이 오히려 인간화와 정신의 가치를 고양하려는 교육을 배척하고 있다.

소크라테스의 문하에서 플라톤이 나오고, 플라톤의 '아카데미아'에서 아리스토텔레스가 배출되었다. 그리고 아리스토텔레스의 '루케이온(Lukerion)'에서 수많은 인재들이 쏟아져 나왔다.

오늘의 저 살벌한 일등주의, 물량주의, 계량화로만 판단하는 상대주의, 정치제일주의의 세상에는 참된 평화와 사랑은 없고 오직 빠각 빠각 하는 마찰음과 정글법칙만 있을 뿐이다.

오! 우리의 아카데미아! 어디로 가는가?

Chapter2. 신앙·교회

죽고 난 다음에 천국 갈 생각 말고 지금 여기서부터 그리스도를 살아야 한다. 예수를 믿는다는 것은 히브리어의 의미로 예수의 구원을 체험하고 그 감격으로 예수를 본받아 산다는 뜻이다.

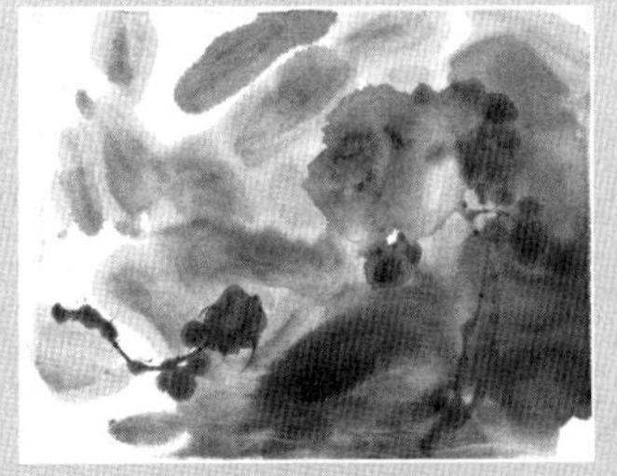

예수는 믿음의 대상인 동시에 삶의 길이며 생명이다.

교회여! 무엇이 절대인가?

이슬람교의 창시자 마호멧을 풍자한 만화 때문에 가뜩이나 적의를 품고 타오르는 무슬림의 분노는 불타는 화약고와 같다. 유럽과 미국을 향한 테러는 끝일 줄 모르고 알카에다의 지도자 빈 라덴의 육성 테이프는 13억 무슬림에게 성전을 명령하고 있다.

결국 유대교의 이스라엘과 기독교의 서방국가들이 이슬람교도의 타도대상이 된 것이다. 9·11 테러는 끝나지 않았고 미국과 영국을 위시한 서방국가들과 무슬림국가들의 전쟁은 끝나지 않고 갈수록 그 비극은 첨예화 하고 있다.

이러한 현상은 무엇 때문인가? 정치적 문제 때문인가? 경제적 이유에서인가? 왜 날마다 죽이고, 파괴하고, 협박하고 대립하는가? 그 근원적 이유가 무엇인가? 물론 정치 경제적 이유, 민족적, 인종적, 문화적 이유가 그곳에 없는 것은 아니다.

그러나 그 근원적 이유는 종교 때문이다. 잘못 이해된 신앙 때문이다. 절대적인 것과 상대적인 것을 구별하지 못하는 종교적 몰이해 때문에 종교는 그 천사의 속성을 잃어버리고 악마의 사도가 되는 것이다. 마호멧이, 알라가 테러를 지시한 적이 있는가? 예수가 전쟁을 명한 적이 있는가? 유대교의 야훼가 폭격을 명령한 적이 있는가?

알라를 믿는 무슬림이, 예수그리스도를 믿는 그리스도인들이, 야훼를 신앙하는 유대인들이 신을 상대화 시키고 그 상대화 된 교리, 상대화된 교권을 절대화 한다. 이들은 신의 이름으로 테러하고, 신의 이름으로 전쟁을 한다.

이들은 신의 이름으로 사람을 죽이고, 신의 이름으로 인간을 정죄한다. 역사를 보라. 이스라엘은 야훼의 이름으로, 무슬림은 알라의 이름으로, 기독교는 하나님 아버지, 예수 그리스도의 이름으로 전쟁을 하고, 인간을 처형했다. 아니 하나님의 이름으로 기독교와 가톨릭이 전쟁을 했다. 도대체 무엇이 절대인가?

도대체 우리는 무엇을 믿고 있는 것인가? 교리가 하나님인가? 신학이 절대인가? 교권이 절대자 하나님인가?

본회퍼(D. Bonhoeffer)는 "종교로서의 기독교는 무섭다"고 하였다. 바르트(K. Barth)는 기독교가 종교일 때 그것은 예수 그리스도, 즉 "계시에 대한 저항이요 불신앙"이라고 하였다. 13억이 추앙하는 이슬람종교의 창시자를 만화로 희화하는 비도덕적 행위도 비판받아야 하고, 상대적인 것을 절대화 하여 코란의 진정한 뜻과는 전혀 다른 폭거를 행하는 것도 불신앙이다.

교회여! 성경을 지극히 피상적으로, 문자적으로 이해하는 교회들이여! 지금 당신들은 진정 하나님을 믿고 있는 것인가? 교리와 도그마를 하나님으로 섬기고 있는 것은 아닌가? 자의적으로 해석된 하나님을 믿고 있는 것은 아닌가?

교권을 하나님으로 착각하고 있는 것은 아닌가? 교권만 잡으면 선배도 선생도 없는 당신들이 정의와 사랑, 온유와 겸손을 설교할 수 있는가? 이권이 있는 곳은 모조리 쳐들어가 접수하고 정치를 만능으로 아는 당신들이 과연 중세 교황권의 타락을 비판할 수 있는가? 가야바와 바리새인을 비판할 수 있는가?

교회여! 이 세상의 모든 것은 상대적인 것이다. 교리, 신학, 교권, 교회법, 교회정치… 모두가 상대적인 것이다. 이런 것들로 인간을 비인간화 시키고 불신앙인들 보다도 더 악한 행실을 자행한다면 하나님의 심판을 결코 면할 수 없을 것이다.

도대체 당신들의 하나님은 누구이기에 교권주의자들, 정치꾼들 당신들은 그렇게도 교만하고 터무니없는 욕망을 놓지 않는 것인가?

교회가, 교단 산하의 학교가 당신들의 정치판이요, 이권의 대상인가? 당신들이 믿는 하나님은 누구인가? 이 세상의 상대적인 것들, 교리, 교권, 돈, 명예…이런 것들을 하나님으로 착각하면 그것은 불신앙이다. 언어와 종교에 매이지 않은 절대자 그분만이 길이요 진리요 생명이다.

교회여! 무엇이 진리인가? 무엇이 절대인가?

기독교 공동체와 희년법

희년법은 야훼 하나님이 사랑을 공평하게 그리고 구체적으로 실현하시려고 선포한 경제정책이다. 이스라엘 민족이 광야에 머무는 동안에는 야훼가 직접 만나를 공급하였다. 따라서 만나를 많이 거둔 자나 적게 거둔 자나 구별 없이 부족함이 없었다(출 16:17~18). 그러나 이스라엘 사람들이 가나안에 들어가면 틀림없이 경제적 균형이 깨질 것을 예측하시고 야훼는 공정한 토지분배를 명령하시고도 이어서 희년법을 선포하신 것이다.

“제 50년을 거룩하게 하여 전국 거민에게 자유를 공포하라. 이 해는 너희에게 희년이니 너희는 각각 그 기업으로 돌아가며 각각 그 가족에게 돌아갈지며 그 오십년은 너희의 희년이니 너희는 파종하지 말며 스스로 난 것은 거두지 말며 다스리지 아니한 포도를 거두지 말라”(레 25:10~11).

이 희년법은 여호수아기의 토지분배 이전에 주어진 법이다. 균등한 토지분배에도 불구하고 신체적 결함이나, 가장의 죽음, 자연적 경제

능력결핍 등 제 요인으로 인하여 어떤 이들이 다른 사람보다 더 가난하여져서 토지를 팔거나 잃게 된다. 따라서 스스로 노예가 되는 부의 불균형현상이 나타난다. 이에 대하여 제 50년마다 이러한 분배의 불균형을 일소하고 다시금 기업을 원주인에게 무상으로 되돌려 주고 노예를 해방하는 제도가 희년법이다. 이스라엘 시대에 토지는 주요 경제자본이었고, 이 법은 하나님이 경제적 균등제도를 사랑의 바탕 위에서 지속적으로 시행하시려는 명령인 것이다.

이 외에도 하나님은 안식년 제도, 십일조 제도, 이삭 남기기 제도 등을 통하여 분배의 정의를 세우시고, 약하고 가난한 자에 대한 배려를 아끼지 않으셨다. 이러한 제도는 구약성서에만 나타나는 것이 아니라 신약성서에도 그 원리가 나타나고 있다.

요더(John H. Yoder)에 의하면 주기도문에서 "우리가 우리에게 죄 지은 자를 사하여 주심같이 우리의 죄를 사하여 주옵소서."라고 하는 기도의 배경적 의미는 희년제도의 실천으로서 빚진 자를 탕감하는 것으로 해석하였다. 특히 누가복음에서 하나님 나라와 그 의를 먼저 구하고 소유를 팔아 가난한 자에게 주라(눅 12:30~33)는 명령은 희년법(분배의 정의)의 실현을 위하여 스스로 가난하게 살라는 명령이라고 요더는 해석하고 있다.

이 땅에 나사렛 성결회가 1948년 성결의 복음을 심기 시작한지 어언 50년이 되었다. 또한 금년은 대한민국 정부가 수립된 지 50년이 되는 해이다. 금년 8월 15일 광복절에는 대대적인 사면 복권 조치가 있었다. 국민들이 다소 의아해하는 인사들까지도 과감하게 풀어주었다. 따라서 정치적 대립, 이념적 대립, 남북의 대립, 경제적 양극화, 남녀 계층간의 갈등이 사라지고 국민대통합이 이루어지기를 바란다.

우리 교단, 특히 한국 나사렛 성결회도 진정한 화합이 이루어져야 한다. 그동안 답보와 퇴보를 거듭하던 과거사를 회개하고, 새로운 출발을 다짐하여야 한다. 그릇된 교단정치가 사라지고, 잃어버린 인간성을 회복하고, 개인주의와, 개교회주의의 이기적 속성을 일소하고 작지만 알찬 교단으로 다시 태어나야 한다.

10월에 펼쳐지는 나사렛 50주년 희년 대성회에는 이스라엘 백성들이 모두 미스바로 나온 것처럼 나사렛인 모두가 나아와 지나간 50년 역사를 회상하며 회개하고, 하나님의 은혜를 감사하며, 위대한 미래를 설계하여야 한다. 이제 우리는 서로 사랑하여야 한다. 하나님의 명령 앞에 무릎을 꿇고 아멘을 복창하여야 한다. 우리 앞에 놓여있는 요단강을 무사히 건너고, 가나안을 정복하지 못하면 우리는 오히려 가나안 거민들에게 삼킴을 당하고 만다.

야훼 하나님이 우리에게 지시하신 전법대로 우리는 오늘의 가나안을 정복하여야 한다. 이 험난한 파도를 넘으면 21C 가나안 복지엔 젖과 꿀이 흐르고 풍요로운 열매가 주렁주렁 열릴 것이다.

큰 교단을 부러워할 필요가 없다. 본회퍼는 작은 교단인 독일 고백교회에서 나왔다. 요한 웨슬리는 홀로 18세기 영국의 부흥운동을 시작하였다. 16세기 마르틴 루터도 홀로 고독한 종교개혁의 투쟁을 시작하였다. 작지만 나사렛 성결회의 한국선교 제 50주년을 기념하는 희년성회를 통하여 우리가 마음을 같이 하고, 뜻을 같이하여 뭉치기만 하면, 그리고 하나님의 소명에 충성을 다하여 응답하기만 하면 우리는 머지않아 기쁨으로 단을 거둘 것이다.

해방과 평등, 사랑과 분배의 정의를 상징하는 희년법의 참된 의미를 되새기자. 새로운 출발을 다짐하고 찬란한 미래를 꿈꾸며 선교 제 50주년을 기념하는 희년 대성회에 하늘의 축복을 빈다.

(1998. 9)

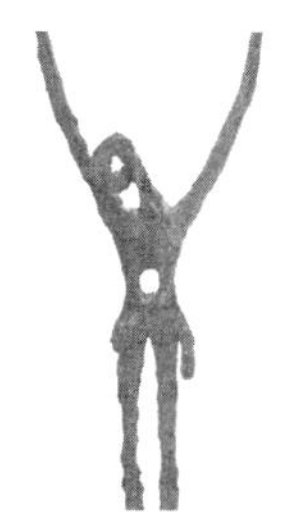

교황의 장례식을 보면서

로마 가톨릭교회의 교황 요한 바오로 2세가 84세의 나이로 영면 하였다. 추모의 행렬이 10㎞를 넘었다고 한다. 로마의 인구가 250만 명인데 400만 명이 넘는 추모객들이 로마를 방문했다고 한다.

미국 대통령을 위시한 세계의 정상들이 교황의 시신 앞에 무릎을 꿇었다. 교황의 조국 폴란드에서 가장 많은 사람들이 슬퍼하며 로마를 찾았다고 한다.

각국의 정상들은 저마다 정치적 계산을 하며 로마를 찾았을 것이다. 11억이 넘는 가톨릭인구와 그 영향력을 생각하며 로마로, 로마로 찾아든 것이다.

그러나 일반 순례자들은 다르다. 그들은 평화를 갈망하여 모여든 것이다. 역대 교황 중 가장 많은 나라를 방문하며 평화의 사도로서 그 사명에 충실했던 교황을 진정으로 추모하기 위하여 일반 순례자들은 로마로, 로마로 모여들었다.

정치인들과 각국의 정상들은 이 선한 순례자들이 간직한 평화의 열망을 저버리지 말고 이 땅에 평화를 심고 가꾸는 일에 최선을 다해야 할 것이다. 요한 바오로 2세처럼 국경과 이념과 종교와 인종을 초월하여 평화를 펼쳐나아가야 할 것이다.

지구상의 대다수 평범한 인류는 전쟁을 반대한다. 차별과 갈등을 반대한다. 그리고 평화를 갈망한다. 정치인들! 당신들이 그럴 듯하게 내세우는 평화의 거짓 제스처를 싫어한다. 지구상의 절대 다수는 초강대국의 오만을 반대하고 전쟁을 반대하며 오직 평화를 사랑한다.

오늘 저 지구촌이 들썩거리며 교황의 죽음을 애도하는 것은 그가 천수를 다하지 못해서도 아니며 단순히 이별이 서러워서도 아니다. 오늘이 험한 세상에 사랑과 자비와 평화의 상징이 사라졌다는 절망감에서 오는 슬픔인 것이다.

이제 개신교회들도 분열과 반목을 벗어던지고 하나로 뭉쳐야 한다. 세속적 자리다툼과 사치와 방종의 모습을 버리고 자비와 평화의 대로를 걸어가야 할 것이다. 이제 종교개혁은 개신교회에서 일어나야 한다.

종교를 버리고 그리스도를 믿어야 한다. 기독교라는 종교는 어느새 교회에서 그리스도를 밀어내고 명예와 권세를 신봉하고 있다. 제 삼의 종교개혁이 와야 한다. 저 위선과 탐욕으로 가득한 교권주의 자들을 몰아내는 제 3의 종교개혁이 와야 한다.

아! 이제 누가 또 사랑과 평화의 대덕이 될 것인가?

(2005. 4)

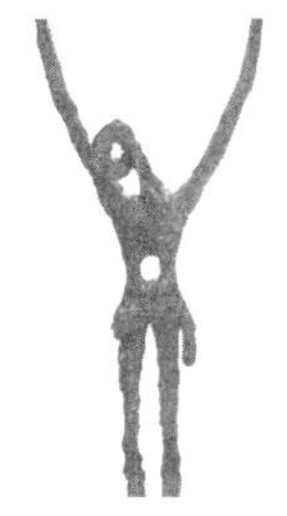

로고스로 충만한 새해를!

연대를 표시하는 십이지(十二支)는 쥐(子), 소(丑), 호랑이(寅), 토끼(卯), 용(辰), 뱀(巳), 말(午), 양(未), 원숭이(申), 닭(酉), 개(戌), 돼지(亥)의 순서로 배열된다. 그런데 여기에는 재미있는 우화가 깃들어 있다.

어느 날 여러 짐승들이 모여 달리기를 했다.

우리의 상식으로는 쥐나 뱀 따위가 다른 큰 짐승들과 경쟁한다는 일 자체가 웃기는 일이다. 그러나 결과는 엉뚱했다. 호랑이, 말, 토끼, 소 같이 날쌘 짐승들은 제치고 쥐가 일등을 한 것이다. 쥐는 꾀가 있었다. 자기가 아무리 몸부림쳐 봐도 큰 짐승들과 경쟁한다는 것은 무모한 도전이라고 생각하였다.

쥐는 궁리 끝에 우직한 소와 협상을 했다. 쥐가 소의 등에 업혀 달려가서 결승 지점에 다다르면 소에게 일등을 양보하고 그 다음 순위를 차지한다는 것이다.

소는 연약한 쥐의 간청을 동정하여 쥐를 등에 업고 열심히 뛰었다. 말이나 호랑이는 단숨에 뛰어 이길 수 있다는 오만으로 천천히 늑장을 부렸다. 그러나 소는 쉬지 않고 있는 힘을 다하여 뛰었다.

마침내 결승점에 가까이 왔다. 소는 휴~ 하고 한숨을 쉬었다. 그러나 마지막 지점에서 이변이 생겼다. 등에 탔던 쥐가 깡충 뛰어서 먼저 결승지점의 테이프를 끊었다. 쥐는 소와의 신의를 배반하고 일등을 하였고 우직한 소는 이등을 하였다. 따라서 쥐는 십이지의 선두에 나오게 되었다고 한다.

새해에 우리는 이 십이지에 얽힌 우화에서 삶의 지혜와 교훈을 얻어야 한다. 지난해 있었던 저 수많은 사건 사고들 밑바닥에 흐르는 비진리와 부정과 탐욕 그리고 배신을 우리는 십이지에 얽힌 이 우화에서 걸러내야 한다.

삼풍백화점, 성수대교, 아파트 붕괴를 비롯한 수많은 부실공사는 분명 국민에 대한 배신이다. 가스폭발, 전직 대통령 비자금, 부정축재는 분명 나라에 대한 배신이요, 탐욕이다. 사필귀정(事必歸正)이라는 철칙이 증명된 12·12, 5·18사태와 구속, 특별법 제정은 모두 진리를 배신한 사람들에 대한 역사의 순리인 것이다.

이 세상은 쥐새끼처럼 약아빠진 사람들이 흥하는 것 같다. 배신을 밥 먹듯 하는 사회에서는 얼마나 영리하게 남을 잘 이용하느냐에 따라 성공과 패배의 판가름이 나는 것 같다. 그래서 수많은 양심세력들이 절망하고 세상을 비관한다.

그러나 배덕과 배신으로 얻은 성공은 진정한 성공도 아니며 또 오래 가지도 않는다. 진리와 신의의 법칙이 반드시 응분의 보복을 안겨준다. 배신으로 찢어진 가슴의 한(恨)을 지켜보신 하느님이 정의의 철퇴를 가할 것이다. 그것은 배반에 대한 보응이나 보복이라기보다는 오히려 진리의 자명한 귀결이다.

성서는 "심은 대로 거둔다"고 교훈한다. 악을 심으면 악의 열매를 거둔다. 배신을 심으면 배신의 열매를 거두고 탐욕을 심으면 탐욕의 기막힌 열매를 거둔다. 부실하게 공사했으니 무너지는 것은 당연한 일이다. 억울하게 인권을 유린하고 살상을 자행했으니 감옥에 가고 심판을 받는 것은 자명한 일이다.

억울하게 죽은 사람은 한번 죽고 후에 신원이 되지만 그 악역을 계획하고 감행한 사람은 역사에서 영원히 죽는다. 죽고 또 죽고 수없이 죽임이 있을 뿐이다.

그러므로 지옥은 죽을 수조차 없는 영원한 단죄의 끔찍한 상징인 것이다. 배반당해 본 사람은 배반의 아픔을 알 것이다. 얼마나 쓰리고 아픈가를….

사랑하고 믿었던 사람에게 받은 배신은 더욱 슬프고 고통스럽다. 그래서 배신당한 남편이 아내를 죽인다. 배반당한 친구가 동료를 죽인다. 배신! 그것은 인간만이 가지고 있는 독약이다. 사랑하는 제자에게 당한 배신은 두고두고 잠 못 이루게 한다. 사랑하는 애인에게 당한 배신은 분노와 절망을 불러온다. 오늘 우리들의 뜰에도 배반의 지뢰가 널려 있다.

어제의 다정한 친구가 오늘 적으로 바뀌고 있다. 어제 사랑하던 제자가 오늘 원수로 발톱을 치켜들고 있다. 배반은 사람을 죽인다. 인류를 죽이고, 역사를 죽인다. 배신이 예수를 죽였다. 배반이 생명을 말리우고 진리를 모살하였다.

공자는 신의를 인간 윤리의 으뜸으로 삼았다. 신의가 없으면 설 수 없다(無信不立)고 하였다. 개인이든 단체든 국가든 간에 신의가 없으면 살 수 없다. 한번은 당하지만 똑같은 배신을 두, 세 번 당하지는 않는다.

그러면 우리는 무엇을 신뢰할 것인가?

사람? 단체? 국가? 아니다. 우리는 진리를 신뢰해야 한다. 천상천하에 하나밖에 없는 진리만을 신뢰해야 한다. 그것이 신앙이다. 진리만 신뢰하면 배신은 영원히 없을 것이다.

진리 안에서는 부모와 자식, 스승과 제자, 선배와 후배, 친구와 친구… 등등의 인간관계도 당연히 윤택해질 것이다.

진리는 사랑을 위반하지 않는다. 역사 속의 그 끔찍한 사건들, 수십 년 전의 그 엄청난 반란 행위도 오직 진리를 배반하는 마음으로부터 온 것이다.

새해에는 진리(예수)를 믿는 그리스도 안에서(in christ) 우리의 삶 구석구석에 로고스(진리)가 충만하기를 바란다.

봄이 오는 길목에서

오늘이 경칩이다. 봄이 담장 밖까지 왔는데 겨울은 아직도 물러나지 않고 훼방이다. 비가 내리다가 진눈깨비로 변하고 지난 밤에는 흰 눈으로 쌓였다. 참으로 지난 겨울은 눈의 계절이었다. 삼십 년 만에 내린 폭설이라고는 하지만 지난겨울은 눈 내리는 날이 너무 많아 눈에 질린 계절이었다.

작년 같으면 베란다에 있는 화분에서 꽃망울이 돋아 오를 때인데 금년에는 아직 미동도 않고 있다. 수년 동안 겨울이 와도 별로 춥지도 않고 눈도 거의 내리지 않았는데 지난 겨울에는 그 동안 참았던 눈더미를 단번에 쏟아 놓은 것이다.

옛날에는 겨울에 눈이 많이 오면 그 해에 풍년이 든다고 좋아했는데 지난 겨울의 폭설은 몇 번에 걸쳐 농촌에 큰 피해를 안겨주었다. 쌓이는 눈의 무게를 지탱하지 못하고 비닐하우스가 무너져 엄청난 농작물이 망가졌다. 농민들이 입은 피해는 어림잡아 팔 천억 원이 넘는다고 한다.

이 위대한 21세기에도 인간은 여전히 거대한 자연의 힘 앞에 무력할 뿐이다. 지금까지 인간이 이룩한 과학문명은 찬란하다. 교통수단의 발달, 컴퓨터의 등장으로 세계는 하나의 마을이 되었다. 이제 지능지수(IQ) 90은 물론 정서지수(EQ)까지 갖춘 로봇이 등장한다고 한다. 자동차에 앉아만 있으면 운전자 없이도 자동차 스스로 목적지까지 사람과 짐을 운반해주는 시대가 왔다.

미국에 있는 의사가 컴퓨터 모니터를 통해 한국에 있는 환자를 척척 수술할 수 있는 시대에 우리는 살고 있다. 인간 게놈 지도가 완성되어 앞으로 의학은 눈부시게 발달할 것이며 인간의 수명은 백년을 훨씬 더 넘게 연장될 것이라고 한다.

미찌꼬 가꾸(Michiko Kaku)는「21세기 혁명」이라는 책에서 21세기에 전개될 세 가지 혁명을 예언하고 있다. 그가 예언하는 세 가지 혁명, 컴퓨터혁명(computer revolution), 유생분자혁명(biomolecular revolution), 양자혁명(quantum revolution)은 이미 진행되고 있는 혁명이다. 이러한 과학의 발달이 앞으로 지구촌을 어떻게 변화시킬 것인가는 예측하기 어렵다. 다만 분명한 것은 인간의 태도여하에 따라 흥망(興亡)이 결정될 것이다.

만일 인간이 만고불변의 진리, 우주의 철칙을 이제라도 준수하고 서로 사랑하는 범 인류의 정신으로 나아간다면 희망이 있지만 개인과 국가의 이기주의가 극도로 팽창하고 하늘의 법칙을 무시하며 비인간적 작태를 계속한다면 결국 인류는 자신이 세운 과학문명에 의하여 흔적도 없이 사라질 것이다.

인류가 망하느냐 흥하느냐의 관건은 과학적이냐 아니냐의 문제가 아니다. 정보화냐 비 정보화의 문제도 아니다. 세계화의 문제도 아니다. 합리적이냐 비합리적이냐의 문제도 아니다. 지식의 문제도 아니다.

소유의 문제도 아니다.

정의와 사랑의 문제다. 도덕성의 문제다. 양심의 문제다. 우리가 얼마나 생명을 사랑하고, 우리가 얼마나 함께 나누고, 우리가 얼마나 절제하며, 우리가 얼마나 하나님이 주신 세상과 자연을 보전하고 사랑하느냐에 따라 인류의 미래는 결정될 것이다. 세계화도 필요하고 정보화도 필요하며 경제를 부흥시키는 것도 중요하다. 그러나 그 중심에는 언제나 진리가 있어야 한다.

인간의 무절제한 탐욕 때문에 우리는 지금 곳곳으로부터 위협을 받고 있다. 삶의 터전이 무너져 내리고 있다. 남극의 거대한 얼음덩이가 녹아내리고 있다. 섬들이 바다에 잠기고 육지의 낮은 부분들이 침수되고 있다.

프레온가스를 비롯하여 각종 매연으로 오존층이 점점 더 크게 파괴되고 있다. 지구의 마지막 남은 허파, 아마존 강 유역의 열대림과 시베리아의 원시림이 빠른 속도로 벌목되고 있다. 강과 바다가 심각하게 오염되었다. 우리가 숨 쉬고 있는 공기가 오염되었다. 우리가 먹는 음식물도 안심할 수가 없다.

우리는 지금 유전자 변형의 곡물을 먹고 있으며 농약과 항생제로 키운 식물을 먹고 있다. 유럽과 아시아에 광우병과 구제역 비상이 걸렸다. 군사무기는 또한 어떠한가. 미국은 지금 국가 미사일 방어체제(NMD)를 서두르고 있다. 앞으로의 전쟁은 마치 어린아이들의 전자 게임처럼 진행될 것이다.

장거리 미사일을 쏘고 이것을 공중에서 다시 쏘아 떨어뜨리는 전쟁, 그리고 핵미사일을 쏘아대는 전자 게임으로 인류는 멸망할 것이다. 아니, 전쟁이 터지지 않는다고 해도 저 끝없는 인간의 탐욕 때문에 인류는 멸망할 것이다.

이제 우리는 더 편하게, 더 풍요하게, 더 안락하게 살고 싶은 욕망을 억제하고, 옳게 살고, 더불어 살고 사랑하며 사는 지혜를 찾아야한다. 하나님의 원칙, 자연의 법칙, 우주의 철칙을 지키며 살아야 한다.

왜 여당과 야당이 싸우는가. 왜 나라와 나라가 분쟁하는가. 욕심 때문이다. 왜 이렇게 세상이 시끄러운가. 헛된 욕심 때문이다. 인간은 자신이 만든 컴퓨터와 로봇과 첨단 장비들에게 엄청나게 많은 일자리를 빼앗겼다.

지금 우리의 자녀들이 PC방과 집안의 컴퓨터 앞에서 시들어가고 있다. 아니 미치고 죽어가고 있다. 자살 사이트, 폭탄 사이트에 빠져들고 있다. 음란물, 원조교제와 같은 부작용이 컴퓨터에서 비롯되고 있다. 컴퓨터 혁명은 위대하다. 그러나 인간의 터무니없는 욕망과 죄된 본성은 오히려 과학문명의 이기로 말미암아 인류의 멸망을 자초하고 있다.

봄이 온다. 아무리 겨울이 떠나기 싫어 섬돌 밑에서 투정을 부린다 해도 봄은 머지않아 우리의 머리 위에 충만할 것이다. 산에는 꽃이 피고, 들에는 푸른 물결이 춤출 것이다.

인간이여! 더 이상 대지의 정직함에 때 묻히지 말라. 더 이상 저 아름다운 봄과 싱싱한 여름과 충만한 가을과 엄숙한 겨울을 모독하지 말라. 천상으로부터 선포된 자연의 원칙을 준수하라. 서로 평등한 인권을 지키며 안으로부터 치미는 욕망을 다스리고 서로 사랑하라. 서로 나누어라. 정직하고 순결 하라. 우리가 흥하느냐 망하느냐, 우리가 사느냐 죽느냐, 우리가 행복해질 것이냐 불행해질 것이냐의 문제는 오직 인간의 도덕성에 달려있다. 하나님의 심판은 철저하게 인간의 하나님에 대한 응답에 의존한다. 꽃물결이 몰려오는 봄의 길목에서 인간, 너의 진실을 묻는다.

(2001. 3)

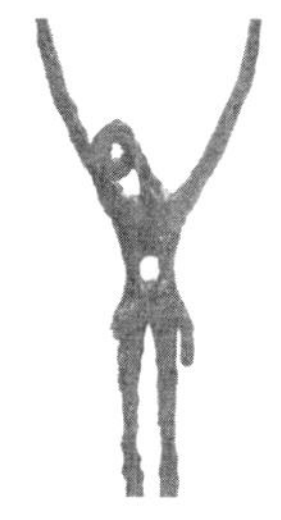

봄날은 간다

일상이 분주한 것인가? 마음이 바쁜 것인가?

봄이 오는 소리를 귓전으로만 듣고 말았는데 어느새 벚꽃이 지고 진달래도 떠나버렸다. 뒤늦게 디지털카메라를 자동차에 실어놓고 학교 연구실 뒤뜰, 돌 틈새에 피어난 영산홍을 찍겠다고 벼르다가 아직도 실천에 옮기지 못하고 있다.

겨우내 마른 칡넝쿨과 검불 밑에서 잠자다가 이맘때가 되면 어김없이 그 고운 얼굴을 드러내고 활짝 웃는 모습이 고맙고 또 고맙다. 작년에 피어났던 자리에서 금년에 다시 피어오르니 얼마나 경이롭고 반가운지 모르겠다.

금년에는 온난화 현상으로 여름이 빠르게 온다고 한다. 봄은 언제나 꽃샘추위와 같은 겨울꼬리의 훼방으로 어렵게 오는데 갈 때는 너무 빨리 간다. 봄 처녀 수줍은 얼굴에 홍조가 가시기도 전에 여름은 밀물처럼 다가온다.

요사이 꽃이 떠나간 자리에 연두 빛 잎새들이 너울거린다. 푸른 오월이 성큼 뜰 앞에 와 있다. 연두 빛 산야는 멀지 않아 녹색으로 바뀔 것이다. 나는 무더위에 진녹색으로 채색된 풍광 보다는 연두 빛 산천이 더 좋다. 봄은 햇빛이 좋고 바람이 좋고 꽃이 좋다.

두보의 시(詩)던가? "꽃 좋고 여름 하나니"란 구절이 생각난다. 꽃이 좋아야 열매가 풍성하다. 몇 번에 걸친 황사에도 불구하고 금년에는 꽃들이 아름답고 싱그럽다.

나는 봄에 피는 꽃들이 모두 좋지만 때로는 매화가 좋다. 매화는 사군자(四君子 : 梅蘭菊竹)의 하나다. 눈 속에서도 피는 매화를 설중매(雪中梅)라고 하듯이 매화는 지조 있는 꽃이다. 특히 옥매화는 자지러지게 피다 못하여 매화나뭇가지를 아예 꽃방망이로 만든다. 흰 매화, 붉은 매화, 핑크빛 매화…. 매화는 온 몸으로 피어난다.

산 접동새 울음 따라 피어난 진달래, 꾀꼬리 노래에 춤추며 피어난 개나리, 남도처녀 수줍어 달아오른 얼굴처럼 피어난 영산홍, 한복을 단정하게 차려 입은 목이 긴 조선 여인 같은 목련이 피고지면서 봄날은 간다.

화려한 꽃의 군무(群舞)가 지나간 자리에는 꽃잎이 뒹군다. 허무의 잔해들이 쌓인다. 일장춘몽(一場春夢)이다. 그렇게도 짧은 시간을 점유하고 떠나 갈 것을 어찌하여 이렇게도 사람의 마음을 헤집어 놓고 간단 말인가? 봄날이 있었던가? 꽃들이 진정 피었던 것인가? 산새들 지저귀는 소리와 함께 꽃의 춤들이 있었는가? 아니야, 꿈이었을 것이다. 한바탕 봄꿈을 꾼 것이다.

봄인가 했더니 여름이 아닌가? 아직도 청춘인가 했는데 저기 저 거울에 비친 낯선 사람이 나란다. 검은 머리가 하얗게 변한 저 이가 나란다.

이렇게 봄날은 속절없이 가는데 네 속에 있는 번뇌는 어찌하여 끝이

지 않는가? 그만큼 가졌으면 됐지 뭘 더 가지려고 하는가? 다 쓰지도 못하고 갈 재물이 저리도 많은데 뭘 더 가지려고 하는가? 그만큼 누렸으면 됐지 무슨 권세를 더 누리려고 혈안이 되어 있는가? 그 정도의 명예를 얻었으면 됐지 무슨 명예를 더 얻으려고 저토록 거짓 탈을 뒤집어쓰는가? 당신의 남은 기간이 얼마나 되는데 갈수록 탐심만 느는가?

봄날은 간다. 속절없이 봄날은 간다. 무더운 여름이 지나고 잎새 지는 가을에 당신의 나무에 매달린 탐심의 열매는 기어이 당신을 심판할 것이다. 반야심경(般若心經)의 색즉시공(色卽是空) 공즉시색(空卽是色)을 들먹거리지 않더라도 우리는 빈손으로 왔다가 빈손으로 가는 것이다.

욥의 고백처럼 우리의 모든 소유는 하나님의 것이다.

“내가 모태에서 적신으로 나왔사온즉 또한 적신이 그리로 돌아 가올지라. 주신 자도 여호와이시요, 취하신 자도 여호와시오니 여호와의 이름이 찬송을 받으실지니이다.”

장한 욥의 고백이다. 과연 우리는 엄청난 재산과 자녀들을 단번에 잃어버린 처참한 상황 속에서 이와 같은 기도를 드릴 수 있을까? 재물과 명예와 권세를 얻었을 때는 입에 침이 마르도록 하나님을 찬양하다가도 역경이 오면 금시 무신론자가 되고 악마가 되지 않는가?

부정한 당신들! 당신들이 얻은 그것들이 마침내는 당신들을 심판하는 증거물이 될 것이다. 차라리 세속 질서에서 비 그리스도인들이 움켜잡은 것이라면 그러려니 할 수 있다. 그러나 예수의 이름을 팔면서, 종교의 뜰 안에서 양과 비둘기를 팔고 교권을 흥정하며 명예를 훔치는 인생들을 보면 가증스럽기 짝이 없다. 예수의 이름으로, 하나님의 이름으로 불법을 저지르는 저 가련한 인사들의 진면목을 만일 순진한 성도들이 안다면 얼마나 낙심 할까?

나를 포함하여 가짜들이여! 차라리 세상으로 가자. 그리고 하나님의 이름을 더는 더럽히지 말자. 예수 그리스도는 신앙의 대상인 동시에 삶의 원리다. 예수는 "내가 곧, 길이요, 진리요, 생명이니 나로 말미암지 않고는 아버지께로 올 자가 없느니라"(요 14:6)고 하셨다.

우주의 삼라만상은 하나님의 원리를 따라 생성하고 소멸한다. 인간의 삶 또한 하나님의 길을 따라 진행 된다. 만일 인간이 이러한 예수 그리스도의 원리를 벗어나 산다면 결국 하나님의 원칙에 따라 심판을 면치 못하는 것이다. 그 삶이 도덕적 원리든, 사물의 원리든 간에 하나님 예수 그리스도의 원칙을 벗어나면 심판을 받을 것이다.

진정한 생명은 거짓에 있지 않다. 생명은 진리에 있다. 생명은 신실함에 있다. 예수는 믿음의 대상인 동시에 삶의 길이며 생명이다. 예수를 믿자. 예수를 살자. 아직 봄 햇살이 남아 있을 때 꽃의 허무를 읽자. 아직 하나님의 사랑의 날이 남아 있을 때 참회하고 돌아서자.

저 눈부신 봄꽃 뒤에 숨은 심판의 진리를 아는 자 만이 버릴 수 있다. 많이 버리면 많이 얻는다. 나를 버리면 나를 얻는다. 비워야 채워진다. 탐심을 퍼내고 진리를 담아라. 생명을 넣어라.

봄날은 간다. 꽃잎 쏟아지는 저 허무를(虛無) 따라, 허무(虛舞)를 따라 봄날은 간다. 지금 여기서부터 영원을 살자. 생명을 살자.

(2007. 5)

사순절에!

성회례일(聖灰禮日 : Ash Wednesday)로부터 부활절 전야(Easter Eve)까지의 40일을 사순절(Lent)이라고 부른다. 이 기간에 교회는 금식하고 회개하는 특별한 시간을 갖는다. 광야에서 금식하고 마침내는 십자가에서 돌아가신 예수 그리스도의 고난에 동참하는 의미로 교회가 제정한 절기이다. 3세기에는 이 기간 중 2~3일간 금식하였고 그 후에 40일 혹은 36일간 금식하였다. 일주일간을 모두 금식하는 것이 아니라 중간, 중간에 식사를 하기도 하였다. 그러나 기름진 음식과 누룩이 든 음식은 금하였다.

그리스도는 공생애의 시작과 그의 사명을 감당하기 위하여 먼저 광야로 나아갔다. 그리고 그곳에서 금식하며 인류구원의 준비를 하였다. 사탄의 유혹을 말씀으로 뿌리쳤다. 험난한 공생애의 풍랑을 온 몸으로 감당하기 위하여 겸손과 인내와 사랑의 힘을 길렀다. 섬기는 법을 배웠다. 머리 둘 곳 없는 가난한 삶, 외롭고 황량한 길을 걸어갈 준비를 하였다. 철저하게 낮아지는 법을 배웠다. 소외된 이웃을 내 몸처럼 사랑하는 법을 배웠다. 죄인을 용서하고 마침내는 그들의 죄를 대신하여 죽는 사명을 자각하였다.

아버지 하나님의 뜻이 무엇인가를 깨달았다. 예수 그리스도의 공생애는 이렇게 철저한 훈련과 준비로 시작되었다. 금식과 명상과 철야기도와 사탄의 시험을 물리침과 하늘의 소명을 경청함으로써 공생애는 시작되었다. 그리스도의 공생애는 가시밭길 이었다. 바리새파의 질시를 견디어야 했고, 서기관과 율법사의 변론을 들어야 했다. 가야바와 헤롯의 감시와 핍박을 받아야 했다. 신분이 낮고 가난한 사람들과 어울리는 것을 시기하는 바리새인들이 있는가 하면 제자를 매수하여 목숨을 노리는 자들이 있었다.

예수는 이 모든 것을 견디어 냈다. 예언자들의 말씀을 인용하여 적대자들을 반박하기도 하였고, 침묵할 때는 철저하게 침묵하였다. 그리고 죽음으로 다시 사는 길을 택하였다. 그는 상상하기조차 힘든 죽음의 길을 걸어갔다. 사랑하는 제자들로부터의 배반, 호산나 호산나 부르며 열광하던 동족으로부터의 배반을 경험하며 그는 죽었다. 그것도 정치범으로 낙인 찍혀 십자가에서 처형되었다.

그는 정치범이 아니었다. 그는 죄인이 아니었다. 그는 하나님의 아들이었다. 아니, 그는 하나님 자신이었다. 그의 죽음은 하나님이 친히 처형당한 죽음이었다. 그의 죽음은 대속의 죽음이었다. 파렴치하고 오만하며, 온갖 죄악으로 가득 찬 인간들을 살리기 위하여 십자가의 길을 갔다. 그러나 그는 죽지 않았다. 죽어서 살아났다. 하나님, 십자가에 달리신 하나님은 죽을 수 없는 분이다. 그의 죽음, 아니 죽음보다 더 강한 그의 사랑은 무덤을 박차고 생명으로 나타난 것이다.

죽음이 없으면 생명도 없다. 십자가 없이는 부활도 없다. 우리의 구원은 바로 이 그리스도의 무덤으로부터 나온 것이다. 인류의 구원은 십자가에 달리신 하나님으로부터 온 것이다. 죽음 없이 생명이나 부활을 말하지 말자. 희생도 섬김도 없이 영생과 천국을 기대하지 말자. 용서와 사랑도 없이 하나님의 긍휼을 구할 수 없다.

사순절에 우리는 주 예수 그리스도를 본받아야 한다. 매일 매일 우리는 그리스도의 삶에 동참하여야 한다. 하나님이 우리를 용서하신 것 같이 우리가 우리의 이웃을 용서하여야 한다. 요더(John Yoder)는 "그리스도와 함께 죽고 그리스도의 부활한 생명을 공유하라"고 권면한다. 그리스도의 제자가 된다는 것은 그리스도를 본받는 것이다.

오늘날 많은 그리스도인들과 교회들이 그리스도를 입으로만 믿는다. 마르틴 루터가 주장한 십자가의 신학은 온데간데 없고 영광의 신학만 존재한다. 세상 사람들도 잘 지키는 인간의 기본 윤리까지도 상실한 그리스도인들이 있다. 온갖 오만과 탐욕과 과대망상으로 가득한 성직자들도 있다. 십자가는 없고 오직 성공주의만 있다. 베들레헴 마구간은 없고 맘모스 궁전 같은 교회당만 있다. 우상에게 절하지 말라고 하면서 저들은 돈과 명예와 교권의 우상에 사로잡혀 오늘도 반대파를 제거할 계획을 세우고 이웃을 해할 음모를 꾸미고 있다.

오늘 저 타락한 교회의 세계엔 스승과 제자의 도리도 없고, 선후배의 질서도 없다. 오직 가진 자와 교권의 오만이 있을 뿐이다. 어떻게 받는 성직인데 그 입에서 냄새나는 시궁창의 언어가 거침없이 배출되는가. 면죄부 판매에 상응하는 추악한 작태가 지금은 없나 반성해야 한다.

오늘 빈들로 가라. 금식하며 회개하라 가당치도 않은 명예욕과 추악한 교권 욕을 버리고 회개하라. 회개하지 않으면 그리스도의 부활에 참여할 수 없다. 십자가 없이는 부활도 없다.

사순절, 이 기간은 당신에게 어떠한 절기인가?

왕과 예언자

이스라엘의 최고 성군 다윗에게는 영원히 씻지 못할 죄가 있었다. 그러나 이 같은 허물이 결코 그의 위인 됨을 손상시키지는 못하였다.

암몬과 전쟁 중에 있던 다윗왕은 어느 날 저녁 궁전 옥상을 거닐다가 담 넘어 옆집 뒤뜰에서 목욕하는 아름다운 여인의 모습을 보고 욕심이 나 은밀히 데려다가 통정을 하였다. 그런데 그녀는 다름 아닌 충신 우리아 장군의 아내였다.

범죄한 다윗은 자신의 죄를 은폐하기 위하여 전쟁터에 나아가 싸우고 있는 장군 우리아를 소환하여 특별 휴가를 주었다. 그러나 충신 우리아 장군은 위태로운 나라를 생각하여 끝내 성문을 지키는 근위병과 밤을 새웠다. 초조한 다윗은 사령관 요압에게 명하여 우리아를 최일선에 배치하여 전사케 하였다. 그리고 우리아의 아내를 자신의 부인으로 삼았다. 다윗은 일거에 간통죄와 살인죄를 저질렀다.

야훼는 노하시어 예언자 나단을 다윗에게 보냈다. 나단은 왕에게 다음과 같은 비유적인 이야기를 들려주었다. "어 떤 성에 두 사람이 살고 있었는데 한 사람은 부자였고, 한 사람은 가난한 사람이다. 부자는 양도 소도 많이 가지고 있지만 가나한 자에게는 품삯으로 얻어 기르는 암컷 새끼 양 한 마리밖에 없었다. 그런데 하루는 부잣집에 손님이 하나 찾아왔다. 주인은 손님을 대접하는데 자기의 소나 양은 잡기가 아까워서 그 가난한 집의 새끼 양을 빼앗아 손님을 대접하였다."

이야기가 끝나자 다윗은 대로하여 그 양 한 마리에 네 배로 갚게 하고 그 부자를 징벌하겠다고 호령하였다. 이윽고 선지자 나단은 왕을 정면으로 쏘아보며 "당신이 바로 그 사람이요"라고 칼날처럼 직언 하였다. 나단의 서슬 푸른 직언이 끝나자, 다윗은 즉석에서 어깨를 늘어뜨리며 "내가 야훼께 득죄 하였소"라고 자백하며 통곡하였다. 다윗의 참회는 처절하였다. 식음을 전폐하고 죄인이 입는 베옷을 걸치고 밤새워 울며 참회하였다. 얼마나 울었으면 눈물로 침상이 썩었다고 성서는 증언하고 있다.

세계사에는 사람의 목숨을 파리 목숨보다 더 가볍게 보았던 폭군들이 얼마든지 있었는데, 사화를 몇 번씩이나 치르고도 눈썹하나 까딱치도 않았던 포악한 임금이 있었는데 왜 저 이스라엘의 다윗만이 유독 괴로워 몸부림을 쳤을까?

왕이 되면 당연히 후궁들을 거느리고 영화를 누렸는데 왜 유독 다윗은 그토록 밧세바와 우리아의 일로 마음이 아팠을까? 또한 나단은 그 자리가 어느 안전(眼前)이라고 감히 그런 직언을 토할 수 있었을까? 이스라엘에도 백성을 괴롭히고 선지자들을 단칼에 처단하던 못된 임금들이 얼마든지 있었는데 어떻게 나단은 "너희 집에 칼부림 가실 날이 없으리라. 네 계집들을 끌어다가 딴 사내의 품에 안겨 주리라"라고 외쳤을까?

아! 부럽다. 직언이 통하는 건강한 사회가 부럽다. 이스라엘의 나단과 다윗이 부럽다. 끝내 콩은 콩이며 팥은 팥이라고 말하는 참예언자가 설 수 있는 땅, 그리고 그 예언자의 말씀에 휘청거리며 자신의 실책을 인정하고 참회하는 지도자가 있었던 이스라엘이 부럽다. 멋있는 예언자와 멋있는 지도자가 일시에 만나서 국운을 바로잡고 창조의 꽃을 피웠다. 단칼에 나단의 목을 베어 버릴 수 있었던 권력자 다윗이 오히려 옥좌를 뒤로하고 비틀거리며 자신의 수치를 시인하는 모습은 결코 부끄러운 모습이 아니다. 오히려 아름답다.

시류에 영합하지 않고 하늘의 소리, 빈들의 소리, 진리의 소리를 가감 없이 전하는 대쪽같이 곧은 예언자가 우리의 뜰에는 과연 있는가? 또한 엄청난 죄과를 서슴없이 인정하여 참회하는 지도자가 과연 이 땅에는 있는가? 사람은 누구나 완전할 수 없다. 그러므로 누구나 잘못을 저지를 수 있다. 성서는 이 범죄 한 인간이 참회하고 돌아오는 모습을 아름답게 그리고 있는 것이다.

다윗이 범죄를 저질렀지만 그 엄청난 범죄에도 불구하고 그는 위대한 지도자였다. 잘못은 잘못이라고 과감하게 고백하라. 그러면 오히려 민중은 그에게 박수갈채를 보낼 것이다. 발밑에 아첨하는 무리들만 모여든다면 그 지도자는 끝내 망한다. 좌우에 나단처럼 직언하는 예언자를 두어야 한다. 그리고 사심 없는 진리의 언어에 항상 겸손한 자는 위대한 지도자가 될 것이다. 예언의 집단(종교), 학문과 양심의 집단(상아탑)에 사는 사람들은 오늘 나단이 되라. 그리고 백성을 섬기는 지도자는 오늘 다윗이 되라. 쇼나 제스처로 참회하지 말라. 진실로 잘못을 잘못으로 인정하라. 시류와 당리당략과 부정한 이기주의와 권세욕 때문에 더 이상 충신 우리아를 죽여서는 안 된다.

나단과 다윗! 이 위대한 예언자와 왕의 만남은 늘 푸른 메아리로 역사에 길이 남을 것이다.

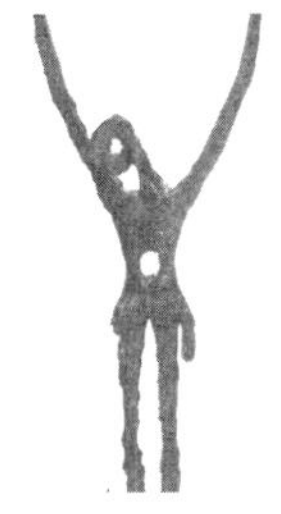

오늘의 성탄

1999년을 보내고 새로운 천년(new millennium)을 맞이하는 지구촌은 온통 잔치분위기로 들썩거렸는데 새 천년 첫해의 태양은 벌써 서산마루에 걸려있다.

해마다 게으른 탓으로 성탄카드, 연하장 한 장 보내지 못하였다. 금년에는 새 생활국민운동본부에서 보내온 카드가 있어서 마음먹고 작년에 빚진 미국의 친지들에게 몇 장의 카드를 보냈다. 카드를 보내고 나니 삭막하던 일상이 조금은 훈훈해진 느낌이다.

며칠 전 구세군의 자선냄비가 시작되었다. 꽁꽁 얼어붙은 경제상황이지만 불우이웃을 도우려는 자선냄비의 목표액이 초과 달성되었으면 좋겠다. 비록 경제사정은 어려울지라도 옛날 우리민족이 함께 나누던 인정만 되살아난다면 이러한 난국은 충분히 극복할 수 있을 것이다.

2000년 전 첫 번째 성탄은 베들레헴 마구간에서 일어났다. 마태복음과 누가복음에는 예수탄생의 기사를 싣고 있지만 마가복음에는 성탄의 기사가 없다.

그리고 요한복음에는 "말씀이 육신이 되어…"라는 신비로운 표현으로 첫 번째 성탄을 설명하고 있다. 복음서 기자들의 집필, 혹은 편집의도가 숨어 있겠지만 성탄의 사건은 고단하고 가난한 민중을 위한 복된 소식이었다.

로마의 말발굽 아래 짓밟히고 기층민으로서 하루하루 고단하게 살아가는 암울한 유대의 민중들에게 세례자 요한을 능가하는 예수의 출현은 분명 새로운 희망이었다.

물론 예수에게 관계된 초자연적 사건들이 역사적 사건이냐 아니냐를 놓고 17세기 후반부터 논쟁을 거듭하여 왔고 급기야는 불트만의 양식사비평을 정점으로 19세기 자유주의 신학은 찬란한 꽃을 피웠다. 그러나 그 결과는 무엇인가? 구라파교회의 동공화 현상을 초래한 것이다.

역사연구는 중요하다. 그러나 참된 역사적 사실을 가감 없이 규명하는 일은 결코 쉬운 일이 아니다.

고대사는 고사하고 근·현대사까지 은폐되고 왜곡되는 형편에 하물며 구전을 거듭하다가 파피루스, 양피지에 기록하고, 두루마리 성경을 거치고 사본을 통해 전해오는 성서가 수많은 언어로 번역되는 일련의 정경사와 번역사는 어떻겠는가? 기독교의 역사적 탐구라는 학문적 가설을 인정한다면 과연 김용옥은 그것도 공영 텔레비전을 통하여 기독교의 초월성을 무책임하게 부정할 수 있단 말인가?

학문적 가설은 존중되어야 한다. 그러나 그것은 결코 절대적일 수 없다. 우리는 지금도 우리의 주변에서 은폐되고 왜곡되는 역사를 얼마든지 목격하고 있다. 결코 선하지도 않는 사람이 성자로 포장되고 훌륭하지도 않은 졸렬한 위인이 어느 날 갑자기 유명인사가 되는 사례를 얼마든지 볼 수 있다.

PD와 매스컴의 농간으로, 권력의 조직적인 은폐와 왜곡으로 지금 우리가 살고 있는 역사도 일그러지고 있다. 역사를 사실 그대로 기록하고 캐내는 일은 중요하다. 그러나 더 중요한 일은 역사가 주는 의미다. 성서는 역사책이 아니다.

성서는 구원의 진리를 담은 책이다. 하나님의 아들 예수가, 아니 하나님 자신이 죄된 인류를 구원하기 위하여 육축이 머무는 마구간에서 태어날 수밖에 없었던 구속사를 우리는 눈여겨 보아야 한다.

십자가에 달리시고 삼일 만에 부활하신 그리스도의 공생애를 우리는 바르게 읽어야 한다. 말씀이 육신이 된 화육(incarnation)의 교훈이 무엇인가를 똑바로 이해하여야 한다. 그것은 교리 이상이다. 말만 무성한 세상에 진리의 구체화를 지시하는 것이다. 입으로만 주문 외우듯 하는 사랑을 실천하라는 명령이다.

성탄은 진리의 구체화를 의미한다. 사랑의 실천을 뜻한다. 성탄은 하나님이 초월을 벗고 인간화를 실현한 사건이다. 가난하고 소외된 민중과 함께하는 사건이다. 종교는 추상이 아니다. 아니, 예수는 기독교라는 종교를 창시하지도 않았다.

그는 하나님이었다. 그는 진인(眞人)이었다. 그는 아가페다. 그는 진리요 생명이다. 그는 관념이 아니다. 추상도 아니다. 그는 구체적인 사랑이다.

그는 내어줌이요, 희생이요, 대속이다. 그는 상대적인 것을 절대화하는 우상을 미워하였다. 율법과 교리를 우상화하는 회색의 바리새주의를 싫어하였다.

그는 작은 자 하나에게 냉수 한 그릇이라도 대접하는 것을 기뻐하였다. 죽어도 진리와 함께 있는 것을 원하였다. 그는 십자가 위에서까지 죄인에게 자비를 베풀었다. 성탄절은 술 먹고 밤새우는 날이 아니다.

진리가 능욕을 당하는 세상에, 사랑이 말라버린 이 땅에, 입에 발린 정의와 사랑이 춤추는 세상에, 죄로 충만한 오늘 여기에 예수가 자신의 몸을 내어 던진 것을 의미하는 날이다.

오늘의 성탄은 결코 겨울 낭만을 장식하는 잔치가 아니다.

오늘의 성탄은 소외된 이웃을 보듬고 자신을 낮추는 겸손으로 진리의 삶을 살아야 할 것을 지시하고 있다.

이제 교회는 온갖 위선과 권위주의를 벗어야 한다. 사치와 반목을 떨치고 오늘 여기 먼지 이는 팔레스타인에서 그리고 저 가난한 갈릴리에서 민중의 아픔을 치유하여야 한다.

오늘의 성탄! 그것은 사랑과 정의의 구체적인 실천을 의미한다.

요한의 성탄

공관복음에는 마태복음과 누가복음에만 성탄의 기사가 나온다. 마가복음에는 성탄의 기사를 누락하고 세례자 요한의 출현과 예수의 수세 기사로 서두를 시작한다.

그리고 요한은 성탄의 사건을 전혀 다른 각도에서 묘사하고 있다. "태초에 말씀이 계시니라. 이 말씀이 하나님과 함께 계셨으니 이 말씀은 곧 하나님이시니라"(요 1:1).

요한은 로고스이신 하나님을 선포하고 있는 것이다. 하나님 곧 로고스가 태초에 만물을 창조하였고 그 안에는 생명이 있었으며 그 생명이 빛으로서 어두움을 비추고 있음에도 불구하고 어두운 세상에 있는 인간들은 이를 깨닫지 못하고 있다는 것이다.

요한은 성탄의 구체적인 기록을 1장 14절에서 다음과 같이 묘사하고 있다. "말씀이 육신이 되어 우리 가운데 거하시매 우리가 그 영광을 보니 아버지의 독생자의 영광이요 은혜와 진리가 충만하더라." 마태와 누가가 성탄의 기사를 사실적으로 표현한 데 반하여 요한은 지극히 철학적으로 설명하고 있다.

어쩌면 요한의 표현이 앞의 두 복음의 기사보다 더 쉽고 사실적인지도 모른다. 왜냐하면 하나님의 성탄은 인간의 출생과는 다른 것이기 때문이다.

예수 그리스도는 하나님이다. 그리고 인격으로는 하나님의 아들이다. 이 예수 그리스도는 태초부터 있었고 그 말씀이 우주를 그 원칙대로 창조한 것이다. 하나님은 로고스이며 동시에 만물을 창조하시는 능력이시다.

만일 인간이 이 창조의 질서를 교란하지 않았다면 인간은 영원히 낙원에서 행복하게 살 수 있었을 것이다. 그러나 인간은 선악과를 따먹었다. 에덴의 법칙을 어긴 것이다. 우주의 질서를 범한 것이다. 아마도 이때부터 인간의 유전인자가 변형되고 일그러지기 시작한 것은 아닌가?

그렇다. 법을 어기면 형벌을 받는다. 그 형벌은 사망이다. 인간의 운명은 죽음이다. 그런데 이 죽음을 면하게 하기 위하여 하나님이, 하나님의 독생자가, 아니 로고스가 세상에 오신 것이다. 이것을 우리는 성탄이라고 부른다.

희망이 없는 인간에게, 죽음의 운명을 타고난 인간에게 하나님이 인간의 모습으로 오셔서 인간의 죄과와 형벌을 대신 져 주신 것이다. 우리는 이것을 대속이라고 부른다.

그러므로 성탄은 복음이다. 사형선고를 받은 죄수가 회개하고 하나님 예수 그리스도를 영접하기만 하면 죽지 않고 오히려 영생을 얻는다는 소식은 실로 복음인 것이다. 그러므로 마가는 처음부터 세례자 요한과 예수의 회개운동을 기록하고 있는 것이다.

사형수에게 최대의 복음은 무엇인가?

죽지 않고 산다는 뉴스다.

하나님은 태초부터 인간의 회개를 원하셨다. 그는 로고스일 뿐만 아니라 아가페이시다. 인간이 로고스에 따라 살기를 원하지만 그렇지 못하고 로고스를 왜곡 시켰다면 곧바로 돌이켜 뉘우치기를 원하신다.

그런데 인류는 지금 온통 하나님이 창조하신 세상을 일그러뜨리고 찌그러뜨리고 있다. 로고스의 세계가 파괴당하고 있다. 하나님의 형상을 닮은 존엄한 인간의 생명을 죽이고, 유린하고 있다. 강과 바다와 육지가 한없이 파괴되고 있다. 살인, 강도, 강간, 절도, 유괴, 횡령, 사기 등의 범죄가 하루도 멈추지 않고 세계의 도처에서 자행되고 있다.

더욱 가증한 것은 알라의 이름으로, 하나님의 이름으로 사람을 죽이고 테러하고 보복하는 일이다. 교회에서도 복음을 율법으로, 하나님을 교리와 종교로 바꾸어 인간을 기만하고 비인간화 시키고 있다.

하나님은 우주의 로고스다. 하늘과 땅의 질서요 원칙이며 아가페다. 따라서 우리는 이 엄연한 우주의 질서, 로고스를 지켜야 한다. 탐욕을 낙으로 삼지 말고 로고스를 체험하고 그 법칙으로 사는 것을 기쁨으로 느껴야 한다. 거짓과 교만과 자기중심의 허상에서 벗어나 힘없는 이웃, 사람들을 구체적으로 사랑하는 기쁨을 얻어야 한다.

이제 성탄을 교회 속에만 가두어 두지 말아야 한다. 성탄은 기독교라는 종교의 유물이 아니다. 성탄은 구체화를 뜻한다. 사랑의 화육(incarnation)을 의미한다.

요한의 성탄은 인간과 우주의 질서를 바로잡고 일그러진 창조의 세계가 아가페로 치유되는 성탄을 표방하고 있다. 이 세상에 참된 정의와 사랑이 충만할 때, 가진 자와 못 가진 자, 힘센 자와 힘없는 자, 장애인과 비장애인, 남자와 여자, 인종과 인종의 차별이 사라지는 때 성탄은 누가의 표현대로 "하나님께 영광이요 땅에서는 기뻐하심을 입은 사람들 중에 평화"가 될 것이다.

그리고 우리, 하나님을 오해하지 말자! 예수 그리스도를 오해하지 말자! 그는 요한의 말대로 로고스다. 진리다. 우리는 날마다, 순간순간 로고스를 범하고 있다. 그리스도를 범하고 있다. 육신의 정욕과 안목의 정욕과 이생의 자랑을 위하여 우리는 날마다 진리를 범하고 있다.

하나님이 우리에게 이성이라는 귀한 선물을 주셨지만 이성은 우리의 악한 본성의 터무니없는 욕망에 눌려 그 기능을 상실한지 오래다.

우리는 하나님의 능력으로, 성령의 힘으로만 이 세상을 이길 수 있다. 인간의 자기초월은 오직 저쪽으로부터 오는 능력으로만 가능하다.

요한이 소개하는 첫 번째 성탄의 의미, 그 로고스의 의미를 온 몸으로 깨닫고 나로부터, 우리로부터, 국가로부터, 세계 방방곡곡으로부터 구체적으로 실천해야 한다.

성탄은 진리의 구체화다. 사랑과 정의의 구체화다.

그리스도를 몸으로 사는 것이다.

성탄, 이 감격의 복음을 우리의 구체적인 삶의 장소에서 우리는 날마다 전하고 살아야 한다.

요한의 성탄! 그 능력이 이 세상에 충만하기를!

우리의 출애굽

광복절이다. 그 동안 우리는 참으로 고단하고 숨 가쁘게 살아왔다. 우리나라의 역사가 고난의 역사라고는 하지만 특히 일제강점기, 광복, 그리고 한국전쟁을 거치면서 우리는 엄청난 쓰라림의 나날을 지내왔다.

을사보호조약, 한일합방을 거치면서 일제강점기 동안 우리 농민들은 농토를 모두 일본사람들과 소수의 양반지주들에게 빼앗기고 북간도로, 러시아로 유민이 되어 흘러갔다. 산 속 화전민으로 흩어졌다. 역전 지게꾼으로 목숨을 유지하였다.

일제의 잔혹한 착취는 땅을 빼앗는 것으로 끝나지 않았다. 총탄과 대포를 만들기 위하여 수저가락, 문고리까지 빼앗아 갔다. 학도병으로 종군 위안부로 이 땅의 젊은 남녀들은 징발 당하고, 일할 수 있는 장정들은 징용으로 끌려가 이름 모를 남사군도에서, 일본의 광산에서, 남태평양의 오지에서 죽어갔다.

일본의 패전으로 36년간의 식민통치는 끝났지만 우리민족의 고난은 그것으로 끝나지 않았다.

해방정국의 혼란한 내부 분열과 함께 전승국 미국은 소련을 위시한 세계의 열강들과 한반도를 흥정하고 있었고, 그러한 비도덕적 흥정은 한국전쟁과 남북분단을 초래하였다.

물론 분단과 국토상실이라는 비극의 역사는 오래 전부터 있어왔다. 일찍이 북중국은 물론 중원까지 넘나들던 강성대국 고구려가 나당연합군에 의하여 쓰러지고 통일 신라는 고구려 땅의 사분의 일만을 소유하게 되었다.

그리고 다시 당나라의 속국이 된 것이다. 그들은 신라에게 대동강 이남만을 가지라고 하였다. 임진왜란 때 조선을 도왔던 명나라와 침략국 일본은 흥정하기를 임진강 이북은 명나라가, 이남은 일본이 나누어 갖자고 하였다.

어디 그뿐이랴! 한국전쟁 때 미국과 소련은 한반도의 지도를 놓고 눈대중으로 펜을 들어 두 동강으로 자르고 북쪽은 소련이 남쪽은 미국이 나누어 갖자고 하였다.

우리는 기막힌 역사의 질곡을 용케도 참아왔다. 초근목피로, 꿀꿀이 죽으로 보리밥으로 연명하며 지금 여기 까지 왔다. 우리가 밥숟갈이라도 먹기 시작한 지가 과연 얼마나 되었나? 매일 아침 한두 명씩 연탄가스로 죽어야 했던 때가 얼마나 되었나? 지금 우리가 이렇게 흥청망청 써도 되는가? 외제 대리석으로 도배질을 해도 되는가?

IMF를 겪고 아직도 경제는 휘청거리는데 해외로 나가는 비행기 표가 동이 났다고 한다. 유학이랍시고 해외에 나가 하라는 공부는 하지 않고 탈선하며 달러를 물 쓰듯 하는 졸부의 자녀들이 부지기수라고 한다.

지도층부터 솔선해야 한다. 외국에 가서 수백만원짜리 양주 사들고 들어온 국회의원은 지난번 선거에서 잘도 떨어졌다. 다음 선거에는 더 철저하게 감시하여 수준미달의 의원들을 골라서 낙선시켜야 한다.

남북분단 이후 50년 만에 처음으로 남북 정상이 만났다. 그리고 6개항의 기본합의를 도출해 냈다. 그 중 중요한 합의는 남북이 전쟁하지 말자는 것, 경제협력 하자는 것, 그리고 자주적으로 통일하자는 것이다.

그렇다. 세계의 열방이 저들의 이익을 챙기기 위하여 그 어떠한 방해공작을 하더라도 우리는 스스로 진실한 동포애를 가지고 단결해야 한다.

지금 세계의 열강은 한반도를 자국의 영향권 안에 두려고 각축을 벌이고 있다. "남북이 똘똘 뭉쳐 하나만 되면 세계에서 무서울 것이 없다"는 남북의 고백이 진정으로 실현될 수 있도록 우리민족은 혼신의 힘을 다 하여야 한다.

"국제사회에서는 영원한 적국도 영원한 우방도 없다"는 전 유엔사무총장 우탄트의 말은 진리이다. 미국은 결코 우리의 영원한 우방일 수 없다.

저들은 가즈라 테프트 밀약을 위시하여 한반도를 흥정의 대상으로 여겨왔다. 반미감정과 친미감정은 저들의 태도여하에 달린 것이다. 천만이 넘는 수도권 인구의 젖줄에 독극물을 방류하고도 저들은 오만하기 짝이 없다.

매향리 폭격으로 귀중한 인명이 손실되었을 뿐만 아니라고, 50여 년 동안 소음공해로 시달려 왔고, 한국전쟁 때 노근리에 미군의 폭격으로 수많은 무고한 생명이 죽었는데도 저들은 항상 당당하다. 지금 미군은 한국의 산하를 무상으로 사용하고 있다.

그리고 저들은 장거리 미사일과 핵을 위시한 한국의 무기개발을 제

한하고 있다. 매년 우리는 엄청난 금액의 무기를 미국으로부터 수입하여야 한다. 우리는 형식적으로만 자주국가일 뿐 사사건건 미국의 통제를 받고 있다. 불원간 개정되는 SOFA협정을 온 국민은 불꽃같은 눈으로 지켜보고 있다.

모세는 이집트에서 노예로 신음하는 이스라엘 백성을 출애굽 시켰다. 지금 우리는 우리민족을 저 미국으로부터, 중국, 러시아, 일본 등으로부터, 세계의 열강으로부터 해방시킬 모세를 기다리고 있다.

한동안 우리의 자유를 제한하고 유신독재의 길을 걸었던 대통령, 박정희 신드롬이 왜 생겨났을까? 그것은 민주화 이후 이 나라를 이끌어가는 정치 지도자들에게 실망하였고 "잘 살아보세"의 틀을 박대통령이 마련했기 때문이다.

그리고 마지막으로 가장 중요한 신드롬의 원인은 그가 자주적인 나라를 세우려고 몸부림쳤고 민족의 자존심을 세우기 위하여 노력하였기 때문이다.

아! 우리의 출애굽은 언제나 끝날 것인가?

(1998. 9)

"의인인 동시에 죄인"

Simul justus et peccator

루터는 1515년 10월부터 1516년 9월까지 로마서를 강의하였다.

그가 행한 강의의 내용은 죄와 인간의 본성, 이신칭의(以信稱義), 사랑 실천이라는 세 가지 내용이었다.

루터는 어거스틴과 달리 인간의 전적 타락을 인정하였다. 몸과 영혼의 모든 능력이 죄로 말미암아 상실되었음을 강조하였다.

그에게 있어서 죄악이란 하나님 앞에서(coram Deo) 나타나는 인간의 적나라한 모습이었다. 이것이 젊은 날 루터를 고뇌(Anfechtung)하게 하였고 그 고뇌는 그의 일생동안 지속되었던 것이다.

루터는 거룩하신 하나님의 심판을 면할 길 없는 인간의 참 모습을 제시함으로써 구원은 인간의 노력과 성취에 의해서 얻을 수 있는 것이 아님을 확신하였다.

그는 "그리스도가 죄의 저주를 경험하였다"라고 강조하였다. "나의 하나님, 나의 하나님 어찌하여 나를 버리시나이까?"하신 그리스도의 십자가상의 부르짖음을 루터는 기독교 역사상 가장 엄숙히 취급한 사람이다.

죄 값은 무서운 심판이요 죽음이다. 양심 깊은 곳에서부터 울려나오는 죄의 고통을 그는 견딜 수가 없었다. 루터는 예수께서 십자가에 못박힐 때 끌려 올려갔던 계단을 뜯어다 만들었다는 로마의 '성 계단교회'의 28개 계단을 무릎으로 기어 오르내리며 고행을 하였다.

그렇게 자신의 죄를 부끄러워하며 괴로워하다가 마침내 그는 하나님의 말씀을 듣는다.

'의인은 믿음으로 말미암아 살리라!'(롬 1:7).

하나님의 구원은 공로나 고행이 아니라 오직 믿음으로만 얻게 된다는 깨달음을 얻은 것이다.

1517년 비텐베르그 성당 문에 당시 비성서적이라고 판단하는 교회의 문제들 95개 조항을 내걸기 전 루터는 철저한 자기응시가 있었고 결벽에 가까우리만큼 심령의 고통을 경험하였다.

종교개혁은 먼저 루터 자신의 내면에서부터 분출한 용암인 것이다. 루터는 로마서 강의에서 자기 자신의 죄를 깨닫고 스스로를 죄인이라고 깊이 자인하는 사람, 그리고 하나님의 자비로우신 은혜를 간청하는 사람은 하나님으로 말미암아 칭의(稱義)를 얻는다고 하였다.

오늘날 우리는 과연 죄 때문에 얼마나 괴로워하였나? 믿으면 구원받는다는 원리를 얼마나 가볍게 생각해 왔던가? 진정 죄에 대한 뼈아픈 회개를 거치고 얻은 믿음인가? 오늘날 교회는 구원을 너무 쉽게 팔고 있는 것은 아닌가?

믿음으로 칭의(稱義 : justification)를 얻기 전에 반드시 거쳐야 할 터널이 있다. 그것은 통애자복(痛哀自服)의 터널이다. 십자가의 터널이다. 쓸개 탄 잔을 마셔야 한다. 하늘이 무너지고, 땅이 꺼지는 죄의 아픔을 지불하여야 한다.

루터가 주장한 신학은 영광의 신학이 아니라 십자가의 신학이다. 구원을 값싸게 팔지 말라. 면죄부는 이 세상에 없다. 돈 몇 푼에 살 수 있는 구원은 결코 없다. 자신에 대한 엄정한 평가로 항상 스스로를 죄인이라고 부끄럽게 여기는 사람에게만 구원이 있다.

바리새인처럼 스스로를 의롭다고 생각하는 사람에게는 구원이 없다. 부귀와 명예를 탐하는 자에게는 구원이 없다.

영광의 신학은 죽은 신학이다. 믿는다는 것이 무엇인가. 십자가의 그리스도를 전 존재로 경험하는 것이다. 나의 죄와 당신의 죄를 대신하여 하나님의 독생성자가 무시무시한 십자가 위에서 돌아가셨다. 아니, 하나님 자신이 십자가에 달리셨다.

믿음은 이 아픔을 내 것으로 하는 것이다. 날마다 십자가 위에서 나 자신을 심판하는 일이다. 고난 받는 그리스도를 날마다 체험하는 일이다. 죄를 부끄러워하는 것이다. 그리하여 낮아지는 것이다. 섬기는 것이다. 이것이 믿음이다.

우리의 아픔과 죽음을 그리스도가 대신하셨다는 사실을 믿고 감격할 때 비로소 우리는 하나님 앞에서 의로워진다.

시련의 고통(Anfechtung), 항상 내면적으로 죄인임을 자각하는 아픔 때문에 우리는 용서함을 얻는 것이다. 하나님 앞에서 칭의를 얻는 것이다.

오늘날 우리는 한국교회의 정문에 붙어 있는 현대판 95개 조항을 읽어야 한다. 교회를 매매하고 비둘기와 양과 소를 팔고 있는 죄목을 읽어야 한다. 교권과 황금주의에 취하여 예수 그리스도를 팔아넘겼던 배반의 죄목을 오늘의 95개 조항에서 똑똑히 읽어야 한다.

분열과 쟁투와 명예욕에 사로잡힌 추악한 모습을 오늘 우리의 비텐베르그 정문에서 보아야 한다. 십자가가 없으면 면류관도 없다.

그동안 우리는 선조들이 쌓아올린 찬란한 공훈 탑 밑에서 얼마나 질펀한 잔치만 벌여왔던가.

이제 우리는 무서운 자기응시와 날카로운 자기비판 위에서 통회자복 하여야 한다. 위선과 거짓확신과 탐욕과 허영을 벗어버려야 한다. 95개 조항이 아니라 천 조항, 만 조항도 넘는 죄과를 뉘우쳐야 한다.

오늘 내 마음의 비텐베르그로 가라.

오늘 한국교회의 치부가 걸려있는 비텐베르그로 가라.

거기서 회개의 눈물을 흘려야 한다. 그리고 거기서 십자가의 그리스도를 체험하여야 한다.

진정한 종교개혁은 모든 그리스도인의 가슴으로부터 시작된다. 1517년 종교개혁은 루터의 가슴으로부터 시작되었다. 우리는 모두 죄인이다.

하나님의 은혜 안에서만 오직 의인이다. 그리스도인은 의인인 동시에 죄인이다(Simul justus et peccator).

존재냐, 행함이냐

"성 안나여, 살려 주소서! 수도사가 되겠습니다."

1507년 7월 매우 후텁지근한 어느 날 갑자기 시커먼 하늘을 가르는 번개가 치고 뇌성벽력과 함께 쏟아지는 소나기 속에서 놀라 쓰러졌다가 일어나며 당시의 습관대로 성인(聖人)의 이름을 부르며 절규하던 청년, 그가 저 유명한 종교개혁자 마르틴 루터(Martin Luther)였다.

루터, 그는 평생 동안 존재의 길을 물으며 살았던 사람이다. 하나님 앞에서 인간이 어떻게 의로워질 수 있는가? 이 근원적 질문 때문에 아버지가 원하는 법률가의 길을 포기하고 그는 사제의 길을 선택하였다. 그러나 그는 행복하지 않았다.

하나님의 공의와 죄인에 대한 심판을 생각할 때마다 두려움으로 떨었다. 그는 자신이 지은 죄를 생각나는 대로 낱낱이 고해성사 하였다. 수도원의 엄격한 계율을 준수함은 물론 고행의 나날을 보내며 하나님 앞에 성결한 사람이 되려고 노력하였다.

한번은 그가 로마에 출장을 갔을 때의 일이다. 그는 예수의 고난을 생각하며 십자가로 계단을 놓았다는 '성 계단 교회'의 계단을 무릎으로 기어오르고 내렸던 것이다.

루터! 그는 인간이 선을 행함으로, 공로를 쌓으므로 의롭게 된다는 당시의 신학에 충실했던 수도사였다. 그러나 훗날 그가 비텐베르그 대학의 교수가 되어 성서를 가르치면서 인간의 선행이나 공로가 인간을 의롭게 할 수 없다는 진리를 깨닫는다.

특히 로마서 1장 17절 '오직 의인은 믿음으로 말미암아 살리라'는 말씀에 루터는 대오각성(大悟覺醒)을 한다. 존재의 진리를 터득한 것이다. 그의 진술에 의하면 그가 이 진리를 완전히 깨달은 때는 믿음으로 의롭게 된다는 깨달음의 사건 2년 후라고 한다(1945년 「나의 저작에 관하여」라는 책에서 루터의 고백).

루터는 아우구스티누스와 바울에게 충실한 사람이었다. 무엇보다도 성서에 충실한 사람이었다. 하나님 앞에서 인간이 어떻게 외로울 수 있는가? 명상으로? 선행으로? 고행으로?

아니다. 오직 하나님의 은혜로(sola gratia), 오직 믿음으로(sola fide)만 인간은 의로운 존재가 될 수 있다. 오직 하나님의 자유로우신 의지(de libero arbitrio)와 은혜와 주권으로만 인간은 의를 얻을 수 있다(웨슬리 신학에서는 복음적 신인협동설).

그러나 인간은 '여전히 의인인 동시에 죄인이다'(Simul justus et peccator). 비록 우리가 이신칭의(以信稱義)의 은혜를 얻었다고 할지라도 하나님의 완전하신 의에 비추어 보면 여전히 우리는 죄인이다.

그러므로 우리는 스스로 선하다는 망상을 철저히 부수고 죄인이라는 자기인식을 가질 때 비로소 의인이 되는 것이다. 우리의 구원은 철저히 밖으로부터 온다. 내 속의 죄, 불의, 교만, 그리고 사망의 음침함이 내재하여 있다는 사실을 솔직히 인식하는 순간 마침내 우리는 의롭게 된다고 루터는 가르친다.

그러나 나의 선함이나 옳음이 내 속에 아직도 자리잡고 있다면 그는 여전히 죄인이라고 루터는 교훈한다. 하나님 앞에서 인간이 가지는 선의 근거는 오직 믿음이요 겸손이다. 우리가 진정으로 의로워서 구원받은 것이 아니다.

전적으로 하나님 은혜로, 그리고 이를 믿는 믿음으로 중생의 은혜를 받은 것이다. 기독교적 존재론은 철저하게 하나님의 은혜로부터 이루어진 것이다. 선행은 그 이후의 문제이다.

야고보서를 "지푸라기 성경"이라고 언급했다는 이유로 루터는 행함을 강조하지 않는 사람이라고 간주하는 것은 중대한 오해이다. 그는 인간이 의롭게 되는 존재의 과정에서는 믿음과 하나님의 은혜 이외의 어떤 요소도 허락하지 않는다.

그러나 존재의 과정을 통과한 인간에게는 엄격한 도덕적 명령이 부과된다. 그는 인간이 먼저 의롭게 되는 존재(to be)의 단계에 우선권을 두었고 그 됨(to be)의 결과로서 선행을 강조하였다.

그는 선한 일들이 사람을 선하게 만들지 않고 선한 사람이 선한 일을 한다고 믿었다.

그렇다. 하나님이 인간을 부르시고 십자가의 은총으로 우리의 죄를 용서하셨다는 사실(indicative)은 우리가 생명 걸고 정의와 사랑을 실천해야 한다는 하나님의 명령(imperative)인 것이다.

믿음은 루터의 진리에 있어서 행함의 근거이다. 그는 먼저 인간이 무엇이 되어야 한다는 존재론적 질문에 진지했던 사람이다.

도둑이 훔친 물건으로 선행을 한다는 것은 도덕적 기만이다. 먼저 도둑이 뉘우치고 새사람이 되는 일이 급선무다. 선행은 그 다음의 문제이다.

루터는 믿음으로 말미암아 새로운 사람이 된 그리스도인들에게 “이웃을 대할 때는 스스로 그리스도가 된 것처럼 대하라”고 하였다. 그리스도인은 하나님의 대사이다.

루터에게 있어서 직업에는 성속(聖俗), 귀천(貴賤)이 없으며 악하지 않은 모든 직업은 하나님이 주셨다는 천명적(天命的) 직업관을 주장하였다. 그러므로 루터의 윤리는 구속의 윤리요, 의인(義認) 된 자의 새로운 순종의 윤리이다.

오늘 교회의 사명은 진실로 거듭난 그리스도인, 자신의 의를 전혀 내세우지 않는 참된 그리스도인을 배출하는 것이다. 그리고 그리스도인들은 하나님의 엄청난 은혜로 구원받은 감격을 안고 우리의 구체적인 삶의 장소에서 그리스도의 현존(現存)으로 살아야 할 것이다.

오늘 우리는 우리가 누구인가를 진지하게 질문하여야 한다. 그리고 됨(to be)의 화두를 안고 씨름하여야 한다. 탐욕, 위선, 혈기, 이기주의, 독선, 어리석음, 교만 등 수많은 비존재의 요소들을 몰아내고 죄인의 모습 그대로 하나님 앞에 서야 한다.

그리고 됨(being)의 성서적 진리를 깨닫고 그 바탕 위에서 아가페를 실천해야 할 것이다.

존재는 행함의 바탕이다.

죽어야 산다

꽃샘 추위가 물러가고 여기저기 산과 들에는 푸른빛이 돌기 시작하고 진달래는 서둘러 피었다. 하얀 목련이 흰 목을 드러내고 함박웃음을 웃으려 한다.

이제 영산홍이 산야를 덮고 나면 봄은 절정을 이룰 것이다. 고맙고 경이로운 생명의 기운이 아닌가? 겨우내 생명의 흔적을 찾아볼 수 없었던 말라버린 그루터기에서 생명의 순이 솟아오른다.

기적이다.

신비다.

생명은 하나님의 숨이다.

죽어도 죽을 수 없는 생명이다. 하나님이 영원한 것처럼 생명도 하나님과 함께 영원한 것이다. 일시적으로 추위 때문에 땅 속에 생명이 숨어 있었지만 따뜻한 기운과 함께 생명은 발아한다.

참 생명은 죽을 수 없다. 죽을 수 없기에 영원하다. 난지도 쓰레기 산을 보라. 거기서 풀과 나무가 살아나지 않았던가. 생명을 죽이는 온갖 폐기오염 속에서도 푸른 생명은 솟아난다. 사월은 생명의 달이다. 부활의 달이다. 사방천지에서 생명이 움트고 부활한다.

4월을 뜻하는 영어의 'April'이라는 말은 라틴어 'aperire'에서 왔다. 이 말은 '열다'라는 뜻을 가진다. 사월은 진달래, 개나리, 목련이 꽃잎을 여는 달이다. 두견새 소리 들으며 진달래가 피고 달빛에 배꽃이 피어난다. 양지바른 산야에서 산매화가 자지러지게 피어 여는 달이 사월이다.

이처럼 신비로운 달에 우리는 생명을 생각해야 한다. 생(生)은 하나님의 엄숙한 명령(命令)이다. 누가 살라고 해서 사는 것도 아니고 내가 살고 싶어서 사는 것도 아니다. 하나님의 명령으로 그냥 사는 것이다. 그러므로 생명은 존엄한 것이다. 이 생명은 하나님과 함께 영원하다. 참 생명은 죽어도 다시 사는 생명이다.

하나님의 생명과 함께 있으므로 죽어도 죽지 않고 사는 것이다. 이 다시 산 생명은 낡은 생명이 아니라 새 생명이다. 작년에 핀 매화가 올해도 똑같은 모습으로 피어났지만 올해의 매화는 작년의 매화가 아니다. 새로운 꽃이다. 이와 같이 생명은 영원하고 새로운 것이다.

기독교의 3대 명절 중의 하나인 부활절(Easter)이다. 하나님의 아들 예수 그리스도가 십자가에 처형되고 삼일 만에 부활하신 날을 기념하는 기독교의 명절이 부활절이다. 성대한 부활절 행사들이 교회마다 열리고 형형색색의 삶은 계란들이 공급될 것이다. 부활절 칸타타가 우렁차게 울려 퍼지고 영광의 그리스도를 찬양하게 될 것이다.

그러나 영광의 그리스도는 수난의 그리스도로부터 유래한다. 부활은 죽음을 통하여 온 것이다. 죽지 않고 사는 법은 없다. 한 알의 밀알이 땅에 떨어져 썩어야 그 속에서 생명의 싹이 솟아오르는 법이다. 영광의 그리스도교는 중세의 종교다.

죽지 않는, 희생과 봉사 없는 기독교는 부활이 없다. 진정한 생명은 죽을 수 없는 생명이다. 죽어도 다시 살아나는 생명이다. 하나님의 아들, 하나님 자신이신 예수 그리스도는 길이요, 진리요, 생명이다.

그는 죽어도 다시 사는 생명이다. 이러한 생명을 힘으로, 권력으로 죽인 것이다. 죽여 버리면 만사가 해결된다고 믿는 무지막지한 부정한 힘이 진리를 살해한 것이다. 생명을 압사시킨 것이다. 그들은 민중을 현혹시키고 오도하여 갈보리 언덕 위에서 예수를 처형하였다. 가야바의 무리, 서기관과 바리새, 헤롯과 오도된 민중이 예수를 죽였다. 죄도 없이 죄인으로 죽었다. 대속의 죽음을 죽은 것이다.

당시에 예수를 죽인 죄인들과 다를 바 없는 우리는 오늘도 수없이 진리를 배반하고 예수를 십자가에 못 박고 있다. 예수는 이러한 인간을 대속하기 위하여 참혹한 죽음을 죽은 것이다.

그러나 그는 다시 사셨고 잠자는 자들의 첫 열매가 되었다. 그는 생명의 영원성을 입증하였다. 참 생명은 죽을 수 없다는 것을 증명하였다. 아니 죽어야 산다는 것을 증거 하였다. 죽지도 않고 영생하려는 사람들에게 죽어야 산다는 본을 보인 것이다. 루터는 날마다 죽는다고 하였다.

명예욕, 권력욕, 물욕을 죽여야 한다. 혈기와 교만을 죽여야 한다. 그리스도인뿐만 아니라 교회도 죽고 다시 살아나야 한다. 죽지 않고 생명을 얻을 수 없다.

이미 죽어버린 교회는 죽음을 선언하고 다시 살아나야 한다. 경건의 모양만 있고 실상은 죽은 교회는 썩은 냄새만 풍긴다. 세속의 온갖 더러운 찌꺼기를 교회 안에 가지고 들어와 소와 양과 비둘기를 파는 난장판을 만들고 여전히 예수 그리스도를 입에 올리는 종교인들, 종교 거간꾼들은 종말의 심판을 면치 못할 것이다.

당신들이 아무리 생명을 우습게 여기고 진리를 모살할지라도 저 순박하고 천진한 생명은 죽어서 다시 살아날 뿐이다. 노오란 민들레가 억척같은 생명력으로 이 땅을 지켜오듯이 참 생명은 그 자체가 길이요 진리이기 때문에 죽일 수도 없고 또 죽지도 않는 법이다. 잠시 동안 진리를 왜곡시킬 수는 있어도 진리를 영원히 죽일 수 없다.

저 대지에 편만하게 피어오르는 생명의 신비를 보라. 엄동설한 잔인한 한파가 점령했던 자리에 싱싱한 생명이 약속이나 한 것처럼 솟아오르지 않는가? 가을부터 죽기 시작하여 겨우내 죽어 있던 생명이 지금 부활하지 않는가?

저 이름 모를 잡초들처럼 생명에 대한 깊은 신뢰를 가지고 우리는 죽어야 한다. 그래야 산다. 일그러진 인격, 탐욕, 증오심, 오만함을 죽이고 다시 살아나야 한다.

개체도, 교회도, 정부도, 야당도, 국민도 모두 죽고 다시 나야 한다. 생명을 업신여기던 오만을 죽이고 다시 나야 한다. 진리를 우습게 여기던 만용을 죽이고 다시 부활해야 한다.

참 생명은 죽여도 죽지 않는다. 그리스도의 부활은 무덤을 뚫고 일어난 진리와 생명의 승리다.

4월은 죽어야 산다는 진리를 깨닫는 달이다.

(2006. 4. 부활절)

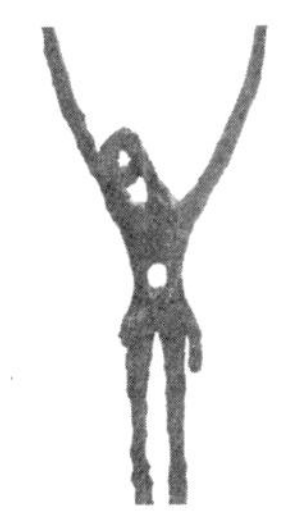

죽음을 보자, 생명을 보자

잊그제 설악산 대청봉에서부터 때 아닌 눈발이 날리더니 미시령과 한계령은 물론 대관령을 넘는 영동고속도로까지 쌓인 눈으로 교통이 어려웠다.

산과 들에 피어나는 꽃들을 시샘하여 마지막 겨울이 심술을 부리고 떠났다. 그리고 이제는 완연한 봄빛이 강산을 덮었다. 겨우내 베란다 화분에서 미동도 하지 않던 영산홍이 화려하게 피어나더니 벌써 진홍색 꽃잎을 하나 둘 떨어뜨린다.

청계산 골짜기마다 진달래가 분홍물감을 칠하고 있다. 진달래, 개나리가 피고 지면 철쭉이 피고 매화가 웃는다. 매화는 가지가지마다 온 힘을 다하여 피어오른다. 벚꽃이 만발한 숲길로 연인이 걸어가는 모습은 아름답다. 앵두꽃 만발한 옛 우물가에 수줍은 촌색시의 불그레한 얼굴이 보고 싶은 계절이다.

사월은 열리는 달이다. 꽃망울이 터지고 새싹이 돋아나며 잠자던 개구리가 튀어나오는 계절이 사월이다. 강과 포구가 열리고 얼었던 대지가 기지개를 펴는 달이 사월이다. 이 찬란한 사월에 무덤이 열렸다. 잔인한 사월이 생명으로 활짝 열렸다.

독재와 부정이 물러가고 정의로운 청춘의 함성이 터졌던 이 땅에 때 아닌 경제 한파가 몰려와 그 동안 쌓아 올린 공든 탑을 무너뜨리려고 한다.

일제와 6·25를 지나 보릿고개를 넘어오면서 이룩한 이 작은 풍요에 우리는 한동안 취해 있었다. 철학도 신념도 없는 지도자들이 만용과 교만으로 나라를 뒤뚱거리게 하였다. 지독하게도 책을 읽지 않는 이 백성들이 지도자의 껍데기 선언에 미쳐 달러를 펑펑 쓰고 다녔다.

여행으로, 무분별한 자녀들의 해외유학으로, 외제 물품 사재기로 빚내온 달러를 마구 탕진하였다. 방만한 기구와 효율 없는 운영으로 정부와 기업들은 경쟁력을 잃어버렸다.

정경유착으로 금융과 경제는 피멍이 들었다. 기업주와 노동자는 임금투쟁으로 많은 시간을 허비하였다. 대기업은 공룡이 되고 중소기업은 힘없이 사라져갔다.

새벽부터 일어나 밤 늦게까지 공장을 돌리며 시들어 갔던 수많은 선량한 노동자들의 땀과 보람이 무너지고 태산같은 빚더미 위에서 우리는 사월을 겨울처럼 보내고 있는 것이다.

강대국의 농간으로만 미룰 수 없다. 일본을 흔드는 미국에 저들은 당당히 대들고 있지 않는가? 왜? 저들에게는 부채가 없다. 오히려 천문학적 숫자의 돈을 미국에, 동남아에, 유럽에 빌려주고 있다.

힘이 있어야 한다. 힘은 무위로부터 오지 않는다. 사치와 방탕과 만용으로부터 오지 않는다. 근면과 성실로부터 온다. 검약정신으로부터 온다.

프로테스탄트의 소명적 직업관과 청교도적 검약정신으로부터 서구의 풍요가 왔다. 개혁정신은 성서에 있다. 수많은 인류의 위대한 지도자들이 성서로부터 배우기를 힘썼다.

18세기 독일과 영국과 미국의 부흥이 어디서 왔나? 성서로부터 왔다. 거기엔 창조가 있고, 겸손과 사랑이 있으며, 나눔과 해방의 진리가 있다.

링컨, 간디, 루즈벨트, 록펠러, 헬렌켈러, 마르틴루터 킹 등 수많은 인류의 별들이 성서로부터 예수 그리스도를 배웠고 하나님을 만났다.

성서는 예수 그리스도를 통하여 하나님을 만난 사람이 어떻게 살아야 하는가를 가르친다. 죽어서 사는 법을 가르친다. 예수는 "너희가 죽고자 하면 살고, 살고자 하면 죽는다"고 교훈한다.

그렇다. 우리는 아직도 죽지 않았다. 처참한 과거의 역사를 쉽게 잊어버리고 너무 일찍 현란한 풍요의 춤을 추었다.

죽어야 한다.

죽는 것이 사는 것이다.

예수는 죽어서 그리스도로 살아났다. 야훼는 이스라엘이 죽을 때 구원의 손을 내밀었다. 그발강가 초라한 판자촌에서 노예로 끌려가 고난을 당하고 울며 회개하는 이스라엘에게 하나님은 에스겔을 보내어 환상을 주었고 저들의 철저한 회개와 실천으로 나라를 되찾게 하였다.

예수 그리스도를 보라.

세상 죄를 지고 가는 어린양을 보라.

그가 찔림은 우리의 죄 때문이다. 우리의 죄는 생명을 꺾는다. 우리의 죄는 진리를 모살한다. 우리의 허영과 사치와 방탕과 나태함으로 우리는 진리를 죽였다. 우리의 탐심과 만용이 생명을 죽였다.

이제 우리가 죽어야 한다. 예수의 부활을 위하여 우리가 죽어야 한다. 부활은 죽음으로부터 솟아오른 백합이다.

본회퍼는 "그리스도가 우리를 부를 때 '와서 죽으라'고 말씀하신다" 고 하였다.

그렇다.

우리 모두 죽어야 한다.

교권도 죽고, 정권의 교만도 죽고, 부자의 횡포도 죽어야 한다.

언론의 설익은 망치도 부서져야 한다. 발가벗은 채로 하나님 앞에서 십자가에 달려 죽어야 한다.

오늘 우리가 죽지 않으면 내일 우리에게 봄이 오지 않는다. 참된 죽음은 죽음이 아니요 부활이다. 회개로, 실천으로 죽어서 다시 살자.

갈보리산 십자가에 우리를 번제로 드려 내일 우리의 뜰에서 부활의 축제를 벌이자. 증오도 빈부귀천도 없는 생명의 마을로 우리의 정원을 가꾸자.

오늘 우리의 강산에 무심히 피었다가 뚝뚝 떨어지는 꽃들의 일상을 보고 우리 모두 죽음을 보자.

생명을 보자.

(1998. 4)

천국과 극락

속절없이 흐르는 세월은 어느새 또 우리를 한 해의 마지막 계단까지 밀어내었다. 눈 내리는 들녘에는 지금 고단한 농부의 모습도 사라지고 한꺼번에 몰려가는 거센 바람 소리만 스산하게 들려온다. 지난 여름은 참으로 잔인한 계절이었다. 성난 바다와 하늘이 수많은 인명과 재산을 앗아갔다. 조상의 묘지가 떠내려가고 전답과 주택이 사라진 절망의 땅바닥에서 망연자실한 사람, 가족을 수마에게 빼앗기고 통곡하는 사람들…. 처참한 광경을 우리는 지난 여름 날마다 지켜보았다.

금년에 내린 폭우는 예년과는 판이하게 달랐다. 지역적 안배라도 하는 것처럼 전국을 누비며 참혹한 현장을 연출하였다. 세계적으로도 양자강 범람으로 인한 거대한 중국의 피해, 비상사태까지 선포했던 미국 플로리다 주의 허리케인, 중남미와 아프리카를 휩쓸고 지나간 폭우, 해일, 한해(旱害)… 오늘날 지구의 도처에 하늘의 노여움이 쏟아져 내려오고 있다.

어디 그뿐인가? 돈의 흐름이 막히고 세계의 경제가 중풍이 걸렸다.

러시아가 모라토리움을 선언하고, 인도네시아가 혼미 속에 빠져있으며 중국과 일본의 경제까지 휘청거리고 있다.

오랫동안 고도성장을 지속해왔던 한국경제는 사정없이 추락하였고 지금 그 후유증으로 가정과 사회와 나라가 중병을 앓고 있다. 수백만 명의 실업자, 천문학적 수치의 외채, 침체될 대로 침체된 경기, 가정파탄과 사회불안, 노숙자의 행렬, 버려진 아이들, 굶주리는 백성, 사회적 범죄와 불안요인의 증가 등 이루 헤아릴 수 없는 문제들을 우리는 안고 있다.

올 겨울은 라니뇨 현상으로 엄청난 혹한이 온다고 한다. 벌써 세계의 곳곳에서 여러 사람들이 얼어 죽었다고 한다. 날씨는 쌀쌀해지는데 수해로 집을 잃어버린 사람들은 비닐 하우스에서 어떻게 겨울을 날 것인가. 노숙자들은 어디서 잠을 자고 있을까. 졸지에 시설에 맡겨진 IMF 고아들은 지금 어떻게 지내고 있을까. 한때 잘나가던 중소기업의 사장이 일시에 파산을 당하고 절망한 나머지 생목숨을 끊어버렸다.

아직 세상물정 모르는 어린 자식들을 고아원에 맡기려고 114 안내원에게 전화를 걸어왔던 어느 여인은 끝내 대성통곡을 하고 말았단다. 일자리가 없어서 남미로 돈 벌러 떠난 이산가족의 눈물 나는 사연, 술집이나 퇴폐업소에서라도 돈을 벌어야 살겠다는 어느 유부녀의 기막힌 처지, 우리 주변에 늘어선 이 수많은 난관들을 이제 우리는 넘어가야만 한다.

이것은 어쩔 수 없는 숙명이다. 지난 세월 우리가 저지른 죄업을 반성하며 다시 시작하여야 한다. 물론 억울하고 또 억울한 주인공은 대다수의 국민들이다. 중동과 중남미와 아프리카 전 세계의 오지를 다니며 외화를 벌어왔던 산업 전사들이 퇴출되었다. 돈 한 푼을 쪼개 쓰며 알뜰살뜰하게 살아온 공로가 하루아침에 물거품이 된 사람도 있다. 억울하다. 국민 대다수가 억울하다.

그러나 우리는 이 엄청난 도전을 물리치기 위하여 다시 시작할 수밖에 없다. 올바른 지도자를 뽑지 못했던 과오를 반성하여야 한다. 지역감정에 편승했던 잘못을 뉘우쳐야 한다. 질서를 지키지 않았던 일도 반성하여야 한다. 나만 잘살면 된다는 이기주의, 정직하지 못한 심성, 남을 폄훼하려는 근성, 편파주의, 흑백논리, 지나친 노동쟁의, 비민주적 독선, 실천 없는 논리, 부정적 사고를 일소하고 새로운 마음으로 다시 시작하는 것이다.

저 한심한 일부 정치인들의 버릇을 고쳐줄 수 있는 사람은 오직 건강한 국민뿐이다. 부정한 공무원들의 부패의식을 바로잡아줄 수 있는 사람도 국민이다. 비양심의 기업주들을 혼내줄 수 있는 사람도 국민이다. 대통령으로부터 모든 공직자들이 진실로 국민의 공복이라는 신념을 가질 수 있도록 하는 주체도 오직 국민이다.

건전한 시민단체들이 생겨나고 범국민적인 감시감독이 우리나라를 선진국으로 만드는 것이다. 아직도 우리는 차창 밖으로 쓰레기와 담배꽁초를 마구 버리는 열등국민이 아닌가 생각하여 보라. 서로 먼저 가려고 차선을 뒤엉키게 하는 혼잡한 교통문화는 언제나 사라질 것인가? 공공장소에서도 이웃을 생각하지 않고 자신의 편리만을 도모하는 이기주의는 언제나 사라질 것인가? 우리가 개인적 탐욕과 집단이기주의를 버리지 않으면 하늘의 징벌은 지속될 것이다.

종교는 신을 소유하고 부리려고 한다. 부처나 하나님이 밥벌이 수단이 되고 명예와 교권의 도구가 되고 있다. 무소유를 부르짖는 법정 스님의 청정한 법어는 아랑곳없고 교권쟁탈로 세간의 주목이 되고 있는 저 한심한 중들에게 무슨 기대를 걸 수 있다는 말인가.

총회장이나 감독으로 피선되려고 금전을 살포하고, 교권을 잡으면 세속 질서가 무색할 정도로 횡포를 부리는 저 탐욕스러운 목사에게 무슨 진리가 있겠는가. 저들은 부처나 하나님을 상대화 하고, 소유하고, 부리고 있다. 절대적 진리를 우습게 여기는 자들이 하물며 인간인들 제대로 보겠는가. 하물며 물질과 자연을 온전하게 다루겠는가. 인류의 비극은 인간의 지나친 탐욕 때문이다. 신과 진리, 인간과 자연을 탐욕의 수단으로 삼는 데서 비극이 비롯된 것이다.

어린아이를 유괴하여 죽이고 매장한 후 그 어린아이의 부모에게 돈을 요구한 인면수심의 인간을 목도하였다. 그리고 몇 년 전에는 살인공장의 끔찍한 현장도 보았다. 부모를 죽이고 스승을 죽이는 처참한 상황, 윤리단절의 사회에서 종교는 지금 무엇을 보여주고 있는 것인가?

천국은 말에 있지 않고 능력에 있다고 성서는 가르친다. 능력이 무엇인가? 사랑과 진리의 실천이다. 절망한 이웃에게 사랑을 실천으로 보여주는 것이다. 그들의 고난에 동참하는 것이다. 거기에 구원이 있고 천국이 있다.

종교가 썩으면 모든 것이 썩는다. 종교가 살아야 한다. 종교가 건강하게 사회의 구심점이 되어야 한다. 지금 지구촌에 내리는 경제적 재앙과 자연적 재해는 모두 인간의 터무니없는 탐욕 때문이다. 더 풍요하게, 더 편리하게, 더 안락하게 살려는 욕심과 소유욕 때문에 인류의 종말이 앞당겨지는 것이다.

종교는 인류의 사표가 되어야 한다. 저 아씨시의 성자 프란체스코가 일생동안 입었던 누더기 옷을 보면서 우리는 소유욕의 망령을 쫓아내어야 한다. 천국과 극락은 여기 이 절망의 장소에서 사랑과 진리를 실천하는 자에게만 있을 뿐이다. 저 매서운 눈바람이 지나간 들에 다시 꽃 피는 봄이 오겠지.

진리여! 영원한 생명이여!

세상 돌아가는 꼴을 보면서 분노가 치밀었고 슬펐고 우스웠다. 그런데 지금은 코미디를 보는 심정인데 도무지 웃음이 나오지 않는다. 기끔 나오는 웃음은 냉소뿐이다.

저 오도된 민중! 촛불들의 출렁임! 저 천박한 정치 쇼! 저 찬란한 거짓말과 속는 민중들! 저 믿을 수 없는 편향된 신문들과 방송들! 저 한심한 수준의 시민단체들의 행보! 도대체 이 나라에는 법도 없고 잘못을 규제하는 공권력도 없는 것인가? 국회가 대통령을 탄핵한 것이 잘못되었다고? 그러면 헌법재판소가 잘잘못을 가려줄 것이 아닌가? 미국이나 영국에서 탄핵 때문에 국민들이 촛불 들고 거리에 나온 적이 있는가? 툭하면 거리로 쏟아져 나온다.

툭하면 데모다. 파출소에 불 지르고, 공공기관에 차 몰고 돌진하고, 버스 운전기사를 폭행하고, 인터넷에 의견도 아닌 욕설이 난무하고, 심지어는 탄핵을 하고도 국민의 반대여론에 몰려 삭발하고 어렵게 된 당을 배반하는 소신 없는 국회의원들! 이런 수준의 의식을 갖고 있으니 저 불순한 집단들이 여론을 마음대로 조작하는 것이다.

이제는 지역갈등보다도 더 심각한 갈등들이 활화산처럼 분출되고 있다. 세대 간의 갈등, 빈부의 갈등, 좌우익의 갈등, 남녀의 갈등, 친미와 반미의 갈등, 친북과 보수의 갈등…

수많은 갈등이 지난 대선 이후 더욱 심화되었다. 그리고 이러한 갈등을 정당이나 이익집단들은 교묘하게 이용하고 있다. 열린우리당의 의장이 "6~70대 노인들은 투표하지 말라"고 실언을 하였다. 젊은이들은 자신들을 지지할 것이니 안심이고 나이든 사람들은 지지하지 않을 것이니 차라리 투표를 하지 말았으면 하는 속내를 얼결에 드러낸 것이다. 세상에 이렇게 닫힌 사람들이 어떻게 '열린'이라는 말과 '우리'라는 일인칭 복수형을 당명으로 사용할 수 있을까? 국민을 더 이상 속이지 말라. 그리고 국민들도 더 이상 속지 말자. 안 속으려면 어떻게 해야 하는가?

독서를 많이 하는 백성이 되어야 한다. 그리고 높은 도덕성을 함양한 국민이 되어야 한다. 국민의 의식수준이 높아져야 국민을 교묘하게 속이는 천박한 정치인을 몰아낼 수 있다. 또한 국민의 도덕적 수준이 높아져야 부정한 정치인과 공무원을 징치할 수 있다.

차떼기로 돈을 주고받는 정치, 비자금을 조성하여 권력기관에 엄청난 뇌물을 바쳐야 기업을 할 수 있는 나라는 단지 그들만의 죄일까? 돈 없어도 정치할 수 있어야 한다. 국민이 접대와 돈을 요구하지 않는다면 정치 비용이 저토록 필요할까? 먼저 국민이 도덕적으로 깨끗해야 한다. 어려서부터 올바른 교육을 받아야 한다.

우리나라의 학력과 교육열은 세계 2위라고 한다. 그러나 우리나라 국민의 평균학력에 비하여 도덕성이나 의식수준은 높지 않다. 왜 그런가? 입시교육에 치중하였기 때문이다. 기초학문이 무너지고 실용학문이 판을 치기 때문이다.

우리가 지금 학벌이 없어서 문제인가? 머리가 나빠서 문제인가? 밥이 없어서 문제인가? 아니다. 양심이 빈곤하여 문제다. 나눔이 없어서 문제다. 독존하려는 오만 때문이다. 당연한 상식도 안 지키고 홀로 독존하려는 잘못된 개인주의 때문이다. 내 맘에 안 들면 국회도 해산하란다.

촛불집회를 주도했다는 시민단체의 지도자들이 검찰을 향하여 "선출되지도 않은 권력이 우리를 소환한다"고 불평하는 소리를 들었다.

검찰도 직접 투표하여 뽑아야 하나? 검찰은 우리가 뽑은 대통령에 의하여 임명된 권력이다. 민주주의를 잘 알고 시민운동도 해야 시민이 개천에 빠지지 않는다. 자신의 마음에 맞지 않는다고 국가의 기관을 부정한다면 우리는 모두 희랍의 폴리스정치 시대로 돌아가자는 말인가. 오죽 법을 안 지키면 전직 국무총리를 지낸 원로들이 모여 준법을 호소하는 성명까지 내겠는가?

정신 차려야 한다. 포퓰리즘을 이용한 선동 정치도 독재정권과 다를 바 없다. 공산정권도 인민을 위한다는 명분을 앞세워 저들의 목표를 달성했다.

국민이 똑똑해야 산다. 국민이 먼저 돈 안 받는 깨끗한 선거를 치러야 한다. 건전하고 사심 없는, 편향되지 않은 시민운동을 통하여 불꽃 같은 눈으로 정치를 살펴야한다. 그리고 시민운동은 순수하게 국민의 작은 성금으로 운영되어야 한다. 시민이 먼저 법을 지켜야 한다.

그 나라의 정치 수준은 국민의 의식수준과 도덕수준을 능가 할 수 없다. 지금 우리의 이 진통은 찬란한 미래를 위한 지극히 자연스러운 단계일 것이다. 지금 우리에게 필요한 것은 너나 할 것 없이 죽는 연습이다. 예수의 부활은 죽음을 통하여 나타난 사건이다. 죽어야 산다는 것은 진리이며 이 진리를 예수는 입증한 것이다. 아니, 진리는 영원한 생명력을 가지고 있기 때문에 죽을 수 없다는 것을 예수는 입증한 것이다.

그렇다 진리는 죽지 않는다. 잠시 동안 간교한 무리들이 진리를 왜곡할지라도 진리는 항상 거기에 있는 것이다. 가을 낙엽이 떨어지고 엄동설한이 몰아쳐도 생명은 깊은 곳에 숨어 있다가 새들의 합창과 더불어 다시 피어나는 것이다.

당신들의 탐욕을 위하여 아무리 발버둥 쳐도 이 엄연한 우주의 법칙은 스스로의 운동을 지속할 뿐이다. 진리는 하나님의 로고스의 법칙과 사랑의 법칙이다. 이 법칙에 순종하는 자만이 영원하다.

치자들이여! 국민을 속이지 말라. 또한 국민들이여! 치자들에게 속지 말라. 국가의 주인은 국민이다. 국가를 잘 지키려면 국민이 똑똑해야 한다. 그럴듯한 감언이설에 속지 말아야 한다.

국민이 바라는 것은 간단하다. 경제가 부흥하여 고르게 잘 먹고 사는 나라, 안보가 튼튼하여 안심하고 사는 나라, 법이 살아 있어 질서가 지켜지는 나라, 문화적 여유를 누리며 인간답게 사는 나라면 더 바랄 것이 무엇인가? 지금 이것이 잘 안되어 나라가 시끄러운 것이 아닌가? 그렇다면 이러한 국민의 여망을 위하여 최선을 다할 대표를 뽑는 일이 선거 아닌가?

우리는 작은 진리의 삶을 통하여 진리에 조금이라도 다가가는 것이며 하나님의 능력으로 죄 사함을 받고 비로소 초월하는 것이다.

저 무심히 피고 지는 꽃에게 배우라. 저 아름다움을, 저 찬란한 권세를 고집하지 않는 꽃으로부터 배우라. 산에는 꽃이 피네, 꽃이 지네. 진리여! 영원한 생명이여!

“하나님 없이, 하나님 앞에!”

“하나님 없이, 하나님 앞에!”라는 말은 본회퍼(D. Bonhoeffer)가 그의 ‘비종교’ 사상을 역설하는 명제적 구호이다.

하나님을 신앙하기 위하여 모여든 교회는 어느새 그리스도와는 상관이 없는 종교, 힘의 집단이 되어 그 힘을 복음이 아닌 엉뚱한 곳에 남용하고 있다.

박해받던 시대로 돌아가야 정신을 차릴 것인가? 이 땅의 한구석에는 이름도 없이, 빛도 없이 거창한 아가페 사랑을 들먹거리지도 않고 소외된 형제자매들과 생사고락을 함께하는 천사들이 있는데 한편에서는 궁궐 같은 교회를 짓고 중세의 교황 같은 권력을 휘두르는 종교인들이 있다.

총회장이나 감독이 되기 위하여 파당을 짓고 엄청난 금품을 살포하는 일은 예삿일이 되었다. 일단 교권을 잡으면 측근의 사람들로 임원을 구성하고 차례차례 교단의 중요한 요직을 접수한다. 심지어는 교단 산하의 대학까지 모조리 쳐들어가 헤게모니를 잡는다. 교회와 학교의 장래는 뒷전이고 이전투구에 정신이 없다.

교주의 전횡과 부패를 방지하기 위하여 정부가 개정하려고 하는 사립학교법은 다수의 선량한 육영인의 사기를 저하시킬 수 있는 위험도 있지만 일부 한심한 교단 연계 학교에게는 약이 될 수 있을 것이다.

총장 선임을 비롯하여 그 안에 연루된 사안들을 들여다보면 악취가 나서 숨을 쉬기 어렵다. 도대체 교회정치에 맛을 들이고 교권을 잡으면 윤리의식은 실종되고 살벌한 정글법칙만 존재한다.

거기에는 선배도 없고 선생도 없다. 아니, 신앙의 모양도 찾아 볼 수 없다. 그 추악한 권모술수와 싸움과 모략을 실천하기에 앞서 저들은 왜 기도하며 예배를 드리는지 알 수가 없다. 하나님이 불법을 행하는 당신들의 편을 들어 주실 것으로 아는가?

바르트(K. Barth)는 "기독교라는 종교는 예수 그리스도의 계시에 대한 저항이요 불신앙"이라고 하였다. 그의 말대로 하면 교계 정치에 혈안인 당신들은 불신자들이다. 아니, 당신들이 그렇게도 불쌍하게 보는 불신자들이 당신들보다 훨씬 인간적이며 착하고 진실하다.

교권을 만능으로 아는 정치꾼들, 당신들은 하나님에 대한 의식이라도 가지고 있는가? 우리가 당신들에게 바라는 것은 거창한 것이 아니다. 단지 상식을 바랄 뿐이다. 희생, 아가페, 봉사… 이런 엄청난 것들은 바라지도 않는다.

하나님께 회개하고 새 삶을 사는 진정한 그리스도인들은 세상에 대하여 죽고 하나님나라를 향하여 사는 사람들이다. 그들 앞에서 무슨 권력을 잡았다고 거드럭거리는가? 명예가 그리도 좋은가? 권세가 그리도 좋은가? 돈이 그렇게도 좋단 말인가?

그러면 세상으로 나가라. 거기서 권력도 잡고 명예도 얻어라. 여기는 신성한 곳이다. 신을 벗어야만 하는 거룩한 곳이다. 목사와 장로직

분은 섬기는 직분이다.

"염불에는 맘이 없고 젯밥에만 맘이 있다"는 말처럼 당신들의 그 추악한 명예욕과 권세욕 때문에 오늘도 그리스도는 능욕을 당하고 있는 것이다.

종교개혁자 츠빙글리는 '참된 종교'와 '거짓 종교'를 구분하면서 "참된 종교는 하나님의 말씀과 일치하는 종교"라고 하였다. 루터도 이 견해에 동의하면서 기독교라는 제도화한 종교를 매우 위험하게 보았다.

교회의 역사를 보라.

십자군의 만행, 마녀사냥, 수많은 화형집행들! 이 모두가 타락한 기독교라는 종교의 만행들이다. 물론 타종교들도 같은 전철들을 밟았다.

상대적인 것들을 절대화하는 것이 우상숭배이다. 돈, 권력, 명예, 쾌락은 상대적인 것이다. 그런데 당신들은 이것들의 노예가 되어 있다. 하나님보다도 이런 것들을 더 사랑하고 있다.

하나님은 신앙의 대상인 동시에 혼돈과 무질서로부터 질서(우주 : cosmos)를 세우신 진리이시다. 그분은 예수 그리스도시며 그리스도는 길이요, 진리요, 생명이시다.

그러므로 우리가 예수 그리스도를 믿는다는 것은 그분을 체험하는 것이며 예수 그리스도를 몸으로 사는 것이다. 양심을 지키고, 정의를 실천하고, 겸손을 배우며 사랑을 행하는 것이 신앙이다. 교회가 달라지면 세상이 변한다. 보이는 종교가 죽고 보이지 않는 종교가 살면 세상이 부활한다.

폴 틸리히(P. Tillich)는 "종교는 문화의 실체이며 문화는 종교의 표현"이라고 하였다. 종교가 어떠한 내용을 담고 있느냐에 따라 그 사회의 내용이 달라지는 것이다.

오늘날 한국교회는 기독교 인구 천만 명을 자랑하기 전에 과연 예수 그리스도를 실천하고 있는가를 질문하고 회개하여야 할 것이다.

초기 한국교회는 사십만도 안 되는 그리스도인들을 가지고 있으면서도 우리나라의 정치, 사회, 문화 전반에 훌륭한 역할을 감당하였다. 병원을 세우고, 문맹을 퇴치하고, 교육 사업에 헌신했으며, 국권회복운동과 독립운동을 맹렬히 전개하였다.

지금에 비하면 초라하기 짝이 없는 교회와 목사관에서도 그리스도의 복음으로 당당했으며 사랑과 정의로 넘쳐흘렀다.

지금 한국교회는 어디로 가고 있으며 무엇을 하고 있는가?

민족을 이끌고 있는가?

아니면 비둘기나 소와 양을 파는 장소가 되어가고 있는가?

"하나님 없이, 하나님 앞에!"

본회퍼의 충고를 듣고 회칠한 무덤 같은 종교인들은 회개해야 한다. 교권과 명예와 세속의 물욕에 취한 종교인들은 돌이켜야 한다.

예수님은 당신들이 향유하는 그 달콤한 종교를 결코 세우지 않으셨다.

하나님의 심판이 임박하였다.

하나님의 키질이 시작 될 것이다.

어리석은 자들이여! 어서 깨어나라.

(2007. 6)

평화의 대속자

"이 말에 놀라지 말라. 무덤 속에 있는 사람들이 다 그의 음성을 들을 때가 온다. 선한 일을 한 사람들은 부활하여 생명을 얻고, 악한 일을 한 사람들은 부활하여 심판을 받는다. 나는 아무것도 내 마음대로 할 수 없다. 나는 아버지께서 하라고 하시는 대로 심판한다. 내 심판은 올바르다. 그것은 내가 내 뜻대로 하려 하지 않고, 나를 보내신 분의 뜻대로 하려 하기 때문이다"(요 5:28~30, 새번역).

예수께서 마지막 날에 있을 심판에 대하여 언급하신 말씀이다. 생전에 선한 일을 한 사람은 그 생명이 영원할 것이며 악한 일을 많이 한 사람은 영원한 심판을 받는다는 말씀을 하시면서 상선벌악(賞善罰惡)의 기준을 말씀하신다. 그것은 아버지의 뜻대로, 우주의 법칙대로, 영원한 생명의 진리대로, 유일무이한 하늘의 진리대로 심판하기 때문에 예수의 심판은 올바르다고 설명한다.

마지막 십자가의 고난을 앞에 두고 십자가의 죽음을 피해보려고 인간 예수는 밤새도록 기도를 드렸다. "아버지여, 할 수만 있으면 이 잔을 내게서 물러가게 해 주십시오"라고 피맺힌 기도를 드렸다. 그러나 인간이 지은 엄청난 죄를 대신하여 자신이 죽을 수밖에 없다는 하늘의 원칙에 직면하면서 "그러나 내 뜻대로 하지 마옵시고 아버지의 원대로 하옵소서"라는 기도의 피놀티마에서 예수의 철야 기도는 끝난다. 그리고 그는 십자가의 대속적 죽음을 받아들인다.

한국전쟁이 발발한 지 49주년이 되었다. 자유총연맹 천안지부에서는 매년 당시 천안전투에서 장렬히 산화한 전몰미군장병을 추모하는 기념식을 가져왔다. 산 설고 물 설은 땅에서 죽어간 자유와 평화의 영령들을 추모하는 것은 아름다운 일이다.

역사적으로 미국의 정치가들이 대(對)한국정책을 수행한 일에는 비판받아 마땅한 일들이 많지만 평화를 위하여 싸운 미군 용사들의 순수한 정신은 고귀한 것이었다.

전쟁은 하나님의 손에 달렸다. 구약성서에 보면 이스라엘이 하나님의 계명을 잘 준수하면 승리와 번영을 누렸고, 배반과 우상숭배와 계약파기를 일삼으면 패배와 심판이 뒤따랐다. 개인이든 국가이든 하늘의 원칙을 어기면 마땅히 응분의 형벌을 받아야 한다. 그러나 하늘의 철칙을 지키면, 진리대로 살면 축복을 받는다. 지금 우리가 이만큼이라도 사는 것은 모두 이름도 없이 빛도 없이 산화한 호국 영령들의 피 묻은 공로 때문이다.

이스라엘과 중동의 제국(諸國)들이 6일 동안 전쟁하던 때의 이야기다. 위급한 조국의 전쟁에 참전하기 위해 미국과 유럽에 나가 공부하던 젊은 청년들이 공항에서 비행기를 타려고 길게 줄서 있었다. 그런데 그 대열에는 어느 백발의 이스라엘 할머니가 함께 서 있었다. 기자가 다가가서 그에게 물었다.

"할머니, 지금 이스라엘은 전쟁 중인데 왜 그곳으로 가려고 하십니까?" 그러자 할머니는 "먼 훗날 나의 손자 손녀들이 '그때 할머니는 어디에 있었느냐'고 물으면 '그곳에 있었노라'고 대답해야지"라고 대답하였다.

당시의 미국 유학 중인 이스라엘 학생들은 결강을 하게 될 것을 염려하고 친구들에게 "조국의 전쟁에 참전하러 갔다고 교수님께 말씀드려 달라"고 했다. 그러나 아랍의 청년들은 강의 받으러 갔다가 징집될 것을 두려워하여 미국 친구들의 집에 숨어있었다고 한다.

천안전투에서 산화한 미군장병, 평화의 사도들은 죽어도 죽지 않고 부활하여 영원한 생명을 얻었다. 그들은 아버지의 뜻을 위하여 산 사람들이다. 아니, 그리스도처럼 우리를 대신하여 죽은 고귀한 평화의 대속자들이다. 그들은 진리를 위하여, 뜻을 위하여 죽어서 다시 산 분들이다.

지난번 서해안에서 남북한 해군들이 교전할 때 휴가 간 우리의 장병들이 즉각 전원 귀대하여 철통같은 국토방위 태세를 갖춘 실례는 실로 마음 든든한 일이다. 나라가 있어야 개인도 있다.

하나님은 스스로 돕는 자를 도우신다. 그리스도는 진리를 위하여 "죽고자 하면 살고, 살고자 하면 죽는다"고 하였다. 우리가 한 덩어리로 뭉치고, 진리를 위하여, 하나님의 법칙을 위하여, 우주의 불변하는 원칙을 위하여 죽고자 하면 살 것이다.

지금 우리는 호국영령들 앞에서 부끄러움 없는 삶을 살고 있는지 자문해 보아야 할 것이다. 장렬히 산화한 미군 장병들과 호국의 사도들은 영원한 평화의 대속자들이다.

- 한국전쟁 천안전투 전몰미군장병 추모사, 1999년 7월 8일 천안문화원 대강당

행함이 없는 믿음

괴테(Johann Wolfgang Von Goethe)는 「파우스트」에서 요한복음 1장 1절을 "태초에 행동(Tat)이 있었다"고 번역한다. 창세기는 기독교의 신 야웨가 태초에 천지를 창조하는 행동으로 시작한다. 그리고 가나안의 토착 농신 바알을 거부한다. 괴테의 해석을 떠올리지 않는다고 해도 성서의 하나님은 처음부터 움직이는 신으로 등장한다. 하늘과 땅, 우주와 인간을 창조한 신은 세계를 다스리고 있으며, 계속하여 행동한다.

이러한 하나님을 믿는 신도들은 응당 행동해야 한다. 진리를 실천해야 한다. 창조적 사고와 창조적 생산을 수행하여야 한다. 파우스트적 지성은 사색하며 행동하는 지성이었다. 파우스트는 햄릿처럼 회의하고 번민하는 지성이 아니다. 또한 맹목적 행동파 돈키호테도 아니다. 파우스트는 사색하고 분별하고 비판한 다음 행동하는 지성이다. 우리의 머리는 냉철해야 하며 가슴은 뜨거워야 한다. 우리는 이 두 가지 힘으로 행동해야 한다.

신앙인은 믿는 바를 그리스도의 빛에 조명해야 한다. 그리고 진리를 확신하는 믿음이 생기면 행동해야 한다. 지금 한국교회는 16세기 마르틴 루터(M. Luther)가 해석한 칭의론(稱義論)을 오해하고 있다. 행함이 아닌 믿음으로만 구원받는다는 진리를 잘못 이해하고 싸구려로 구원을 팔아넘기고 있다.

오늘날 많은 사람들이 바울(St. Paul)의 편지 로마서 1장 17절을 바울이나 루터의 의도와는 다르게 해석하고 있다. 야고보(James)서를 루터가 '지푸라기 성경'이라고 칭하였다고 너무 쉽게 취급하고 있는 것이다.

루터는 부패한 로마 가톨릭교회의 믿음 없는 행함을 무가치하게 평가한 것이다. 금욕, 명상, 면죄부판매, 자학적 자기비하의 행동으로 구원을 받는다고 생각하는 당시의 종교를 질타한 것이다. 물론 종교개혁 이후 루터 정통교회도 믿음만 강조하다가, 의식에만 치중하다가 경직되면서 마침내는 생명을 상실하고 말았다. 당시의 루터교회도 루터를 오해하고 말았던 것이다.

30년 전쟁 후 정치와 사회는 혼란했고, 종교도 부패의 극으로 치닫고 있었다. '행함이 없는 믿음'때문이었다. 기독교회가 제 기능, 제 구실을 감당하지 못했던 것이다. 이때에 슈페너와 프랑케(Jacob Spener & Herman Franke)같은 훌륭한 인물이 나와 교회에 생명을 불어넣는 운동을 펼쳐나갔는데 이것이 경건운동이다. 성서연구, 교육, 선교, 구제, 검소한 삶을 하나 하나 구체적으로 실천하였다. 믿는 것을 행하는 운동, 신앙을 실천으로 입증하는 경건한 운동을 확대했던 것이다.

루터가 쓴 「소교리문답」을 어린아이로부터 가르쳤고 유아기 때부터 성서를 가르치고 경건한 삶을 실천하도록 하였다. 이 경건한 교회갱신 운동이 독일을 구원하고 유럽을 구원하였다. 타락한 교회와 국가를 구원하였다. 그리고 이 아름다운 운동은 영국에서 웨슬리(John Wesley)의 부흥운동으로, 미국에서는 대 각성운동(The awakening movement)으로 요원의 불길처럼 번져나갔다. 지금의 독일 정신, 검소한 삶의 태도는 모두 이러한 선진들의 교육 때문이다.

한국교회는 지금 구원을 너무 값싸게 팔고 있지는 않는가? 우리나라 인구의 사분의 일이 그리스도인들인데 사회는 도덕적으로 변화되지 않고 있다.

수많은 교회의 십자가는 밤하늘을 밝히고 있는데 왜 갈수록 우리 사회는 어둡고 답답한 곳으로 흘러가고 있는가? 대형비리의 사건들이 터질 때마다 다수의 주인공들이 교회의 독실한(?) 성도라니 도대체 어찌된 일인가? 구조악 때문인가? 아니다. 교회의 그릇된 가르침 때문이다. 교회의 성서왜곡 때문이다. 교회의 실천 없음 때문이다. 교회가 병들었기 때문이다. 물량주의, 교권주의, 명예주의, 세속주의가 교회의 우상이 되었기 때문이다.

야곱 슈페너의 「경건의 요청」을 읽어 보라. 신앙을 실천하자고 부르짖고 있다. 교회가 일치하며 선행에 용감할 것을 촉구하고 있다. 지금 당신들의 다툼과 분열은 무엇 때문인가? 지금 당신들의 미움과 질투와 거짓은 과연 무엇을 위한 것인가? 입으로는 그리스도를 증거하고 행동으로는 탐욕을 위하여 사탄의 노예가 되고 있다. 의인은 믿음으로 말미암아 이루어진다. 그러나 행함이 없는 믿음은 죽은 믿음이다. 값비싼 그리스도의 보혈을 값싸게 팔지 말라. 행동의 신학자 본회퍼(D. Bonhoeffer)는 값싼 은혜와 값비싼 은혜를 구분하였다.

우리는 하나님께 위임 받은 거룩한 직무를 두렵고 떨리는 마음으로 수행하여야 한다. 사랑과 진리를 목숨 걸고 실천해야 한다. 아! 언제나 한국교회가 백여 년 전의 교회처럼 다시 민족의 선두에 설 수 있을까?

환영幻影과 실체實體

옛날에 어떤 아름다운 며느리가 있었는데 어느날 시어머니로부터 호된 꾸중을 듣고 슬퍼하여 깊은 산중에 들어가 자살을 기도하였다.

그러나 막상 산속에 들어가 보니 죽기가 두려웠다. 그렇다고 금방 집으로 다시 돌아가려니 겸연쩍기 그지없어 집 가까이 있는 큰 나무 위에 올라가 앉았다.

나무 아래에는 맑은 연못이 있었다. 따라서 연못에는 그 여자의 아리따운 모습이 비쳤다.

얼마 후, 밉게 생긴 계집종이 물병을 하나 가지고 와 물을 뜨려다가 물 위에 비친 아름다운 여자의 모습을 보며 "내 얼굴이 이렇게 아름다웠나? 그런데 지금까지 남의 종노릇만 했다니, 나는 너무 억울하구나"라고 중얼거리며 들고 있던 물병을 내던져 깨어버렸다.

그리고 주인에게 돌아와 "주인님, 저는 제가 이렇게 미인인 줄 몰랐습니다. 제가 이만한 미모라면 구태여 계집종 노릇을 할 필요가 없습니다. 이제 이 집을 나가겠습니다"라고 말하였다.

뜻밖의 말을 들은 주인은 "너 지금 귀신에게 홀린 것이 아니냐?" 하며 새로 물병을 주어 빨리 물이나 길어오라고 타일렀다.

계집종은 "역시 나는 미인이야. 이렇게 썩을 순 없어. 어느 귀족에게 시집이라도 가야지"라고 중얼거리면서 또다시 병을 세차게 집어던졌다.

이것을 본 나무 위의 여자는 마침내 참지 못하고 깔깔대며 웃었다. 계집종은 비로소 나무 위를 올려다보고 연못에 비친 미인의 모습이 누구의 것인지를 깨달았다.

우리가 종교인이나 성직자가 된다는 것은 자기 존재의 투철한 응시(凝視)를 통해 자신의 실체(Reality)를 깨닫는 자가 된다는 것이다. 존재의 미망(迷妄)으로부터 벗어나 실존(實存)하는 일이 종교의 기초요 기본이다.

플라톤(Platon)은 감각세계를 불신하고 참으로 있는 것은 이데아(Idea)라고 가르쳤다. 그러나 아리스토텔레스 이후로 인간들은 "있는 것만이 있다"라는 과학법칙에 지나치게 매달리다가 마침내 참으로 있는 것을 잃어버리고 말았다.

적외선과 자외선을 찾아내어 획기적인 과학문명을 발달시켰고, 원자를 찾아내어 엄청난 원자력에너지의 풍요를 누리게 되었다. 소프트웨어가 개발되어 각종 첨단 과학기자재들이 날로 우리의 생활을 안락하게 해주고 있다.

이제는 우주 정거장이 생기고 우주여행을 즐길 날이 얼마 남지 않았다. 참으로 더 좋은 세상이 도래하고 있다. 그러나 이것은 연못에 비친 환영(幻影)이다. 인간의 지혜와 탐욕이 어우러져 만들어낸 그럴듯한 환영이다.

좀 더 부유해지고, 좀 더 편리해지고, 좀 더 쾌락적인 것을 탐내는 인간의 욕망이 지금 지구를 멸망 직전까지 이끌어왔다. 온통 지구의 하천이 중금속으로 오염되고 썩어가고 있다. 아니, 지하수까지 오염되어 마실 물이 줄어가고 있다.

바다가 죽어가고 있다. 대기권이 독가스로 충만하다. 이산화탄소를 위시한 아황산가스 등이 오존층을 파괴하여 마침내 지구의 종말을 앞당기고 있다. 태평양 상공에 형성된 엘니뇨현상 때문에 지구 곳곳이 때 아닌 홍수와 가뭄으로 지옥이 되어가고 있다.

주요 산소 공급원인 시베리아의 원시림이 벌목되고 있으며, 아마존강 유역의 열대림이 문명의 발달을 추월한 인간욕심의 탱크에 유린되고 있다.

활화산은 물론 사화산이라고 배웠던 지구 곳곳에서도 지진이 발생하고 있다. 더욱이 인간이 에너지를 얻기 위한 목적으로 발명한 핵에너지가 수만 개의 핵폭탄으로 변신하여 미친 춤을 추려고 준비하고 있다.

냉전이 종식되고 사회주의 국가들이 몰락하면서 오히려 지구의 곳곳에서는 종족과 민족분쟁이 일어나고, 국경분쟁이 끊이지 않고 있다.

과연 우리는 과학법칙과 인간의 욕망이 어우러진 오늘의 성과를 축복이라고 감히 말할 수 있을까? 어림없는 소리다. 솔직한 심정으로 산업사회를 거쳐 정보화시대를 맞이했지만 조금 불편했던 옛날이 훨씬 좋았던 것 같다.

연못에 비친 환영(幻影)에 도취되어 반란을 일으킨 인간의 허욕을 벗어던지고 자신의 현실(Reality)로 복귀하여야 한다. 미망에서 벗어나 참으로 있는 것, 변하지 않는 원칙(진리)으로 복귀하여야 한다.

왜 남산을 금강산이라고 하는가? 왜 금강산을 히말라야라고 하는가? 회개(悔改)가 무엇인가? 존재의 미망(迷妄)에 빠진 자신을 돌이켜

건지는 일이다.

성결해야 한다. 교리로서가 아니라, 신학으로서가 아니라, 입술로서가 아니라 참으로 각자가 무섭게 자신을 응시하는 뼈저린 자기파괴를 통하여 회개하여야 비로소 정결해진다.

참으로 깨끗해질 때 참된 자기 실체를 보게 된다.

우리는 지금 그 계집종이 바라보던 연못가에서 환영(幻影)에 사로잡혀 있지 않은가? 욕심의 백색 가루가 안구를 가리고 있는 한 사물의 본질도 자신의 실체도 결코 볼 수 없다.

종종 성직자도 아니며 종교인도 아닌 보통사람, 해말간 참 하나님의 사람이 전 재산을 사회에 헌납하고 또 어떤 이는 자신의 장기와 사후의 시신을 흔쾌히 기증하는 모습을 보며 참 부끄러운 생각이 든다.

많이 버리는 자가 실체를 볼 수 있고, 모두 버리는 자는 진리를 얻는다.

한신韓信을 찾아라

중국 「사기(史記)」에 이러한 이야기가 있다. 진(秦)나라가 망하고 초(楚)나라의 패왕(覇王)이 천하를 얻으려고 싸우던 시절에 한신(韓信)이라는 숨은 인재가 있었다.

한신은 처음에 초나라 군대에 소속되어 있었는데 아무리 훌륭한 전략을 세워도 항우가 이를 받아들이지 않으므로 자신의 재능을 발휘하기 위하여 한나라 군대로 가버렸다.

그러나 그는 한나라 왕 유방에게 자기의 실력을 인정받을 기회를 좀처럼 얻지 못하였다. 한신이 겨우 군량을 관리하는 작은 직책을 맡았을 때, 우연한 기회에 정승 소하(蕭何)에게 비범한 재능을 인정받게 되었다.

그런데 그 후 머지않아 한나라의 군대에게 전세가 불리하게 되고 이 틈을 타 많은 병사들이 도망을 치게 되었다. 이때 한신도 자신의 능력에 비하여 보잘 것 없이 등용되는 현실에 불만을 품고 도망하였다. 이를 안 정승 소하는 한신의 뒤를 쫓아갔다.

이 사실이 한나라 왕 유방에게 전해지자 왕은 수족을 잃은 것처럼 낙심하였다. 그런데 떠난 지 이틀 만에 소하가 돌아왔다. 왕은 마음속으로는 기뻐하면서도 겉으로는 노기 띤 어조로 소하를 책망하였다.

"한 나라의 정승이라는 위인이 전세가 좀 불리하다고 도망을 하다니 그게 될 말이오."

소하는 이에 놀라는 표정으로 다음과 같이 대답하였다.

"신이 어찌 도망을 하겠습니까. 신은 도망한 것이 아니라 도망한 부하를 쫓아가서 잡아왔을 뿐입니다."

이 뜻하지 않은 말을 듣고 왕은 "누구를 쫓아갔단 말이오"라고 물었다. "예, 바로 한신이옵니다"라고 소하가 대답하자 왕은 다시 한 번 놀라면서 "뭣이라, 한신을?… 이때까지 도망한 장군이 10여명이 넘는 형편에 경은 그래 이름조차 알 수 없는 병졸 한 놈을 쫓아갔단 말이오."

소하는 이에 대하여 다음과 같이 왕에게 대답하였다.

"지금까지 도망한 장군들과 같은 인물이라면 얼마든지 있습니다. 대왕께서 이름도 없는 한신이라고 하셨으나 한신은 지금 이 땅 어느 곳에서도 찾아볼 수 없는 인재입니다. 대왕께서 지금의 영토로 만족하시려면 한신이 필요 없으나 만약 동방으로 진출하여 천하를 석권하시려면 한신의 전략전술의 힘을 빌리지 않고서는 안 될 것입니다. 따라서 대왕께 한신을 얻음이 천하를 얻음과 꼭 같습니다. 하오니 한신을 중용하십시오."

"좋소. 짐은 한신을 잘 모르지만 경이 그토록 천거하니 내 경만 믿고 한신을 장군에 임명하겠소." 왕은 이 말에 소하가 만족할 줄 알았는데, "아니옵니다. 그 정도로는 중용이 못됩니다" 하고 소하가 다시 간청하였다. "그러면 대장군으로 하리다."

마침내 한신은 일약 한나라의 대장군이 되었고 한신의 영재는 이때부터 발휘되어 나라에 크나큰 공적을 세웠다.

나라가 번영하려면 훌륭한 인재가 많이 발굴되고 적소적재에 등용되어야 한다.

김영삼 전임 대통령은 '인사(人事)가 만사'라고 선언하며 국무총리를 비롯하여 각부 장관, 청와대 비서진들과 그 밖의 수많은 인사를 단행하였다. 수많은 별들이 떨어졌다.

그러나 몇 날 몇 달이 못가서 장관과 비서진들이 수없이 바뀌었다. 미처 부서의 실태파악도 못하고 자리에서 물러나는 인사단행이 결국 만사(萬事)를 그르치고 말았다.

깜짝쇼, 인기편중의 콤플렉스로 김 대통령은 결국 인기를 모조리 잃어버리고 쓸쓸히 청와대를 떠나고 말았다. 실력도, 전문성도, 도덕성도 없는 인물들이 얼토당토않은 자리에 중용되어 한 나라의 운명을 위태롭게 만들었다.

정부수립 이후 지금까지 우리는 훌륭한 한신을 많이 잃어버렸다. 일제의 앞잡이들로 정치를 말아먹었고, 물욕, 권력욕에 미친 소인배들로 하수인을 삼아 백성의 가슴에 피멍이 들게 하였다.

한신을 찾아라. 그래야 천하를 얻는다. 삼천리 방방곡곡, 아니 지구촌 곳곳의 상아탑에, 연구소에 숨어있는 한국의 한신들을 찾아 등용하라. 두뇌가 명석하고, 청렴하며, 애국심으로 가득한 오늘의 한신을 대통령은 찾아야 한다.

떡밥을 던지면 지조도 양심도 없이 송사리 떼처럼 모여드는 소인배들을 멀리하고, 열린 소하의 눈으로 참된 인재를 찾아 등용해야 한다. 역사에 길이 빛나는 대통령이 되려면 학연, 지연, 혈연은 물론 40여년 정치역정에서 맺은 인정을 초월하여 참된 인재들을 찾아야 한다. 대선의 논공행상에 매달려 자리를 배분하면 나라는 망한다.

오백년 조선의 역사를 보라. 정권이 바뀔 때마다 공신들은 엄청난 재산을 얻고 세습하는 반면 백성은 전답을 잃고, 소작농으로, 노비로 전락하고 조선은 마침내 일본에게 나라 전체를 빼앗기지 않았던가.

그렇다.

인사는 만사다.

이 시대에 꼭 필요한 인재를 찾아 적재적소에 등용해야 한다.

아첨하는 자, 부도덕한 자, 기회주의자, 탐욕스러운 자, 무능한 자를 멀리하고 청렴결백하고 능력 있는 인재를 발굴하여 다시는 실패하지 않는 국정을 펼쳐야 한다. 오늘 이 나라와 국난을 극복할 한신을 찾아 중용하라.

(1998. 3)

봄에는 꽃이 피네!

아파트 베란다 화분에 심어놓은 군자란이 꽃대를 들어 올리고 있다. 살뜰하게 보살펴주지도 못하고 가끔 물을 준 것이 고작인데 따뜻한 봄빛에 다소곳이 꽃망울을 내밀기 시작한다.

며칠만 있으면 크고 화려한 꽃을 피울 것 같다. 군자란은 한번 꽃을 피우면 오랫동안 그 화려한 기품을 그대로 유지한다.

벌써 남녘에는 동백꽃을 필두로 봄소식을 알리는 꽃들이 피어나고 있다. 요사이는 원예기술이 발달하여 계절에 관계없이 온실에서 각종 꽃들이 피고 있다.

그러나 인위적인 노력으로 피운 꽃보다는 저기 저만치 스스로 피어 있는 꽃이 더 사랑스럽다. 온실에서 가꾼 꽃처럼 꽃송이가 소담스럽지는 않지만 저절로 피어난 꽃은 야하거나 수다스럽지 않아서 좋다. 이제 머지않아 산 뻐꾸기 소리에 진달래 철쭉이 피고 산모롱이 토담집 뒤뜰에서도 매화가 필 것이다. 매화는 온 몸으로 꽃을 피워 온통 가지와 줄기를 덮는다.

봄은 가슴 설레는 계절이다. 얼어붙은 강물이 녹고 만물이 약동하는 봄을 우리는 희망의 계절이라고 한다. 이 찬란한 봄은 우연히 오지 않는다. 엄동설한을 넘어왔다. 폐칩과 어둠을 뚫고 봄이 온 것이다.

요사이 나는 가끔 "인간의 탐욕으로 봄이 오지 않으면 어떻게 하나" 하는 근심을 할 때가 있다. 오늘날 지구촌에는 수많은 자연재해가 밀어닥치고 있다. 이산화탄소, 프레온가스의 과다 배출로 지구를 둘러싸고 있는 오존층에 구멍이 났다.

벌써 남태평양의 일부지역에는 오존층에 여과되지 않은 태양의 자외선에 피부암이 속출하고 있다. 대기가스의 극심한 오염으로 지구가 온실로 변해가고 있다. 아마존 강 유역과 시베리아에 마지막 남은 지구의 허파가 대책 없이 벌목되고 있다. 벌써 바다의 온도상승으로 북극의 빙하는 물론 남극의 빙하까지 녹아내리고 있다. 빙하가 모두 녹으면 지구는 물로 뒤덮이고 만다.

미국, 유럽, 남미, 아프리카 곳곳에서 때 아닌 바람과 홍수와 허리케인으로 엄청난 인명이 손실되었다. 곳곳에서 화산이 터지고, 지진이 일어나고 있다. 생태계의 균형이 깨어지고 있다. 이 모두가 인간의 탐심 때문이다. 더 풍요하게, 더 편리하게 살겠다는 탐욕 때문에 삶의 터전이 송두리째 흔들리고 있다.

이제는 "봄이 오면 꽃이 핀다"는 당연한 원리가 가끔 의심스러워 질 때도 있다. 한여름에 축구공만한 우박이 쏟아지고, 겨울에도 폭우가 내린다. 이러한 현상들은 모두 인간의 탐욕이 불러온 이변들이다.

꽃샘추위는 있었지만 다행히도 봄은 어김없이 다시 왔다. 지구가 태양의 궤도를 정해진 각도에서 정확하게 돌고 있는 한 우리의 땅에는 사계절이 지속될 것이다.

봄이 오면 꽃이 핀다. 마치 인간이 역사를 바꾸고 우주의 천리까지도 좌우할 것 같은 저 시끄러운 소리는 오만이요, 망발이다.

요한 복음서에서 저자는 예수 그리스도를 로고스로 표현하고 있다. "나는 길이요, 진리요, 생명이니, 나로 말미암지 않고는 아버지께로 올 자가 없느니라"(요 14:6)고 예수 그리스도는 말씀하였다. 인간이 정치, 경제, 문화 등 모든 것을 창조하고 발전시키며 그 주도권을 장악하고 있는 것처럼 호기를 부리지만 그것은 모두 거짓이다.

더욱이 오만과 욕심과 거짓으로 가득 찬 인간에게는 하나님의 진노가 턱밑에 닿아 있다. 설령 일시적으로 사람들을 속여 세력을 얻었다고 할지라도 길이요, 진리요, 생명이신 그리스도의 원칙에 어긋나면 반드시 망한다.

구원의 길은 오직 하나다. 그리스도가 곧 구원이다. 그리스도! 이 하나의 진리로 말미암지 않고는 아버지께 갈 수 없다. 우주와 역사의 주인은 아버지다. 하나님이다. 유일자이신 조물주다. 때로는 대통령이나 국회의원이 되는 길이 오히려 멸망의 길이 될 수도 있다.

총선을 앞두고 우후죽순처럼 수많은 정당들이 생겨나고 있다. 선거판이 먹자판이란다. 저 걸식 들린 일부 유권자들의 한심한 의식수준, 진리의식도, 민주주의도 모르는 수준미달의 정치인들, 당신들이 마치 이 역사를 만들어 가는 줄 착각하지만 천만에!

하나님은 오직 하나님의 길을 가고 있을 뿐이다. 봄은 당신들의 초대로 오지 않는다. 꽃은 하나님의 대지에서 하나님이 보내신 봄의 기운으로 피어나는 것이다.

공자는 "천하에 도가 있으면 백성이 정치를 논하지 않는다"고 하였다. 지금 우리의 뜰에는 도(道)가 없다. 진리가 없다. 길과 생명이 없다. 교회는 많아도 그리스도가 없다.

그러므로 모이면 정치이야기에 침을 튀긴다. TV, 신문, 인터넷 등 온통 정치판이다. 여론조사에 의하면 대다수의 사람들이 아직도 투표해야 할 인물을 고르지 못했다고 한다.

정책은 뒷전이고 흑색선전과 비방, 그럴듯한 공약(空約)만 난무하고 있다. 우리가 지금 이렇게 혼탁한 선거판을 만들고 있을 때 우리의 주변국은 우리를 냉정하게 주시하고 있다.

저들은 우리의 비극적 남북분단을 슬퍼하지 않는다. 오히려 우리를 이용하여 이득을 보려한다.

정신 차려야 한다. 밥도, 술도, 얻어먹지 말고 올바른 투표권을 행사해야 한다. 정치인은 대아(大我)를 위하여 소아(小我)를 버려야 한다. 나라가 위난에 빠지면 나도 당신도 함께 망한다.

겨울이 오면 저 북녘의 찬바람이 몰려올 것이다. 우리가 아무리 발버둥 쳐도 하나님은 하나님의 길을 갈 뿐이다. 역사는 인간의 것이 아니다. 하나님의 것이다.

오만과 탐심을 버리자. 어김없이 봄에는 꽃이 피네!

(2000. 3)

Chapter3. 사회·정치

아무리 어려운 역경 속에서도 인간이 인간으로서 지켜야 할 도리를 저버리지 않고 살아가는 세상을 꿈꾸어야 한다.

바람직한 시민운동은 하늘과 국민을 위한 운동이다.

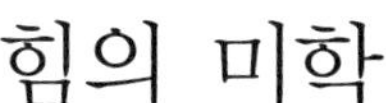

힘의 미학

금년은 일제의 폭정으로부터 해방된 지 오십 주년이 되는 뜻 깊은 해다.

경복궁 근정전 앞을 가로막고 오만하게 버티어 섰던 구 조선 총독부 건물이 철거된다. 중국과 러시아에 쓸쓸히 묻혀 있던 애국지사들의 유해를 모시어 국립묘지에 안장시켰다.

교회는 금년을 희년으로 선포하고 각종 행사를 펼쳐가고 있다. 역사가는 왜곡된 역사를 바로잡고, 묻혀진 역사를 발굴하여 민족의 정기와 진리의 영원함을 증명하고 있다.

왜 이런 작업을 해야 하는가? 도대체, 왜 일그러진 역사를 바로 세우고, 감춰진 진실을 밝혀내며, 슬픈 옛 일을 다시 기억해내야 하는가? 대답은 간단하다. 우리가 강성한 나라가 되기 위하여 지나간 슬픈 역사를 씹고 또 씹어야 한다. 저 부정한 폭력으로부터 겨레와 나라를 지켜야 한다. 이념으로만이 아니라 힘으로 지켜야 한다. 부정한 폭력을 격퇴하는 폭력은 정당한 것이다.

이토 히로부미를 죽인 안중근(安重根) 의사의 폭력은 아름다운 것이며 정당한 것이다. 그러나 김구(金九)를 저격한 안두희의 폭력은 민족을 배반한 것이며, 그 폭력의 배후는 더럽고 추악한 것이다. 똑같은 피스톨에 의한 폭력이다.

전자는 폭력이 이미 아니며 그것은 의거(義擧)다. 그러나 후자는 권력과 뒤엉켜 발생한 추악한 음모의 결과며 폭력 그 이상인 것이다. 그 때가 언제인가? 광복의 하늘 아래 온 민족이 일치단결하여 조국을 세워야 하는 절박한 시절이 아니었던가?

그런데 당시 이 땅은 좌익과 우익으로 나누어졌고, 남쪽 안에서도 수십 갈래로 나누어져 사리사욕과 권력을 쟁취하기 위하여 죽이고 죽고 하는 비극을 연출하였다.

글자 그대로 폭력이 난무하던 시절이었다. 민족의 등불이요 겨레의 거목들이 속속히 흉탄에 사라져 갔다. 그러나 한 가지 분명한 사실은 그때 그 기세 당당 했던 폭력주의자들은 지금 모두 땅속에서 잠잠하다. 세월의 썰물이 모조리 휩쓸어 갔다. 한바탕 일장춘몽을 위하여 저들은 겨레를 배반하고, 양심을 시궁창에 던지며 요란한 춤을 추고 사라졌던 것이다.

독일의 위대한 행동의 신학자 본회퍼(D. Bonhoeffer)는 히틀러 암살음모에 가담했다가 발각되어 39세로 일생을 마쳤다. 감옥에서 한 사람이 그에게 "당신은 목사이면서 왜 사람을 죽이는 일에 가담하였소?"라고 질문하였다.

이에 대하여 본회퍼는 "미친 운전사가 승객을 태우고 차를 질주할 때, 나는 목사랍시고 차가 전복되기를 기다려 장례식이나 치러 주어야 합니까? 당연히 미친 운전사의 운전대를 빼앗아 승객을 구출하여야 하지 않겠소?"라는 유명한 대답을 하였다.

히틀러는 당시 분명히 미친 운전사였다. 육백만의 유태인을 학살하였고, 닥치는 대로 체포 감금하였으며, 수도 헤아릴 수 없는 인명이 그의 미친 '전쟁운전'에 죽어갔다. 그 시대에 히틀러를 죽이는 것은 옳은 것이다. 정당한 것이다. 끝내 천황은 죽이지 못했지만, 일제 때 천황을 죽이는 일은 정당한 일이었다.

이토를 죽이고, 백천 대장을 죽이는 일은 장한 일이다. 아니 민족주의적 사관으로 보면 아름다운 일이다. 일제는 종군 위안부로 꽃다운 우리의 순박한 처녀들을 짓밟았고, 농토를 있는 대로 모두 빼앗고, 닥치는 대로 투옥하고, 고문하며 죽였다. 작두로 머리를 잘라 죽였고, 생체실험으로 죽였고, 전기고문으로, 물고문, 불고문으로 우리 겨레를 죽였다. 왜 우리는 그렇게 죽어가야 했나?

왜 우리는 그렇게 처참하게 짓밟혀야만 했나? 힘이 없기 때문이다. 나라가 힘이 없어서 찢기고 밟힌 것이다. 왜 힘이 없었던가? 당시 우리 사회에는 정의도 없고, 사랑도 없었기 때문이다.

세도가와 탐관오리가 백성을 탈취하고, 민족이 분열하여 서로 사랑하지 못하였기에 힘이 없어진 것이다. 힘이 없어지자 일본은 우리를 삼키고 미친 춤을 춘 것이다.

일제가 물러난 땅, 빼앗긴 들에도 봄은 왔건만 우리는 사랑할 줄 몰랐고, 권력을 위하여(그것은 결코 이데올로기가 아닌) 승냥이처럼 싸웠다. 분열 하였다. 서로 할퀴고 죽였다. 그래서 얻은 것이 남북분단이다.

북한은 그들의 주장대로 지금 지상낙원이 되었나? 남한의 반세기 정치사는 과연 이전투구의 역사가 아니었나?

깡패의 폭력을 분쇄하고 의연하게 숙녀를 구해낸 사나이는 멋있다. 지금 폭력을 반대하고, 특별히 해방의 신학을 반대하는 일부 보수교단과 그 산하의 신학대학들이 교권주의자들의 폭력에 몸살을 앓고 있다. 저들에게, 학교나 교단의 발전이란 부차적인 것이다.

헤게모니를 잡기 위하여 온갖 추악한 짓을 주저하지 않고 있다. 강단에서는 사랑과 정의와 진리를 외치고, 단하에서는 악취 나는 폭력으로 하나님의 땅과 백성을 유린한다. “정의를 하수같이…” 하는 아모스의 대변자들에게는 숙청과 소외로 일관한다.

폭력을 미워하는 교회의 사람이 상아탑과, 성전과, 사회를 어지럽힌다면 진정 하나님의 나라는 어느 곳에 있는가? 지금 당신들의 위선과 추악한 작태를 보고 교회를 떠나는 성도들이 얼마나 많은지 아시는가?

“펜이 진정 칼보다 강하다고?” 미친 소리! 부정한 권력, 부정한 힘은 오직 정당한 힘에 의해서만 종식될 수 있다.

폭력은 아름답다. 안중근, 김구, 모세의 폭력은 아름답다. 하나님이 허락한 폭력은 영원히 아름답다.

예수의 아가페, 간디의 무저항, 마르틴 루터 킹의 비폭력 운동은 정당한 폭력의 초월이며 완성인 것이다.

(1995. 8)

나를, 우리를 보자!

십여 일 해외(샌프란시스코)에 갔다 왔더니 예년에 없었던 혹독한 무더위가 지나갔다. 고온다습한 무더위가 한풀 꺾이고 이제 아침지녁으로는 선선한 바람이 스친다. 여름이 가고 또 가을이 왔다.

그러나 우리사회의 체감온도는 아직도 식지 않았다. 인천공항에 내리니 아직도 우리나라는 식지 않고 부글부글 끓고 있다. 여당과 야당이 여전히 끓고 있지만 그 이외에도 우리의 가슴을 들끓게 하는 일들이 줄을 잇고 있다.

사대 강 문제와 남북 접근 문제로 국론이 양분되어 있고, 경제침체로 가슴이 답답하고, 부동산 정책, 아파트 분양가, 실업자대책, 노조파업 등으로 온 나라가 부글부글 끓고 있다.

어느 나라에도 똑같은 이념, 똑같은 성향을 가진 사람만이 사는 나라는 없다. 다양성은 항상 존재하기 마련이다. 진보와 보수, 부자와 가난한 자, 중도와 외골수들이 함께 공존한다. 아마도 미국과 같이 다양한 인종이 다양한 생각, 다양한 문화를 가지면서도 건재한 나라는 없을 것이다.

왜 나와 다르면 적이 되어야 하는가? 왜 아직도 흑백논리를 고수해야 하는가? 내가 소중한 것만큼 너도 소중한 것 아닌가? 쩍하면 편을 가르고 자신들과 의견이 다르면 적이 된다.

"문민정부", "국민의 정부", "참여정부"라는 타이틀을 걸고 의기양양하게 출발하고, 정권이 바뀔 때마다 개혁을 내걸지만 결국 개혁을 시도하던 당사자들이 오히려 개혁의 대상이 되는 모순을 경험한다.

부정을 청산하고, 더 좋은 방향으로 개혁을 단행하는 일은 바람직한 일이다. 그러나 명심해야 할 것이 있다. 그것은 깨끗한 자만이 심판할 수 있고, 개혁을 부르짖을 수 있다는 원칙이다.

간음하다 현장에서 잡힌 여인을 모세의 율법에 따라 돌로 쳐 죽이려는 유대인들을 향하여 예수는 "누구든지 죄 없는 자가 먼저 이 여인을 돌로 치라"고 하였다. 그래도 당시의 유대인들은 오늘날에 비하면 정직하고 양심적인 사람들이었던 같다.

예수의 언명에 그들은 저마다 돌을 내려놓고 슬금슬금 모두 달아났다. 왜? 모두 죄인들이기 때문이다.

그런데 오늘 우리의 뜰 안에 있는 위대한 바리새인들은 청렴결백한 의인들이라 자신들의 친족의 과거는 제외하고 타인들의 과거만 들추어 심판하겠단다.

역사를 옳게 해명하고 청산할 것을 청산하고 가자는데 누가 이의를 제기하겠는가? 정치적 계산도 없고, 순수한 입장에서 미래지향적으로 공정하게 역사를 바로 세운다면 얼마나 고귀한 일인가? 계급이 낮은 친일은 괜찮고 계급이 높은 친일은 안 된다고? 아무개의 친일은 괜찮고 아무개의 친일은 반민족이다?

이제 국민은 정치인들에게 속지 말아야 한다. 감언이설에 속지 말고 자격 없는 정치인들은 탈락시켜야 한다. 그러려면 국민이 성숙해야 한다. 그렇게 정치인들에게 속고도 모자라서 아직도 속고 있는가? 당신들이 뽑지 않았는가? 당신들이 뽑고 이제 당신들이 못 견디어 한다면 자가당착 아닌가? 정권을 위임했으면 정권의 위임자인 국민도 그 정권의 실정에 책임을 통감해야 한다. 그리고 다시는 정권을 선택하는 투표에서 실패하지 말아야 한다.

지금 우리는 심각한 위기에 직면해 있다. 한반도를 둘러싸고 강대국들은 서로의 이익을 계산하고 있다. 일본은 일본대로 북한을 빌미로 군사력을 발동하려고 획책하고 있다. 중국은 북한이 붕괴 될 때를 대비하여 한반도를 삼키려하고 있다. 설마 북한이 일본에 미사일을 쏘겠는가?

군사대국을 꿈꾸는 일본! 지금 저들은 미국을 등에 업고 아시아의 패권을 거머쥐려는 야욕으로 가득 차있다. 중국 역시 유사시에 북한을 삼키려고 고구려 역사까지 자기 역사라고 왜곡하고 있다. 러시아는 러시아대로 한반도를 놓고 치밀한 계산을 하고 있다.

미국은 미국대로 일본과 함께 중국을 견제하며 팍스 아메리카나(Pax Americana)를 꿈꾸고 있다. 그렇다면 우리는 비상한 외교력을 동원하고 국력을 극대화하며 국민 모두가 한 덩어리로 뭉쳐야 한다.

정부여당이나 야당을 비롯하여 우리 모두는 사사건건 국론을 분열시키며 편을 가르고, 교육, 국방, 복지, 노사문제 등의 실정을 거듭해서는 안 된다. 지금이 구한말과 흡사하지 않는가? 주권국가가 작전통제권을 남에게 주고 싶은 나라가 어디 있겠는가?

그러나 우리는 지금 자주국방의 준비가 덜되었다. 국민의 생존과 나라의 안위를 생각하며 우리는 실사구시의 길을 택해야 한다. 힘없는 자주는 공염불이다. 설령 불리한 국제적 역학관계가 펼쳐진다 하더라도 우리는 우리가 가진 최선의 외교역량을 발휘하여 국운을 유리하게 이끌어가야 할 것이다.

남북한의 관계, 주변국들과의 관계, 우방국과의 관계, 강대국들과의 관계, 유엔과의 관계를 더욱 더 개선하고 국력을 길러야 한다. 분배도 좋고 복지도 좋지만 경제성장은 지속되어야 한다. 현대전은 경제력에 의하여 좌우된다.

경제력이 국방력을 좌우한다. 강성대국은 경제력으로부터 온다. 복지도, 분배도, 일자리 창출도 경제성장으로부터 온다. 이 땅에 전쟁이 오지 말아야 한다. 어떠한 전쟁의 구실도 상대국들에게 주어서는 안 된다.

나를 보자. 우리를 보자. 나는 어떤 사람인가? 나의 자화상은 어떠한가? 국가가 없어도 나는 존재할 수 있는가? 나는 올바른 사고, 올바른 행동을 하고 있는가? 우리는 어떤 운명의 기로에 서 있는가? 바다이야기로, 법조비리로, 다단계 판매로, 횡령으로, 뇌물로, 탈세로, 부동산투기로 개인의 이익을 챙기는 순간 우리가 탄 배는 소용돌이치는 급류로 빠져들고 있지는 않는가? 사자가, 불곰이, 승냥이가, 하이에나가, 표범이 한반도를 노리고 있지는 않는가?

나를 보자!

우리를 보자!

더 늦기 전에!

(2006. 9)

IMF와 가정

내가 사는 평촌 신도시 아파트에서는 듬직하게 버티고 서 있는 모락산(慕洛山)을 바라볼 수가 있어서 좋다. 수일 전에는 신달래와 철쭉으로 산허리를 두르더니, 요사이는 연두색 옷으로 온 산을 덮었다.

비 개인 날 아침 정갈한 봄빛이 마음을 상쾌하게 한다. 청계산 재를 넘어 정신문화원 앞 이차선 도로는 푸른 가로수가 터널을 이룬다. 봄에는 연초록, 여름엔 진초록, 가을엔 붉은 터널로 바뀐다.

산이 좋고, 강과 바다가 좋은 봄, 꽃이 좋고 싱싱한 푸성귀가 좋은 이 정겨운 봄의 산하에서 지금 우리는 봄을 앓고 있다. 억장이 무너지고 있다. 실직으로 어깨가 축 늘어진 가장들이 침몰하여가고 있다.

이제 이것은 단순히 경제적 붕괴가 아니다. 인정이 메말라가고 인륜이 무너지고 있다. 일찍부터 가정에서 자리를 잃어가던 아버지가 이제는 아예 거리로 밀려나고 말았다. 무능한 남편 무능한 아버지로 이혼을 당하기도 한다.

누가 이 황폐한 봄을 만들었는가. 정치인, 기업가, 노동자, 도대체 누가 이 IMF의 엄동설한을 초래하였나. 전직 경제 각료와 대통령 경제수석을 감옥에 보내면 경제난국의 원죄는 청산되는가? 지금 누가 돌을 던질 수 있나? 구조적으로 엉킨 경제적 죄업을 지금 어떻게 씻을 수 있겠는가? 이 환란의 책임은 정직한 소시민을 제외한 모든 사람에게 있다.

언제부터인지 싹터온 개인주의와 극도의 이기주의, 교만, 한탕주의, 독점욕이 오늘의 불행을 불러왔다. 선량한 시민이 박봉을 쪼개어 저축하며 열심히 살아가는 동안 정권과 힘 있는 기업들은 불의한 동침을 하여왔으며 졸부들은 돈을 흥청망청 쓰며 쾌재를 불렀다. 청렴성, 실력, 정치철학도 없는 위인들이 나라를 다스린다고 애매한 다수의 백성들만 괴롭혀 왔다.

이제 우리 국민들이 나서야 한다. 건전한 시민단체들이 육성되고 그곳에 실력 있는 인물들이 들어가 국민의 눈이 되고 손발이 되어 부정한 권력과 부정한 기업을 살펴야 한다. 망국적 행각을 일삼는 일부 특권층의 씀씀이도 고발하여야 한다.

국민이 똑똑해야 한다. 우리들이 낸 혈세가 어처구니없이 새어나가고 있다는 보도가 있다. 아니 국민이 낸 혈세를 직접 호주머니에 넣었던 도둑 공무원들이 있었다. 야당하면서 엄청난 부자가 된 정치인들도 있다고 한다. 지금도 양의 탈을 쓴 정치가들이 있을 것이다. 국민을 속이고 뒤로 이권을 챙기는 정치가들이 있을 것이다. 그래서 국민이 나서야 한다.

언론은 올바른 보도를 생명으로 알아야 하며 국민은 동서남북으로 귀를 열어놓고 정치와 사회와 경제를 살펴야 한다. 왜 번번이 죄 없는 백성만 고통을 겪어야 하는가. 직장을 잃고, 거리로 쫓겨나고, 이혼당하는 아픔을 소시민만 당해야하는가.

모두 우리의 못남 때문이다. 착한 것이 못남이다. 내맡겨 둔 것이 잘못이다. 내 맘만 믿은 것이 잘못이다. 보라, 돈 없으니 얼마나 비참한가. 돈 없으면 우방도 없고 친구도 없다. 돈 없으면 가정까지 무너진다. 실직당한 가장이 집에도 못 들어가고 몇 달째 노숙을 하며 거리를 배회하는 모습을 우리는 TV를 통하여 보고 있다.

아내가 떠나고 아이를 양육할 수가 없어 고아원에 맡기고 죄책감에 눈물 흘리는 가장을 우리는 보았다. 저들 중에는 열사의 나라 중동, 동남아, 아프리카로 뛰어다니며 달러를 벌어오던 산업 전사들도 있다. 한때는 잘나가던 사람들이었다. 그런데 지금은 아니다. 돈과 함께, 직장과 함께 가정에서까지 내몰리고 말았다.

왜 우리들의 주변이 이토록 황폐해지고 말았나. 맘몬이즘 때문이다. 돈이면 권력도, 명예도, 쾌락도 무엇이든지 살 수 있다는 황금귀신이 세상을 지배하고 있기 때문이다. 돈은 벌면 된다. 그러나 인성이 무너지고 가정이 무너지면 모든 것이 끝장이다.

우리 민족이 본래부터 가지고 있었던 인성의 뿌리는 이런 것이 아니었다. 인간존중과 도덕중심이 우리의 뿌리였다. 내가 배고프면서도 나누어 먹을 줄 알았던 민족이었다. 달러 몇 푼이 없다고 이렇게 맥 못추던 민족이 아니었다. 호롱불을 켜고 초근목피를 먹으면서도 인륜도덕을 지키며 살아오던 민족이다. 양반들의 착취와 일제의 탄압과 한국전쟁의 폐허 속에서도 살아남은 민족이다. 맨 손으로 오늘의 기적을 성취한 민족이다.

무엇이 우리의 힘이었던가?

무엇이 우리의 저력이었던가?

그것은 바람에 흔들리지 않는 가정의 뿌리 때문이다. 사랑스런 아내가 있고 귀여운 자녀가 있으며 공경해야 할 부모가 있기에 우리는 역경을 참아낼 수가 있었다.

그런데 지금 가정이 흔들리고 있다. 돈 때문에 흔들리고 있다. 부부의 애정이 계약으로 변했다. 부모 자식의 사이가 돈 때문에 멀어져 가고 있다.

맘몬의 기운이 온 세상을 뒤덮고 있다. 집권자들은 경제논리로 무엇이든지 풀 수 있다고 믿는 것 같다. 교육개혁도 어설픈 경제논리로 풀어가려고 한다.

위험한 발상이다. 교육은 선생이 한다. 스승이 존경받는 사회에 희망이 있고 청사진이 있다.

가정도, 교육도 경제논리로는 안 된다. 건전한 인성이 개발되지 못한 지식인이 가져다주는 사회의 폐해를 우리는 수없이 보아왔다. 우리는 정직한 아이를 길러내야 한다. 성실하고 예의바른 자녀를 길러내야 한다. 협동하고 남을 칭찬할 줄 아는 사람들로 키워내야 한다. 역경을 참아내는 자녀로 양육해야 한다. 그리고 창조적 사고를 할 줄 아는 젊은이로 교육하여야 한다.

우리 모두가 정신만 다시 차리면 이런 정도의 국난은 능히 이겨낼 수 있다. 지금 우리가 필요한 인물은 먼저 사람다운 사람이다. 그 다음에 유능한 인재가 필요하다. 그러기 위하여 저 무너져가는, 저 맘몬의 논리와 망치에 폐허가 되어가는 가정과 교육을 근본적으로 살려내야 한다.

산천이 푸른빛으로 어우러졌다. 찬란한 봄날 푸른 수목들은 머리를 맞대고 활짝 웃고 있다. 실개천 맑은 물이 도란도란 무심한 세월을 세며 흐르고 있다. 우리도 저들처럼 정직하게 쉬지 않고 흐르면 기필코 새날을 맞을 것이다.

6·25에 즈음하여!

한국 전쟁이 발발한 지도 어언 60년이 되었다. 300만 이상의 인명이 소실되었고, 엄청난 숫자의 사람들이 부상을 당하여 전쟁의 상흔으로 휠체어를 타고, 목발을 잡고, 인조 팔·다리를 하고, 또는 침대에 누워서 한(恨) 많은 삶을 살았다. 또한 천만 이산가족을 낳았다.

우리는 이들의 아픔과 공로로 오늘 이만큼 살아가고 있는 것이다. 우리 사회는 이제 이들의 공로에 더욱 감사해야 하고 동시에 정부는 더욱 성의 있는 보상을 제도적으로 시행하여야 한다. 국력의 신장만큼 이들의 공훈도 높아져야 한다.

지금 이분들, 조국을 수호한 수많은 상이군경들은 저 휘황찬란한 거리에서 돈을 물 쓰듯 하며 흥청거리는 무리들을 울분으로 접하고 있다. 외국산 고급 승용차를 타고, 외제로 도배한 수십억의 호화 주택에서 호화판으로 살아가는 별나라 족속들을 지켜보고 있다. 오렌지족, 펑크족, 야타족들의 한심한 몸짓들도 낱낱이 보고 있다. 걸핏하면 "존경하는 국민"을 들먹이며 권모술수와 파당주의와 정권주의에 눈이 먼

정치인들의 행태를 주시하고 있다.

사기꾼, 정상배, 폭력배, 부도덕한 기업주, 민주화와 노동운동의 전리품을 자기 것으로 탈취하는 인간들을 호국의 영령들과 상이군경과 이산가족들은 지켜보고 있다. 그리고 울분 한다. "저런 인간들의 낙원을 만들려고 팔다리를 잃었는가? 저 따위 한심한 인간들도 우리의 동족이라고 목숨을 버리고, 팔, 다리, 눈을 잃었는가?"

그렇다. 6·25희생자가 아닌 선량한 일반시민들의 눈에도 꼴불견으로 비치는데 하물며 그날의 용사들과 영령들과 희생자들의 눈에 어찌 거슬리지 않겠는가? 한국전쟁은 단순히 단번에 터진 전쟁이 아니었다. 그것은 조선 말엽부터 쇠잔해진 기력이 일제의 학정을 거치면서 1945년 일본의 항복과 함께 전리품을 놓고 세계열강들의 나눠먹기 다툼으로 발발한 전쟁이었다.

단순한 이데올로기의 싸움이 아니었다. 저 야비한 강대국들의 탁상회담에서 남북이 나눠진 후에도 사사건건 간섭받는 간접 지배의 신세로 민족의 명운이 기울어졌었던 것이다.

왜 그런가? 힘이 없었기 때문이다. 왜 힘이 없었나? 민족이 분열했기 때문이다. 패권주의 분파주의 때문이다. 민족보다는 자당이나, 자신의 이기주의 때문에 민족은 찢기고 기아에 허덕였던 것이다.

그러나 이제는 다르다. 그동안 허리띠를 졸라매고 열심히 일했다. 1960년에 우리나라의 GNP는 국민 일인당 80불이었고, 인도는 85불이었다. 그런데 지금 우리는 2만 불에 도달하였다. 세계의 그 어느 곳에서도 그 예를 찾아볼 수 있을 만큼 초고속 경제 성장의 신화를 남겼다. 이제 그 신화를 깨려는 나라는 중국이다. 중국은 이미 세계의 공룡으로 나타났다. 그러나 우리가 정신만 차린다면 두려울 것이 없다.

우리민족은 우수한 두뇌를 가진 민족이다. 한 덩어리로 뭉치고, 올바른 도덕심을 함양하면 분명 세계사의 기류를 바꿔 놓을 수 있는 민족이다. 따라서 우리는 우리의 다음 세대들을 잘 길러야 한다. 투철한 나라사랑 교육으로 우리의 자녀를 양육해야 한다. 오늘 우리의 신세대는 똑똑하다. 적극적이고 민첩하며, 실리에 밝다.

그러나 매우 이기적이며 예절이 부족하다. 인내심도 부족하고 정신적으로 허약하다. 윗사람의 충고나 꾸지람을 싫어한다. 민족이나 조국의 개념을 소중하지 않게 생각하는 것 같다. 한마디로 애국교육에 비상이 걸린 것이다.

한국 전쟁이후 반세기만에 우리는 어느 정도 물질의 성취는 이루어 냈지만 거대한 정신 빈곤의 도전에 직면해 있는 것이다.

이러한 민족의 도전 앞에 교회의 사명이 크지 않은가? 단시일 내에 세계 기독교 역사상 그 유래를 찾아보고 힘들만큼의 양적 성장을 보인 한국 교회가 진정 지금 올바로 굴러 가고 있는가를 질문해야 한다.

1년에 수백억불이 넘는 해외 선교비를 지출하는 나라, 단일교회에서 수백 명의 해외 선교사를 파송하는 한국교회가 지금 조국의 현실 앞에 과연 어느 정도 기여하고 있는가를 반성해야 한다. 선교의 개념 정립도 근본적으로 다시 해야 하고 투철한 역사의식과 민족의식도 다시 가일층 고취하여야 한다. 보수와 진보를 가릴 바 없이 신학의 내용도 바뀌어야 한다.

그 알량한 서푼도 못되는 권세욕과 명예욕, 이기주의로 신학대학과 교회를 위기로 몰아넣어서는 안 될 것이다. 명예와 권리 뒤에는 분명히 책임이 있어야 한다. 책임을 못 지면 그 자리에서 물러나야 한다. 자리에 앉아서 역사의 흐름까지 방해해서는 안 된다. 전체가 망하면 개인도 망하는 법!

아! 6·25가 늘 교훈이거늘!

유월과 호국정신

1950년 6월 25일, 한국전쟁이 나던 해 나는 다섯 살이었다. 편편히 떠오르는 기억에 의하면 나는 아버지와 형의 등에 업혀 피난길에 올랐다. 피난지에서 지나가던 미군이 나를 번쩍 들어 안고 초콜릿을 주던 생각이 난다. 어렴풋이 얼굴이 기억나는 큰 형은 지방 빨갱이의 밀고로 북으로 끌려가고 지금까지 생사를 모른다.

효자를 잃어버린 아버지는 상사병으로 돌아가시고, 청상(靑孀)이 되신 어머니는 실성한 사람처럼 먼 산을 바라보다 우시고, 가슴을 치고, 땅을 치셨다.

어머니의 절망은 내가 중학교를 졸업할 때까지도 계속되었다. 어머니가 흘리신 눈물은 아마도 강이 되어 흘렀을 것이다. 오매불망(寤寐不忘) 큰 형의 얼굴 한번 보는 것이 소원이셨던 어머니는 결국 몇 해 전 한(恨)을 가슴에 묻은 채 눈을 감으셨다.

유월은 우리 겨레위에 비극을 뿌린 달이다. 가난과 절망을 한꺼번에 던져 놓고 떠나간 유월, 그 기나긴 아픔의 전쟁은 아직도 휴전선에 묻혀있다. 해마다 이맘때가 되면 산접동새 피울음은 조국의 산하에 더욱 진하게 메아리친다. 이제 6.25의 전범, 김일성도 떠나갔다. 스탈린, 모택동, 투르맨도 잠들었다.

아! 그러나 아직도 동강난 허리는 이어지지 않고 있다. 아니 비무장지대를 사이에 두고 백만이 넘는 남북의 군인들이 대치하고 있는 것이다. 가공할 살인무기, 화학무기, 세균탄으로 무장하고서도 성이 차지 않아 핵폭탄을 제조하려고 북한은 치열한 노력을 경주한다.

아마도 이미 핵폭탄이 북에 있을 것이라는 관측도 무성하다. 도대체 어쩌자는 것인가? 이 땅에 전쟁이 다시 발발하면 누가 승자가 된다는 말인가?

한국을 따돌리고 미국과 흥정을 벌리고 마침내 막대한 경수로 비용은 우리가 떠맡아야 하는 이 기막힌 현실 앞에서 우리 민족은 깨어나야 할 것이다. 정권주의자들은 당리당략을 떠나 신정 조국의 운명을 생각해야 한다.

부전(不戰) 결의를 포기한 일본의 저 오만한 몸짓을 보라. 꿈틀거리며 무섭게 깨어나는 중국을 보라. 그리고 무기 수출, 등거리 외교 등 수단과 방법을 가리지 않고 자국의 이익을 도모하는 러시아와 실용주의적 태도로 일관하며 세계의 패권만을 움켜쥐고 유지하려는 저 미국의 겉 다르고 속 다른 모습을 분명히 간파하고 우리는 철통같은 국방과 내부의 결속을 다짐해야 한다.

우리의 주변국들과 세계의 열강들이 우리의 통일을 결코 가져다주지 않는다. 분단 상태로 이익을 챙기는 것이 저들에게는 훨씬 유리하기 때문이다. WTO의 법이 통과되고 모든 분야에 통상이 개방되었다. 살아남으려면 세계 초일류 상품을 만들어내야 하고, 가격 경쟁에서도 단연 1위가 되어야 한다.

부존자원도 없고, 해마다 엄청난 국방비를 지출해야 하는 이 한심한 민족현실 앞에서 우리는 정신 차려야 한다. GNP가 좀 늘어났다고, 밥술 깨나 먹게 되었다고 흥청거려서는 안 된다.

한 벌에 천만 원이 넘는 양복을 입고, 사오백만 원이 넘는 구두를 신고 다니는 사람이 있다. 20억이 넘는 대형 빌라가 요사이 불티나게 팔린다고 한다. 고가의 수입차가 날개 돋친 듯이 팔린다고 한다. 여자의 액세서리부터 화장실의 변기까지, 아니 물바가지까지 외제로 발라 버린 집이 있단다. 정신 차려야 한다.

개혁, 중단 없는 사정 속에서도, 어처구니없는 부정이 진행되고 있다. 폭력배의 두목이 개과천선하여 결혼하는 자리에 전·현직 국회의원, 거물급 정객들의 화환이 즐비하다. 그래서 검찰이 내사를 한다고 한다.

무엇을 입증하는 것인가? 정치와 폭력, 권력과 흥정 등등의 추악한 현실을 입증하는 것이 아닌가?

권력 주체는 주체대로, 재야는 재야대로, 노동계는 노동계대로, 종교계는 종교계대로 저마다 자신들의 입장만 주장할 것인가?

기업은 민족기업이라는 자각을 언제나 할 것인가?

국민이 낸 세금을 도둑질한 공무원이 진정 뿌리 뽑혔다고 믿어야 할까? 과연 우리는 지금 유사시에 대처할 능력이 있는가?

한국전쟁의 후유증으로 상이용사가 되고, 아직도 수십 년을 자리에 누워 신음하고 있는 호국용사들, 그들이 지킨 이 땅을 과연 우리는 지킬 수 있는가?

이기주의, 분열, 사치와 낭비, 부정부패, 느슨한 군기, 3D 현상, 패권주의, 권력과 황금주의 등등의 악령을 몰아내야 한다. 호국정신이 무엇인가? 나라를 지키는 정신이다. 각자 맡은 일을 천명(天命)으로 알고 최선을 다하는 정신이다. 그리고 겨레와 나라의 일이라면 똘똘 뭉치는 정신이다. 근검절약하는 마음이다. 함께 나누는 정신이다.

신세대는 모른다. 일찍이 나라가 힘이 없을 때 우리가 일본의 학정에 시달리고, 굶주려 고국산천을 떠나 북간도로, 사할린으로, 하와이로 갔던 민족의 비극을 모른다.

한국전쟁으로 피 흘리고, 이산가족이 되었으며, 초근목피(草根木皮)로 연명하던 시절을 모른다. 알아도 극히 피상적으로 안다.

그래서 이스라엘처럼 우리도 우리의 다음세대들을 단단하게 길러야 한다. 우리의 솔선수범으로, 우리의 회초리로, 우리의 충심어린 사랑으로 우리의 후세대를 길러야 한다.

나라를 지키는 정신에는 여야가 따로 없다.

종교계, 경제계, 노동계를 가릴 바 없이 우리 모두 한 덩어리가 되어야 한다. 그 길만이 사는 길이다.

(1999. 6)

우방은 없다

미국은 한국전쟁 때 우리를 도와준 혈맹임에도 불구하고 꽤 오래전부터 우리는 찐득거리는 배신감과 불쾌감을 느끼게 되었다.

미국인 개인(특히 백인)들의 성격을 말할 때 미국에 정통한 사람들은 가끔 다음과 같이 말한다. "미국 놈들은 아주 강한 자에게는 약하고, 불쌍한 사람에게는 동정적이지만 자기들과 실력이 엇비슷하게 되면 잔인하게 밟아버리는 놈들이야." 의미 있는 경험적 고백이다.

그들은 한국전쟁의 참화를 보고 눈물을 흘렸다. 그리고 구호물자를 주었고 고아를 입양해갔다. 조건은 항상 붙어있지만 차관을 주었고 미군을 주둔시켜 분단의 철벽을 지켜주었다.

그러나 이제는 사정이 달라졌다. 저들의 동정과 부드러운 미소 뒤에 숨었던 패권의식과 실용주의적 국가주의가 노골적으로 나타나고 있는 것이다.

일찍이 일본과 은밀히 「가즈라 데프트」 밀약을 체결하고 일본은 조선을, 미국은 필리핀을 식민지로 삼켰고 또한 한반도를 분단으로 고착

시켰다. 진정한 군인 맥아더 사령관과 우리의 북진통일을 가로막고 155마일 휴전선을 그어 우리민족의 허리를 잘랐던 투르먼의 선거용 정책은 얼마나 우리민족의 가슴에 한을 남겼는가?

이제 클린턴 행정부는 선거를 앞두고 한반도를 이용하고 있다. 대북정책이 달라지고 있다. 제네바 합의를 비롯하여 대북한 정책에 있어서 저들은 상당 부분 한국을 따돌리고 있다.

중국과 일본은 오히려 한국의 대북 정책을 지지하고 있음에 반하여 미국은 자기들의 일방통행을 강행하고 있다. 미량이지만 한국에 동의도 없이 인도주의 운운하며 200만 불 어치의 쌀을 북한에 공급한다고 선언하고 있다.

4월 일본과 러시아 방문 노정 중 클린턴은 한국을 방문하겠다던 일정을 돌연히 취소하였다. 앤서니 에리크 미대통령 안보보좌관을 보내어 이해를 시키면서도 미국은 2단계 대북경제 제재완화조치를 실시하려고 한다.

이제 미국은 북한을 세계 테러 국가의 명부에서 공식적으로 제외시켰다. 이러한 일련의 조처들을 저들은 한반도의 전쟁발발을 방지하기 위한 것이라고 또한 인도주의적 차원에서 북한의 수재를 돕는 것이라고 변명한다.

따라서 한국은 쌀 주기를 싫어하는 비인도적인 나라로 비치게 하였다. 그러나 우리의 시각은 다르다. 우리는 남북대화를 원한다. 남북화해도 원한다. 짝사랑이 아닌 진정한 화해와 사랑과 통일을 원한다. 그러므로 생색은 미국이 내고 허리가 휘도록 무거운 돈은 우리가 내야하는 경수로 합의를 받아들인 것이다.

고맙다는 말은커녕 대남 비방을 감수하면서도 우리는 십오만 톤을 지원하였다. 그리고 지금도 민간단체, 적십자, 교회 등을 통하여 우리는 끊임없이 북한동포를 돕고 있다. 그럼에도 불구하고 미국은 자기들이 북한에 공급하는 중유 대금까지 일본과 우리에게 분담하자고 한다.

미국은 우리의 불쾌한 우방으로 변해가고 있다. 북한에 핵폭탄이 있는지 없는지 그 투명성도 확인하지 않고 제네바 합의를 붙들고 미국은 자기들의 실리를 챙긴다. 가공할 화학탄, 세균탄을 사용하지 못하게 하는 아무런 제제조처도 없이 저들은 우리에게 비핵화를 선언하게 하였다.

그동안 미국은 공격용 장치를 떼어버리고 방어용 군사무기만 우리에게 양도하여왔다. 그래서 우리는 인공위성을 제조할 수 있으면서도 그것을 쏘아 올리는 로켓은 만들지 못한다. 핵 제조의 문턱에서 저들의 반대로 우리는 핵을 포기해야한 했다.

한국의 방위를 책임져 준다고 미군을 주둔시키면서 미군주둔 비용을 해마다 증액하고 있으며 우리의 첨단무기 확보를 저지해왔다. 그리고 패트리어트 미사일, F-16기 등등의 판매를 통하여 저들은 짭짤한 이익을 챙기고 있다.

WTO에서도 저들은 철저하게 실익을 챙겼다. 당근과 채찍을 적당히 사용하며 남북을 요리하고 있다. 의리 없는 나라, 실용주의의 나라. 미국을 우리는 똑똑히 읽어야 한다.

전 UN 사무총장 우탄트가 말한 것처럼 국제사회에서는 우방도 적국도 없다. 살벌 생존경쟁만이 있는 것이다. 진정한 한반도의 통일을 미국은 원하고 있는 것인가? 냉정해야 한다.

우리의 방위는 우리가 맡아야 한다. 필요하면 핵폭탄도 보유해야 한다. 유사시에는 공장들이 방위산업체로 급전환 할 수 있는 체제로 조성되어야 한다.

진정한 세계화는 분명한 한국인이 되는 것이다. 그래야 국제 경쟁에서 살아남을 수 있다. 세계화가 무엇인가? 똑똑한 한국인, 주체의식을 가진 한국인이 되어 국제경쟁에서 승리하는 것이 세계화다. 영어나 몇 마디 한다고 세계화가 되는 것은 결코 아니다. 국적 있는 국민, 사회, 국가가 되는 길이 곧 세계화의 길이다.

정부는 미국을 비롯한 모든 나라와의 외교에서 빈틈없는 자세로, 일관된 정책으로, 철저한 실리외교로 국익을 도모해야 한다. 지금 우리는 선거와 정치에 지나친 에너지를 소비하고 있다. 안으로는 내실을 다지고 밖으로는 실리외교를 도모함으로서 통일과 선진국 진입을 앞당겨야 한다.

우리는 호시탐탐 한반도에 군침을 흘리는 주변국들과 저 열강들의 몸짓을 똑똑히 직시하며 통일을 준비해야 한다. 그러기 위하여 국민의 의식과 정신을 쇄신하고 명실공이 힘 있는 나라의 초석을 다져야 한다.

지금 북한은 핵카드 하나로 미국과 상대하여 얼마나 많은 것들을 얻어내고 있는가?

각오해야 한다. 진정한 우방은 없다. 우리가 부하고 강해지면, 우리의 국력이 신장되면 우방은 얼마든지 몰려온다.

사막에 이스라엘을 재건한 저 유대인의 "시온이즘", "핫시디즘"에 비견되는 우리의 정신은 무엇인가?

이제 우리는 단단한 각오로 화살처럼 달려오는 새 시대를 준비해야 한다.

교육시장 개방, 무엇이 문제인가?

21세기 지구촌은 그 어느 시대보다도 살벌하고 냉혹한 경쟁의 장소가 되었다. 교육 역시 이러한 경쟁의 대열에서 벗어날 수가 없다. 아니 교육의 질이 어떠하냐에 따라 국가 전체의 경쟁력이 좌우된다고 볼 수 있다. 경쟁력 있는 교육은 국가의 백년대계를 보증한다.

그러나 우리의 교육은 경쟁력은 고사하고 아직도 그 뿌리를 내리지 못하고 표류하고 있다. 변하려고 노력은 하지만 여전히 국적 없는 모방만을 반복하며 수많은 시행착오를 거듭할 뿐이다.

우리나라에서 최고의 대학이라는 서울대학교의 수준이 세계 대학에서 중위권이란다. 해마다 해외로 유학을 떠나는 사람들이 늘어나고 막대한 외화가 유출되고 있다. 이러한 심각한 문제의식과 함께 교육부는 교육시장 개방을 고려하고 있는 것 같다. 그리고 이에 대한 찬반의 격론이 우리사회에서 심각하게 일고 있다.

지금 우리대학들은 자의든 타의든 간에 변하고 있다. 치열한 경쟁에서 살아남기 위하여 혼신을 다하고 있다. 교육부와 대교협이 실시하는 평가로 대학들은 피가 마를 지경이다. 여기에 외국대학들까지 들어와 경쟁을 심화시킨다면 대다수의 지방대학들과 후발 대학들은 자연히 고사할 수밖에 없을 것이다.

수도권의 유명대학들은 지방대학들에 비하면 훨씬 형편이 양호한 편임에도 불구하고 기여 입학제, 등록금 인상, 증과증원 등 대학의 완전한 자율화를 주장하고 있다. 이유가 무엇인가? 돈 때문이다. 대학재정에 따라 대학의 경쟁력이 좌우되기 때문이다.

우리나라의 사립대학들도 외국의 명문사립대학들처럼 학생들로부터 많은 등록금을 받고 국가의 지원은 물론 엄청나게 많은 기부금을 받을 수 있다면 하버드나 옥스퍼드를 왜 능가하지 못하겠는가?

문제는 재정이다. 학생 수에 비하여 교수의 수를 늘리면 늘릴수록 학교는 좋아진다. 교수의 책임시간이 적으면 훌륭한 강의는 저절로 이루어진다. 교수의 복지는 물론 연구를 위하여 기금을 늘리면 늘릴수록 더 좋은 연구실적은 늘어날 것이다. 대학교육은 교수가 한다. 교육과 연구의 인센티브를 확실하게 주면 경쟁력은 자연히 생기게 되어 있다. 그런데 과연 우리에게 이러한 여건이 충분하게 마련되어 있는가?

질 좋은 교육을 위하여 먼저 교육부가 달라져야 한다. 사려 깊은 교육정책이 나와야 한다. 그리고 국적 있는 교육이 실현되어야 한다. 외국의 장점을 살리고 그것을 우리의 현실에 토착화하는 교육이 필요하다. 교육재정 확충을 위하여 등록금을 대폭 인상하고 외국에 교육시장을 개방하는 방안도 경쟁력 향상에 약이 될 수 있을 것이다.

그러나 과연 우리는 이러한 정책을 실현할 수 있는 준비가 되어 있는가? 지금보다 등록금을 네 배 다섯 배 인상할 수 있는 국민적 능력과 자신이 있는가? 세계의 명문대학들에게 교육시장을 완전히 개방하고도 과연 우리대학들이 몇 개나 살아남을 수 있겠는가?

또한 교육은 돈 있는 자들만의 몫인가? 유럽의 여러 나라들처럼 교육비를 완전히 국가가 부담하고 국민은 자신이 원하는 만큼 교육을 받을 수 있는 형편인가? 아니면 미국처럼 누구나 공부하기를 원하면 학비를 장기 저리로 빌려서 공부하고 난 이후 형편에 따라 조금씩 상환할 수 있는 제도가 되어 있는가?

질 좋은 교육, 경쟁력 있는 교육을 그 누가 반대하겠는가. 원칙에는 전적으로 동의한다. 그러나 일에는 선후가 있다. 먼저 자율적으로 대학을 운영할 수 있는 여건이 필요하다. 교육시장을 개방할 수 있는 여건이 성숙되어야 한다. 선진 교육, 경쟁력 있는 교육을 위한 국가적 기반이 먼저 마련되어야 할 것이다. 정부가 인가해 준 대학들이 줄줄이 쓰러지면 그 때는 누가 책임질 것인가? 무조건 대학당사자들이 책임지란 말인가.

지금 대학교수들의 학력은 거의 평준화 되었다. 국내 국외에서 학위를 받고 들어온 우수인력들이 수도권을 넘어 지방으로, 지방으로 흩어져 평준화는 이루어졌다. 다만 재정이 튼튼한 대학, 교육과 연구를 잘할 수 있도록 든든하게 지원해 주는 대학에서 교편을 잡느냐의 여부에 따라 교수의 미래는 판가름 난다.

교육은 백년대계다. 번개 불에 콩 구어 먹는 식의 교육은 실패할 수 밖에 없다. 속 깊은 정책, 국적 있는 정책, 일관성 있는 정책, 차별화와 평등화를 추구하는 정책, 장기적 안목으로 세운 정책만이 21세기 경쟁력 있는 교육을 성취할 것이다.

교육시장 개방, 무엇이 문제인가? 꼼꼼히 따져보아야 한다.

경제냐 인간이냐

무인(戊寅)년 호랑이는 참으로 잔인하였다. 거세게 불어닥친 경제 한파와 수마(水魔)가 할퀴고 지나간 자리엔 폐허와 절망의 잔해들만 뒹굴고 있다.

수많은 실업자, 노숙자들, 부도로 가산까지 날린 중소기업인들, 수마로 사랑하는 가족과 집과 농토를 잃은 사람들, 낙담과 좌절의 땅에 다시 기묘년 새해의 아침이 찾아왔다.

산천을 쩌렁 쩌렁 울리게 했던 호랑이의 광포한 울음이 멀리 사라지고 이제 귀를 쫑긋 세우고 경쾌하게 뛰어오는 토키처럼 금년에는 밝고 명랑한 일만 있었으면 좋겠다.

그리고 부디 바라기는 행복이란 결코 물질의 풍요에만 있는 것이 아니라 정신적 가치에 있다는 진리가 입증되길 바란다.

요사이 세상은 온통 경제라는 언어로 뒤덮여 있다. 매스미디어, PC 통신까지 눈만 뜨면 경제소식으로 가득 차 있다. 은행과 기업의 구조조정, 증권시장의 숨 가쁜 등락, 대통령까지 동원된 세일즈 외교, 벤처

기업의 등장, 빅딜, IMF와 자기자본비율, 신용평가회사의 신용등급판정 등등…. 비전문가들까지도 경제소식에 귀를 기울여 살아가야 만하는 세상이 도래한 것이다.

산업사회가 지나가고 정보화 사회가 도래하면서 세계는 명실 공히 지구촌이 되었다. 정보화 사회에서는 지적재산이 중요시되고 대량생산보다는 상품의 질이 중요시되는 경제구조를 그 특징으로 한다.

사회가 지나치게 빠르게 변화하면서 노년층은 그 변화의 속도를 감당할 수 없게 되었다. 도대체 이렇게 고속으로 휘돌아가는 세상이 온전한 세상인가 하는 의구심을 갖게 된다.

그러나 분명한 것은 경제도, 정보화도, 편리한 미래의 설계도 결국 모두 인간을 위한 것이 아닌가? 왜 돈을 버는가? 왜 최첨단의 신개발품을 발명하는가? 왜 땀 흘려 일하는가? 인간의 행복을 위해서다.

그런데 지금 인류는 주객전도의 궤도를 돌고 있다. 수단이 목적을 삼켜버렸다. 경제제일주의가 인간을 삼켜버렸다.

교육 현장에도 경제논리가 판을 치고 있다. 수요자 중심교육을 부르짖다가 이제는 아예 스승이라는 개념이 장사꾼의 개념으로 전락해버렸다.

수요자인 학생을 체벌한다고 경찰이 수업도중에 교사를 연행을 하고, 학부모가 학생들 앞에서 교사의 뺨을 때리고, 수요자인 학생이 선생을 폭행하고…. 도대체 이 나라의 교육이 어디로 가고 있는지 모르겠다.

일부 몰지각한 촌지선생을 고발하는 매스컴과 경제논리와 능률주의에 미쳐버린 당국의 반교육적 이상한 정책 때문에 교육부재의 세상이 되어가고 있다.

훌륭한 인성을 가진 인간으로 성장하는 교육이 필요하거늘 오늘의 사회는 오직 영리한 사람, 능력 있는 사람들만을 요청하는 경쟁 교육으로만 달려가고 있다.

머리는 좋으나 심성이 삐뚤어진 사람이 그 좋은 머리로 엄청난 부정을 자행하는 모습들을 목도하면서도 수요자 중심의 상업주의적 교육을 고집해야 하는가?

보라! 경제 지상주의가, 돈 지상주의가, 인륜부재의 맘몬주의가 지금 우리 사회를 어떻게 황폐시키고 있는가를…. 여대생이, 가정주부가, 돈을 얻기 위하여 윤락가로 가고 있다. 직장을 잃어버린 가장이 돈 못 버는 죄로 거리의 노숙자로 전전하고 있다.

옛날에는 분바르고 아양 떨던 아내가 돈 때문에 남편과 아이들을 버리고 가출해버린다. 직장을 잃어버린 부모가 돈 때문에 어린 자식들을 앵벌이로 내보냈다고 한다.

보험료를 타내려고 자식의 손가락을 자른 비정한 아버지가 있었다. 경제라는 괴물 앞에 인륜이 속수무책으로 무너지고 있다.

인성교육이 부족한 머리 좋은 인간들이 그동안 얼마나 어마 어마한 부정을 저질러 왔으며 지금도 도처에서 우리 사회를 허물고 있는가를 상기하라. 정치, 경제, 과학, 문화 등 모두가 인간들을 위한 것이다.

인간을 존중하는 정책, 훌륭한 인성의 소유자로 키우는 교육, 인간의 존엄성을 파괴하지 않는 과학, 인간의 가치와 행복을 추구하는 문화, 예술 그리고 종교가 있어야 한다.

고대 중국의 성현(聖賢)은 하늘과 땅 사이의 만물 중에서 오직 사람이 가장 귀하다(天地之間 萬物之中 唯人最貴)고 하였다. 성서는 더욱 적극적으로 하나님이 자신의 형상을 따라 인간을 창조 하였다(창 1:26)고 선언하고 있다.

하나님의 형상이 무엇인가? 인간의 존엄성이다. 만물 중에서 가장

귀한 존재가 인간이다. 그런데 이 귀중한 인간의 존엄성이 지금 경제라는 괴물의 발에 사정없이 짓밟히고 있다.

원래 우리 조상들은 가난 속에서도 인륜과 도덕을 하늘이 내려주신 소중한 법으로 지켜왔다. 오늘과는 비교도 안될 만큼 어려운 살림 속에서도 행복과 슬픔을 함께 나눌 줄 알았던 민족이었다.

매년 연말연시마다 엄청난 금액이 답지하는 성금의 관행도 모두 우리조상들이 가르쳐준 상부상조의 정신에 그 뿌리를 두고 있는 것이다.

아무리 어려운 역경 속에서도 인간이 인간으로서 지켜야 할 도리를 저버리지 않고 살아가는 세상을 꿈꾸어야 한다.

정치, 경제, 사회, 문화 각 부서에는 각각 그 분야의 전문가 들이 주도적으로 일을 추진하여야 하지만 동시에 이 모든 전문가들 그리고 우리사회의 모든 구성원들은 만물 중에 가장 으뜸인 인간, 하나님의 형상을 따라 창조된 존엄한 인간을 고귀하게 여기는 정신으로 봉사해야 할 것이다.

새해에는 인간의 생존권과 인간의 권리와 인간의 복지와 인간의 존엄성이 신장되는 세상이 되기를 두 손 모아 기원한다.

경제냐, 인간이냐? 어느 것이 우월한 가치인가?

(1999. 1)

경제난국과 회개

한파가 갑자기 몰려왔다. 얼굴에 스치는 바람이 제법 쌀쌀하다. 아직 김장을 담그지 않은 집들도 많은데 배추나 그 밖의 농장물들이 얼지나 않을까 걱정이다. 어디 그뿐인가. 북한의 굶주리는 우리 동포들의 겨우살이는 얼마나 어려울까. 소년 소녀 가장들, 무의탁 노인들, 달동네 사람들, 가난한 장애인들, 그들의 겨울은 참으로 길고 어려운 계절이다.

한파는 날씨만이 아니다. 경제 한파도 밀려왔다. 한보, 기아사태로 이어지면서 뒤뚱거리던 우리나라 경제가 이제 IMF에 긴급수혈을 받아야 할 만큼 긴박하다. 조퇴, 명퇴로 실업자가 늘어나더니 이제는 구조조정으로 대기업들이 대폭 감원을 한다.

실업자들이 대량으로 쏟아져 나올 것이다. 내년도 실업 예상인원이 전인구의 6%를 넘을 것이라고 한다. 거기다 대선으로 연일 정치권은 상호 공방을 계속하고 있다. 수천수만 개의 중소기업이 쓰러졌고, 견디다 못한 기업인은 자살로 인생을 마감하기도 한다. 참으로 어려운 경제 한파가 왔다. 오늘날은 경제가 쓰러지면 정치, 안보도 함께 무너진다. 그러므로 하루빨리 경제를 회생시켜야 한다. 다행히도 외국이나 IMF당국에서도 한국경제의 미래를 낙관하고 있기는 하지만, 대신 우리는 이러한 환난을 전화위복의 기회로 삼아야 한다.

어디서부터 무엇이 잘못되었는가를 철저하게 해부하고 주도면밀한 방책을 세워야 한다. 단기, 중장기 경제 대책을 세워 다부진 노력을 경주해야 한다. 책임전가는 금물이다. 정부, 기업, 금융, 국민모두가 책임을 통감하고 이 난국을 이겨 나아가야 한다.

우리가 아무리 어렵다고 하지만 지난날 우리는 이보다 몇 백배 더 어려운 날들을 극복하지 않았던가. 하나님은 우리 민족을 사랑하신다. 그래서 채찍을 내리신 것이다. 국민소득 1만 달러(지금은 2만 달러)에 돌입하였다고 우리는 자만하였다. 아파트 평수를 늘려가고, 일부이긴 하지만 외제물품을 선호하였으며, 외국여행으로 외화를 낭비하였다. 그리고 음식물도 아끼지 않았으며, 3D 현상도 나타났다. 옛날 배고팠던 시절을 까맣게 잊어버리고, 흥청망청 소비하였다.

대다수의 서민들이 수십 년을 모아도 모을 수 없는 돈을 하루 밤 도박장에서 날려 보내는 한심한 인간들도 있다. 일 년 해외 나들이로 80억불, 외국유학비용으로 100억불, 음식 찌꺼기로 8조원, 그동안 낭비가 너무 심했다. 그뿐인가 아직 통계는 안 나왔지만 교회에서 해외에 뿌리는 외화도 천문학적 숫자일 것이다. 동남아를 위시하여 러시아, 중앙아시아, 아프리카, 중남미 등지에 수만은 선교사들을 보내고 거기에 달러를 보내고 있다. 또 교회를 설립하고 있다. 선교가 무엇이며 어떻게 해야 하는 신학적 점검도 미진한 가운데 물량으로 돈을 쏟아 붓고 있다. 이스라엘을 비롯한 구라파 선교여행으로도 엄청난 외화가 유출되고 있다.

민족의 정신을 계도하고 의식을 바로 잡아야 할 교회까지 물량주의로 펑펑 돈을 쓰고, 경쟁적으로 맘모스 교회당 짓기에 정신을 잃는다면 과연 민족의 장래는 어떻게 될 것인가?

회개해야 한다. 먼저 교회와 믿는 사람들이 회개해야 하고, 정치 지도자들, 경제인들, 온 국민이 회개해야 한다. 어렵고, 더럽고, 위험한 일(3D)을 기피한 일, 노사분쟁으로 상품의 경쟁력을 떨어뜨린 일, 사치와 낭비의 생활, 외제 선호, 불의와 불법을 자행하고, 또 묵과한 삶, 술, 담배 많이 소비한 죄, 정직하지 못한 죄, 성실하지 못한 죄, 이웃을 업신여긴 교만 죄, 쓰레기 투척한 죄, 법과 질서를 안 지킨 일등을 회개하고 민족이 다시 태어나야 한다.

이광수, 안창호 등이 부르짖은 '민족 개조론'은 아직도 유효하다. 구약성서를 보라 이스라엘 백성이 야훼 하나님의 말씀을 소홀히 하고 사치와 방탕, 우상숭배와 불순종으로 나아갔을 때 하나님은 영락없이 징계의 채찍을 들지 않았던가.

우리민족에게 지금 하나님은 징계의 채찍을 내려치시는 것이다. 더 늦기 전에 회개해야 한다. 외국근로자 22만 명의 일자리도 차츰 우리 근로자들이 다시 메워야 한다. 사람이 보든 말든 정직하고 성실하게 일해야 한다. 다시 두 주먹을 불끈 쥐고 회개의 눈물을 손등으로 닦고, 땀 흘려 일하면 하나님은 노여움을 푸시고 우리에게 사랑과 축복을 다시 베풀어 주실 것이다.

우리 민족은 탁월한 민족이다. 우리는 저력 있는 민족이다. 위기극복의 능력을 가진 민족이다. 하면 된다. 이 난국에 즈음하여 우리 모두 회개하자. 우리의 적극적 회개는 오직 진리의 실천이다.

(1998. 1)

무엇이 교육인가

못내 아쉬워 눈을 뿌리며 들락거리던 겨울이 가고 금년 봄은 여름처럼 몰려왔다. 섭씨 28도를 오르내리는 무더운 날씨는 중국 상하이의 열풍 때문이란다. 날씨만큼이나 지구촌은 인종분규, 전쟁, 경제와 군비경쟁, 정치싸움으로 용광로가 되고 있다.

우리나라도 경제 환란과 함께 새 정부가 출범하면서 각종의 개혁바람으로 뜨겁다. 그동안 금융, 기업을 위시하여 각종의 개혁이 진행되면서 가시적인 성과를 거두었다.

이것은 결코 통치자들의 공로가 아니다. 언제나 국난을 당하면 결연히 뭉칠 줄 아는 국민의 애국심이 요만큼이라도 위기를 모면할 수 있었던 것이다. 금 모으기, ARS를 통한 성금 모으기, 수재민 돕기 등 국민은 훌륭했다.

정치한다고, 기업한다고 저지른 수많은 시행착오와 부정부패의 결과도 모두 죄 없는 국민이 부담했다. 하늘같은 민초들은 밟으면 쓰러진다. 그러나 또다시 일어선다. 백성의 소리는 곧 하늘의 소리다.

먼저 개혁의 주체부터 철저하게 스스로 개혁하고 개혁을 이끌어야 할 것이다. 경륜도 전문성도 없는 사람들이 설부른 개혁을 서두르다가는 마침내 모든 것을 잃는다.

지금 여러 곳에서 개혁의 부작용이 발생하지만 그 대표적인 곳이 교육현장이다. 더 이상 내몰릴 수 없는 곳까지 내몰린 교사들이 집단으로 사표를 내던지고 있다.

금년 1학기를 기점으로 3만 여명(정년과 명퇴)의 교사들이 교단을 떠나겠다고 한다. 2학기 교사 수급이 어려운 당국은 부랴부랴 명퇴를 심사하여 결정한다고 했다.

백년대계를 위한 교육을 단숨에 행정력으로 풋나무 치듯 개혁할 수 있다고 생각하는가? 교사들의 명예를 시궁창으로 끌어내리고도 교육이 가능하다고 보는가?

박봉에 시달리면서도 명예와 보람 하나 가지고 살아왔는네 이제 그 명예마저도 박탈당하고 말았다. 촌지고발센터를 만들어 교사집단을 부정한 집단으로 비치게 하였다.

봉급이 깎기고, 정년이 단축되고, 목숨 같은 명예까지 빼앗긴 교사들이 이제는 체벌 받은 학생에게 고발당하고, 구타당하기까지 한다. 몰상식한 학부형까지 학교에 출두하여 교사를 구타한다.

엊그제 신문에도 숙제검사를 하던 여교사가 중학교 일학년 남학생에게 맞아 이가 두 개나 부러졌다. 이제 사도는 완전히 무너졌다. 경제논리에 밀리고 실적 위주에 밀려 교권이 사막으로 밀려났다. 이래도 위기가 아닌가.

교육이 무너지면 모든 것이 무너진다. 때 묻은 기성세대는 세월이 가면 사라질 것이다. 그러나 자라나는 꿈나무들이 망가지면 희망이 없다. 교육은 공권력으로 되는 것이 아니다.

농부가 농사를 짓듯이 교육은 교사가 한다. 전문적인 식견과 경륜으로 교육해야 한다. 분명한 교육철학으로 교육해야 한다. 선진국의 교육을 본받고 우리조상들이 물려준 교육 유산을 토대로 국적 있는 교육을 해야 한다.

유대인에게는 유대인인 교육이 있듯이 우리에게는 우리의 교육이 있어야 한다. 존경도 보상도 없는 오욕스러운 교육현장에 누가 남아 있으려하는가. 인터넷을 보라. 실의와 좌절에 빠진 수많은 교사들이 처자식 때문에 억지로 학교에 남아있다고 하지 않던가.

초등학교 교사들은 평균 주당 32시간의 수업과 73개의 잡무에 시달리고 있다. 열악한 교육현장, 추락한 교권, 쪼들리는 봉급…. 과연 우리나라의 교육을 이대로 둘 것인가.

신지식도 좋고 경쟁력 있는 고품질의 학생을 만들어가는 것도 중요하지만 인간교육은 누가 할 것인가? 교육은 단순한 지식전달이 아니다. 학교는 물건을 사고파는 시장이 아니다. 바람직한 인간을 길러내는 도장이다. 사람다운 사람을 길러내는 일이 교육의 본질이다.

사람다운 사람이 되면 경쟁력은 부수적으로 얻어지는 것이다. 한때 곁길로 가던 아이가 스승의 감화로 변화되어 맹렬히 공부하여 훌륭한 인물이 되는 것을 우리는 얼마든지 볼 수 있다.

교육은 사랑과 인내로 한다. 학과성적이 전부가 아니다. 먼저 인간교육, 그 다음이 적성에 의한 교육이다. 우리는 지금 날로 추락하는 인성과 도덕성을 회복하여야 한다. 상하종횡의 윤리가 무너지고 있다. 기본적인 양심마저 마비되어가고 있다.

수단과 방법을 가리지 않고 돈만 벌면 된다는 배금주의와 권력지향주의와 기능주의가 판을 치고 있다. 경제제일주의와 경쟁주의가 인간의 터전을 정글로 만들어 버렸다.

교육부장관이 임기 내에 모든 것을 할 수 있다는 환상을 가졌다면 버려야 한다. 실적이나 공로로부터도 자유로워야 한다. 그리고 잃어버린 교사들의 명예와 자존심을 다시 찾아주어야 한다. 선진국의 교사들이 어떠한 대우를 받고 있는가도 당국자들은 알아야 한다.

교사들뿐만 아니라 이 나라의 모든 국민이 자신의 일에 긍지와 보람을 가지고 살 수 있는 풍토를 조성하여야 한다. 그동안 우리나라의 부정부패는 교육이 잘못되었기 때문이다.

점수로 사람을 평가하는 교육, 학벌위주의 교육, 기능주의적 교육, 경쟁교육, 실적위주의 교육으로 표류하느라고 우리 선조들이 물려준 훌륭한 교육은 사라지고 선진국의 흉내만 내다 말았다.

교육은 상업도 경제도 아니다. 교육은 태내에서부터 이루어져야 하는 인간화의 기초다. 옳은 것이 무엇이며 그릇된 것이 무인가를 가르치고, 사랑하고 돕는 것이 무엇인가를 가르치며, 참된 가치가 무엇인가를 가르쳐 이를 행하도록 하는 것이 교육의 근본이다.

우리는 그동안 본질을 상실하고 부차적인 것에 치중해 왔다.

교육은 이상적 인간구현이다. 그리고 교육의 주체는 교사이다.

(2006. 3)

나는 주변인周邊人인가?

어느새 세월이 이렇게 흘렀던가? 신묘(辛卯)년 한해만 흘러가면 나는 삼십년 이상 봉직하던 직장을 떠난다. 누가 토끼의 해라고 하지 않았던가? 금년 들어 시간은 토끼처럼 잘도 뛰어간다. 벌써 정월이 저만치 달아났다.

눈 쌓인 창밖에는 바람소리만 스산하다. 온난화로 지구는 기상이변을 겪고 있다. 브라질과 호주엔 홍수폭탄으로 수많은 사람들이 죽고 미국 동부에는 눈사태로 왕래가 두절되었으며 한반도에는 예년에 드문 맹추위로 가난한 사람들의 생계를 위협한다.

인생의 후반부를 살아가며 나는 여전히 주변인(周邊人)이라는 생각을 한다. 잠시 미국에 유학을 하고 돌아 온 후로는 늘 미국을 동경하게 되었고, 그 미련 때문에 수없이 미국을 드나들었다. 그러나 지금은 다르다. 서양과 한국이라는 두 문화의 주변에서 나의 생각은 서성이고 있다.

나는 사십여 년 전 목사가 되겠다고 신학을 시작할 때 세속의 미련 때문일까? 고향집을 떠나며 울었다. 출가하는 불가의 승려 후보생처럼 차창 밖의 멀어져가는 고향을 바라보며 나는 버스 안에서 울었다. 그리고 소명을 받았다는 생각을 품고 신학생으로 공부했고, 목사로, 신학자로 일생을 무난하게 살았다. 한마디로 기독교라는 종교에 묻혀서 일생을 살아왔다.

그러나 거룩한 영역인 줄로만 알았던 교회에 대하여 나는 수많은 실망과 좌절을 거듭해왔다. 물욕으로, 교권욕으로, 명예욕으로 십자가 없는 교회는 병들어 있었다. 미움과 싸움과 술수와 거짓은 거기에도 있었다. 세월이 지나면서 나는 자신도 모르게 그 질서에 순응하며 살아가고 있었다. 나는 탈출구를 찾으려고 고심했다.

마침내 나는 젊은 날 동경하던 문학의 세계에 문을 두드렸다. 정식으로 대학에 가서 학문적으로 문학을 공부하였다. 또한 문예지를 통하여 등단도 했고 문인협회 회원도 되었다. 그러나 나는 또다시 이 세계의 어처구니없는 치부를 보고 실망을 경험하였다. 정치판은 여기에도 존재하고 있었다. 작가의 방출인가? 등단을 사고파는 시장인가?

유행가 가사만도 못한 시가 난무한다. 문단의 감투운동에 나의 휴대폰은 불이 났다. 대통령, 국회의원 선거에도 이같이 많은 전화와 문자를 받아 본적이 없다. 웬 문학지, 문예지가 그렇게도 많은가? 웬 문학단체가 그렇게도 많은가? 그 문예지와 단체를 유지하기 위하여 덤핑 작가를 양산하는가?

물론 나의 판단이 완전한 것은 아니다. 이태석 신부를 비롯하여 목숨 걸고 예수의 제자가 되어 사랑과 정의를 실천하고 하나님의 사명을 감당하는 훌륭한 성직자들이 있다. 또한 목숨 걸고 정진하는 이 시대의 진정한 예술인들이 곳곳에 있다. 지금 교회와 예술세계가 이만큼이라도 존속하고 있는 것은 세속의 정치와 영광에 휩싸이지 않고 묵묵히 사명을 감당하고 있는 성직자와 작가들 때문이다.

나는 서양문화와 우리문화의 주변에서, 신학과 철학, 신학과 문학, 그리고 세속과 교회의 주변에서 방황하는 일생을 살다가 세월의 무게에 밀려 현직에서 물러나려고 한다. 그러나 이민신학을 주창한 이상현 박사는 주변인(marginal man)을 하나님의 뜻을 실현하는 역사의 주인공으로 보았다. 이집트의 문화와 유대문화의 주변에서 수련 받은 모세를 통하여 하나님은 이스라엘을 출애굽시켰다. 이스라엘을 가뭄과 기근에서 구출한 요셉 역시 주변인이었다. 에스더가 주변인이었다. 성경에는 이러한 주변인을 통하여 하나님의 구속사를 엮어가신 이야기들이 많다. 수많은 인류의 걸출한 인물들이 주변인이었다. 20세기와 21세기를 사는 나는 문화와 종교의 주변인으로서 남은 인생을 리타이어(re-tire)하려고 한다.

은퇴는 영어의 단자가 뜻하는 바와 같이 자동차 바퀴를 갈아 끼우는 것이다. 나는 한자의 의미인 은퇴(隱退)처럼 물러나 숨지 않을 것이다. 그렇다고 망대에 올라가 소리치지도 않을 것이다. 다만 어디에 있던지 하늘이 소명하고 지시하는 대로 직립보행할 것이다.

뜻으로 보면 현대를 사는 우리 모두는 주변인인지도 모른다. 이 땅에 살면서도 다문화를 체험하고 살기 때문이다. 조상이 물려준 종가를 마지막으로 지키며 유가의 도를 실천하다가 작고한 어느 유학자도 아들에게 “나를 따라하지 말고 시세에 맞추어 제사를 지내라”고 하였다. 비록 본인은 유학을 몸으로 실천하고 살았지만 선친 몰래 아들은 대학에 보냈고 변화하는 세상에 적응하여 살기를 권했던 것이다.

이건희 삼성그룹 회장이 “아내와 자식만 빼고 모두 바꾸라”고 했다. 그는 금년 회사 시무식에서 “앞으로 십년 후에는 우리가 생산하는 전 품목을 다 바꾸어야 할 것이다”라고 했다. 변하지 않으면 살 수 없다.

진리는 변하는 것이다. 그리고 변하지 않는 것이다. 화이트헤드(A. N. Whitehead)는 변하는 '과정'만이 존재한다고 했다. 하나님은 변하지 않는다. 그러나 인간을 포함한 상대적인 것은 변해야 한다. 주변인으로서 나는 새로운 시대에 적응하기 위하여 변할 것이다. 그리고 창조할 것이다.

지구상에서 가장 변하지 않는, 아니 변화하기를 싫어하는 사회 중 하나가 교회이다. 변하지 말아야 할 진리는 하나님 뿐이다. 예배의 형식도 변해야 하고, 성경도 시대에 맞게 해석해야 한다. 어느 시대, 어느 종족에게도 여전이 성경이 하나님의 말씀인 것은 성경이 지닌 진리의 불변성과 상황의 적응성 때문이다.

이제 토끼가 상징하는 민첩성과 영리함도 취해야 하지만 소나 거북과 같은 우직성도 배워야 한다. 그러므로 우리의 조상들은 12지를 통한 다양한 상징적 진리로 우리를 교훈하고 있다. 토끼처럼 영리하고 꾀 많은 현대인은 '거북과 토끼의 경주'처럼 오히려 자신의 민첩함으로 자가당착에 빠지는 우를 범할 수 있다.

성경이 교훈하는 지혜는 '여호와를 경외'하는 것이다. 여호와를 경외하는 것이 지혜의 근본이다. 변해야 하지만 그 변화의 중심에는 항상 하나님이 계신다. 하나님 없는 변화는 축 없는 원이나 다름이 없다. 중심이 있어야 원이 있다. 오늘날 교회는 중심의 축을 상실하지 않았는가? 주변인 모세나 요셉의 축은 항상 하나님이었다. 사도들의 삶의 축은 항상 하나님이었다. 교권이나 명예가 아니었다.

이제 그만 그 터무니없는 욕심을 버리자. 그리고 새 시대를 향하여 변화하자. 적응하자. 그러나 변하지 않는 영원한 진리, 하나님만은 결코 배신하지 말자.

(2011. 1)

더 무너져야 하나?

얼마 전 모 전문대학에서 등록금 인상문제를 놓고 줄다리기를 하다가 마침내 학생이 학장의 멱살을 움켜쥐고 상처를 입히는 사건이 벌어졌다. 술 취한 학생들에게 훈계하다가 흠신 두들겨 맞은 어느 대학교수에 비하면 다행이라고 해야 하나? 데모 도중 스승의 머리를 깎은 학생의 반인륜을 근심하던 때는 이제 순진한 시절로 상기될 뿐이다. 질서와 윤리의 혼돈시대가 왔다.

어느 철학자가 "창조는 혼돈으로부터(creation from chaos)" 온다고 했으니 그런 현상을 믿어야 할까? 참으로 한심한 윤리도절의 시대에 돌입한 것이다. 민주화가 되면 지상낙원이 될 줄 알았는데, GNP가 늘어나면 환상의 세계가 도래할 줄 알았는데 온통 인간윤리의 지축이 송두리째 흔들리고 있다. 자식이 부모를 살해하고, 떼강도가 출몰하고 이기주의와 무례와 방자함이 극에 달한 오늘의 이 통탄의 현장에서 서양윤리는 위대하고, 동양윤리(유교윤리)는 저급하다고 감히 말할 것인가?

윤리의 근간은 동서를 막론하고 동일하다. 유교윤리와 기독교윤리의 뿌리는 같다. 효(孝)는 유교(동양) 윤리의 근간이며 동시에 기독교윤리와 서양 윤리의 근간이다. 십계명의 제 1계명부터 제 4계명까지가 신 중심의 도덕률이라면 인간을 위한 기본윤리의 첫 계명은 제 5계명 곧 "네 부모를 공경" 하는 것이다. 서양은 횡적인 문화이며 동양은 종적인 문화라고 서슴없이 말하지만 인간의 삶을 면밀히 통찰하면 동서양을 막론하고 그 윤리의 기초는 같다. 부모를 공경하고, 스승을 존경하며, 나이 많은 사람들을 우대하는 풍토는 세계 어느 곳에서나 동일하다. 시니어(senior)를 공경하는 사회보장 제도가 서양에는 얼마나 잘 되어 있는가.

군사독재를 마감하는데 민주화 운동은 분명히 큰 공헌을 했다. 그러나 그 전리품으로 일부의 사람들은 민중의 영웅이 되고, 권세를 얻기도 하였다. 또한 우리는 알지 못하는 사이에 엄청난 것들을 잃어버렸다. 사도(師道)와 제자의 도리가 무너졌다. 효가 무너졌다. 그 옛날 함께 울고 기뻐했던 공동체 의식이 무너졌다. 아니, 인간성이 파괴되었다. 이 기막힌 역사의 벼랑에서 우리는 방향을 잃어버리고 표류하고 있다. "세계화"라는 개념조차도 파악하지 못하고 우리는 우왕좌왕하고 있다.

과연 민주화는 버릇없는 10대가 되는 것이며 개인과 집단 이기주의가 되는 것인가? 등록금을 흥정하는 것이며 제자가 스승을 펜으로 평가하여 등급을 매기는 평가제도인가? 퇴계의 제자들이 퇴계와 등록금 흥정을 벌였는가? 그 옛날 우리의 전통서원이나 성균관에서 제자들이 스승 앞에서 턱을 고이고 강의를 평가했던가? 세계의 일류가 되는 길은 그와 같이 반인륜, 비인간화가 되더라도 능력과 기능만 극대화 되면 합격이란 말인가? 교육이 무엇인가?

첨단과학도 좋고, 최고의 기능과 지식습득도 좋다. 그것이 살아남는 길이라면 응당 그 길로 가야한다.

그러나 그것이 교육의 목적은 아니다. 그것이 유토피아를 불러오는 것도 결코 아니다. 교육은 인간을 인간답게 만드는 일이다. 두뇌가 잘 발달되고 도덕교육이 빵점인 사람이 장차 어떤 인간이 될 것인가를 상상해 보라. 사실 우리나라 최고의 대학 출신들이 우리사회에 커다란 공헌도 했지만 그 좋은 두뇌로 상상을 초월할만한 탈법과 부정을 자행하지 않았던가?

우리는 민주화도, 세계화도 옳게 해야 한다. 건강한 한국인, 세계에 자랑할 만한 덕망을 가진 한국인이 되어야 한다. 우리가 지켜온 우리의 아름다운 덕목들을 지키고 가꾸어야 한다. 정권을 얻기 위하여, 부를 얻기 위하여, 나만이 잘 살기 위하여 공동체를 파괴하며 인기전술을 써서는 안 된다. 사제의 윤리, 장유의 질서, 부모와 자식의 윤리, 민족애와 같은 당연한 윤리를 더욱 잘 가꾸어야 한다.

학교가 더 이상 지식을 팔고 사는 시장터로 전락할 수는 없다. 가정이 여관처럼 될 수는 없다. 이제 더 이상 무너질 수 없다. 이런 상태로는 저 거센 일본, 미국, 중국과 같은 열강들의 파도를 막아낼 수가 없다. 오로지 우리의 얼과 우리의 끈질긴 민족정신으로 이길 수 있다. 그 옛날 우리 조상들이 과연 물리적 힘으로만 이 땅을 지켰던가? 아니다. 우리만이 가지고 있는 고유한 얼, 도덕, 한(恨)의 결집력으로 이 땅을 지켰다. 우리의 똑똑한 신세대에게 이제 우리의 얼과 도덕과 문화를 새겨주어야 한다. 이제 더 무너질 수는 없다. 단단한 한국인이 되자. 뭉치는 한국인이 되자.

(1998. 3)

대미 對美 실사구시 實事求是

올 들어 무더위가 빨리 찾아왔다. 태풍도 예년보다 일찍 올 것 같다는 관측이다. 연례행사처럼 밀어닥치는 폭풍과 폭우로 이재민이 된 형제자매들의 상처가 아직도 선명한데 이에 대한 사전 준비는 철저히 되었는지 모르겠다.

유비무환! 아무리 강조해도 부족하지 않은 말이다. 과거에 비추어 보면 우리 민족은 위기극복은 잘하는 편이지만 유비무환은 잘 못하는 것 같다. 지나치게 감성적이고 너무 독선적이며 너무 망각을 잘 한다. 우리가 위난을 당하면 잘 뭉치고 잘 견디어 내는데 그 위난을 넘기고 나면 얼마 안가서 그 기억을 망각의 강에 흘려보낸다. 그리고 좀 형편이 좋아지면 내일보다는 오늘에 깊이 취하는 경향이 있다.

지금 우리는 어디에 있는가? 열강의 틈새에서 우리는 어떤 곡예를 해야 하는가? 지금 우리는 축구응원 같은 열광으로 국가의 운명을 과연 반석 위에 올려놓을 수 있다고 생각하는가? 여중생 장갑차 사건으로 야기된 반미 촛불시위를 정치인은 교묘하게 이용하고 툭하면 매스컴은 반미적 편집으로 국민을 분노하게 하였다. 그리고 대통령은 공공연연하게 자주국방을 표명하였다. 자주국방은 속으로 모르게 하는 것 아닌가?

결국 북한이 반세기 동안 끈질기게 외치던 미군 철수는 지금 시작되었다. 개인도 수시로 감정을 폭발하여 이웃과 불화하면 따돌림을 받기 마련인데 하물며 냉혹한 국제 현실 속에서 지금 까지 도움을 받았고 지금도 여전히 이익을 보고 있는 형편에 조금 살게 되었다고 반미적 행태를 노골적으로 나타내어 과연 우리가 얻을 것이 무엇인가? 그렇다고 무조건적 친미를 하자는 것은 결코 아니다.

효순이, 미순이 사건을 보고 약소국의 비애와 분노를 느끼지 않은 국민이 있었는가? 술 취한 미군 병사들이 수시로 저지르는 범죄를 보고 우리나라 국민 누가 울분을 느끼지 않겠는가? 필자도 한반도와 관련된 미국의 부당한 과거 행태에 대하여 준엄한 비판을 했었다. 그러나 그것은 힘없는 우리의 자화상을 스스로 읽고 힘을 길러야 할 당위성을 고취하기 위함이었지 결코 반미를 역설한 것은 아니다.

작은 나라, 특별히 지정학적으로 강대국의 틈바구니에 위치한 우리가 살아남고 번영하는 길은 오직 두 가지 길이 있을 뿐이다.

첫째는 무역실행이고 그 다음은 탁월한 외교다. 힘이 있어야, 경제력이 있어야 외교무대에서 유리한 고지를 점령할 수 있다. 그리고 이와 반대로 외교를 잘해야 경제도 살릴 수 있으며 안보도 지킬 수 있는 것이다.

더구나 지구촌 시대에 독불장군은 있을 수 없다. 영국이나 일본을 보라. 그들이 우리보다 힘이 없어서 사사건건 미국의 정책에 동조하는가? 독일을 보라. 그들은 미국의 도움으로 경제를 재건하였고 통일을 이루어내지 않았는가?

지금 우리는 어처구니없는 발언과 정책으로 동맹국 미국과 미국 국민으로부터 멀어지고 있다. 혼자 설 수도 없으면서 때 이른 달리기를 시작할 수는 없는 것이다.

역사적으로 미국이 우리에게 어떻게 하였나를 기억하자. 수많은 굴욕의 사건도 기억하고 한국전쟁 때 수많은 미군이 한국의 산하에서 죽어간 숭고한 피의 역사도 기억해야 한다.

감정이 아니라 냉철한 이성과 따뜻한 감성으로 우리는 우리의 역사적 현실을 직시하여야 할 것이다.

지금 미국에는 수백만의 교민이 열심히 살아가고 있다. 그리고 우리는 미국과의 교역에서 엄청난 이익을 내고 있다. 그리고 미국은 세계 유일의 초강대국이다. 유엔도, 나토도, 세계은행도 미국의 의지에 따라 얼마든지 좌지우지 될 수 있다.

베트남전쟁에서 미국이 패하였다고? 그렇다면 전쟁에서 이긴 베트남이 오늘날 강대국이 되었는가? 어림없는 소리! 힘 없는 허세로 국제사회에서 살아갈 수 있다는 망상을 버려야 한다. 힘 없는 자존심은 오히려 고립을 자초할 뿐이다. 기분 나빠도 참을 때는 참아야 한다.

국제간에는 상대가 섭섭하게 하여도 우정은 버릴 수 없다. 꼼꼼히 이해득실을 따져보고 우리가 챙겨야 할 것은 챙기고 줄 것은 과감히 주어야 한다.

협상전문가를 길러 국가 간의 협상에 임해야 하고 미국당국은 물론 미국의 조야에도 외교의 선을 넣을 수 있어야 하며 미국의 여론을 우리에게 유리하도록 유도할 수도 있어야 한다. 능력 있는 교민도 있고 훌륭한 로비스트도 있지 않은가?

없으면 육성해야 한다. 그렇다고 비도덕적인 뒷거래를 주장하는 것은 결코 아니다. 국제사회에서는 영원한 우방도 영원한 적국도 없다.

거기에는 철저한 실리만 있는 것이다.

지금 개혁을 주도한다는 정부여당에는 실사구시를 주장하는 사람들과 이념을 강조하는 사람들로 나뉘어 있는 것 같다. 지금이 어느 시대인데 이념타령인가? 당연히 실사구시로 나가야 한다. 진보냐, 보수냐의 문제가 아니다. 탈이념의 시대에서 우리가 살 길은 오직 좌도 우도 아니며 변증법도 아니다. 오직 실사구시만 존재할 뿐이다.

반미의 어처구니없는 모습을 보며 더 이상 안보의 위협과 경제의 위기를 초래하지 않기를 바란다. 그렇다고 맹목적 친미주의로 손해 보는 일도 없어야 한다. 미국의 기본노선은 실용주의다. 그들은 그들의 필요에 의하여 그들의 길을 갈 것이다.

이러한 엄연한 현실을 직시하고 제발 국민을 더 이상 불안하게 하지 말아야 할 것이다. 그리고 이제 대통령과 대통령을 보좌하는 사람들도 더 이상의 정치적 행위로 국민을 불안하게 해서는 안 될 것이다.

지난 총선으로 소원성취, 다수 여당이 되지 않았는가?

국무총리를 지명하고 장관을 임명하는 일을 비롯하여 모든 인사와 정책집행에 있어서 오로지 국민의 안위와 복리, 그리고 국가의 이익에만 몰두해야 할 것이다.

야당도 마찬가지다. 오직 국가와 국민의 관점에서 살신성인 할 때 수권의 기회는 기필코 오는 것이다. 이제 정치는 신물이 난다. 국민은 더 이상 정치를 믿지 않는다.

친미도 반미도 아니다. 오직 실사구시에만 길이 있다.

(2004. 6)

남북 정상회담 이후

AD 2000년 6월 13일부터 15일까지 있었던 남북정상 회담은 분단 55년 만에 성사된 역사적 감격의 사건이었다. 직장에서, 터미널에서, 차 안에서, 대중매체를 접할 수 있는 모든 곳에서 우리는 남북정상의 만남을 지켜보며 흥분하며 갈채를 보냈다.

어디 그뿐이랴, 전 세계의 수많은 언론사들이 열띤 취재경쟁을 벌였다. 지구상에서 유일하게 냉전 상태로 현존하는 분단국가의 정상이 만나는 일은 만남 그 자체만으로도 엄청난 뉴스였다. 일 천만 이산가족은 물론 우리민족 모두는 두 정상의 뜨거운 포옹을 지켜보며 감격의 눈물을 흘렸다.

그러나 이제 우리는 들뜬 열기를 식히고 냉정하게 현실을 인식해야 한다. 어떻게 해야 이 땅에 냉전을 종식시키고 항구적인 평화와 통일을 불러올 것인가를 연구해야 한다.

평화와 통일은 감상으로 오지 않는다. 한국전 참전용사였던 전 필리핀 대통령 피델 라모스는 우리의 남북정상회담을 야구경기에 비유하여 "이제 1루를 갔을 뿐이며 홈런은 아니다"라고 평하였다.

그렇다. 지금 우리는 겨우 출발선에 와 있는 것이다. 앞으로 풀어야 할 숙제가 첩첩산중이다. 성급한 감상은 금물이다. 현실적으로 달라진 것은 하나도 없는데 벌써 헌법에 명기된 '영토조항'을 개정해야 한다느니, 교과서를 개정해야 한다느니, 군에서 주적(主敵)의 개념을 바꾸어야 한다느니 야단들이다.

너무 앞서 가고 있다. 떡 줄 사람은 생각도 않고 있는데 김칫국부터 마시는 격이다.

프랑스의 문명비평가 기 소르망(Guy Sorman)은 이번 남북 정상회담을 북한의 "성공한 드라마"로 규정하고 있다. 96년 북한을 방문했던 경험을 가진 기 소르망은 "북한이라는 나라는 군사감옥이고, 국민들은 공포와 기아 속에 살고 있다.

하지만 북한정권은 능숙한 기예(技藝)를 동원함으로써 3일 만에 이 같은 현실에 환각의 베일을 씌우는데 성공하였다"고 하였다(조선일보 6면 2000. 6. 24).

물론 외국인의 이 같은 시각에 전적으로 동의하지는 않는다. 그러나 우리는 차분하게 그리고 합리적으로 실현가능성 있는 것부터 하나하나 풀어 나가야 한다.

돌아오는 8월 15일에 천만 이산가족 중 단지 백 명만 상봉한다는 것은 지극히 미미한 만남이다. 그러나 이 작은 그루터기로부터 우리는 저 멀고 험난한 화해와 통일의 꿈을 이루어 내야 한다.

전문가의 말을 빌리면 역사적 주기로 보아 통일국가가 분열하고 다시 통일을 이루려면 대략 1세기의 기간이 걸린다고 한다.

한반도의 통일은 쉽게 오지 않는다. 우리를 갈라놓은 나라들과 주변의 열강들의 이해가 복잡하게 걸려있고 정치체제가 다르며 분단 반세기 동안 사회 전반에 걸쳐 고착된 이질감을 극복하는 일은 쉬운 일이 아니다.

우선 통일의 가장 큰 걸림돌은 분단 상황의 기득권자들이다. 이들은 자신들이 가진 권력과 부와 견고한 세력을 포기할 수가 없다. 저들은 입으로는 통일을 말하면서도 결코 통일을 원하지 않는지도 모른다.

그리고 우리는 어마어마한 통일비용을 준비하지도 못했다. 만일 준비 없는 통일이 온다면 그것은 상상할 수 없는 혼란과 또 다른 분열을 초래한다. 동독의 인구는 서독 인구의 5분의 1이었다. 서독사람 다섯 명이 동독사람 한 사람만 먹여 살리면 되었다.

그러나 우리는 남한 사람 두 사람이 북한 동포 한 사람을 책임져야 한다. 이렇게 어려운 통일의 난제를 감상적으로 접근하려고 한다면 오산이다.

통일은 쉽게 오지 않는다. 그러나 또한 통일은 독일처럼 갑작스럽게 올 수도 있다. 그러므로 우리는 이러한 역사의 우발성에도 대비하여야 할 것이다.

우리는 너무 쉽게 통일을 주장할 수 없다. 미군철수, 주적개념의 변경, 보안법 철폐, 헌법의 영토범위 개정, 교과서 개편, 비 전향 장기수 송환 등과 같이 너무 앞서서 가지 말고 심사숙고하기 바란다.

지금 북한에는 여전히 김일성의 카리스마와 통치가 살아있다. 우리는 저 철통같은 북녘 땅의 문을 열기 위하여 천문학적 숫자의 돈을 쏟아 부었고 앞으로도 계속 부어야 한다.

바라기는 이러한 피나는 노력이 민족통일의 밑거름이 되어 평화통일이 앞당겨지기를 기도한다.

미, 일, 중, 러가 아무리 우리의 분단을 고착화시키고 그것을 통하여 자기들의 이익을 챙기려고 할지라도 합의서에 명기된 대로 우리가 신명을 바쳐 자주적 평화통일을 위하여 노력한다면 하늘은 우리의 손을 들어주실 것이다.

정치권이여! 이제는 더 이상 분단 상황을 정치적으로 이용하지 말라. 다시는 북풍이니, 총풍이니 하는 사기극으로 국민을 우롱하지 말아야 한다.

그리고 지배계층과 기득권의 영달을 위하여 남북관계를 이용하지 말아야 한다. 하늘은 진실한 자의 편이다. 그럴듯한 거짓은 역사의 지평에서 반드시 추악한 몰골로 드러난다.

반세기가 넘어서야 성사된 남북 정상의 뜻 깊은 회담을 보고 느낀 이 감격과 이 희망을 우리는 오직 내실로 채우고 차분하게 준비하여야 할 것이다.

분명 우리의 소원은 통일이다.

(2000. 6)

나와 너 I and Thou

지금 우리는 잘 살고 있나.

일본 산케이 신문은 7일 민간조사기관인 오카모토 어소시에이트의 조사를 인용, 실업률, 소비자물가, 흉악범죄 발생건수, 이혼율 등 미국 사회의 각종 불행지수가 97년 사상 최저수준으로 낮아졌다고 보도했다. 불행지수가 최저라면 반대로 행복지수는 근래에 이르러 최상이란 말이다.

그렇다면 지금 미국인은 행복한가. 그들은 진정 잘 살고 있는 것인가. IMF와 세계은행을 휘어잡고, 달러의 줄을 잡고 풀었다 당겼다 하면서 저들은 다른 나라의 불행을 자기들의 행복으로 바꾸어 즐기고 있다. 아시아의 경제가 파국에 이르러 유럽이 흔들리고, 일본마저 흔들리고 있다.

과연 이런 상태로 미국의 경제는 언제까지 호황을 누릴 수 있을까? 그리고 행복은 과연 경제와 문명으로부터 오는 것일까? 눈부신 과학의 발달로 인간의 행복은 보장될 수 있을까?

결코 그럴 수 없다. 지금 우리는 잘 살고 있는 것이 아니다. 물질적으로, 윤리적으로, 문화적으로, 과학적으로 우리는 지금 잘 살지 못하고 있다. 지금 타락한 인간의 문명은 인류의 멸망을 재촉하고 있다.

물질문명과 정신도덕문명은 비례하면서 발달해야 한다. 그런데 지금 지구촌에서는 인간의 도덕의식이 물질문명을 따라가지 못하고 있다. 온통 이 세상은 소유욕과 동물적 본능에 미쳐 있다. 더 많이 갖고, 더욱더 편리한 생활을 누리려고 인간은 스스로 비인간화와 멸망의 노정을 걸어가고 있다.

따라서 인간은 서로를 소외하고, 신과 세계를 소외시키고 있다. 지금 인류는 희망의 봉우리를 향하여 올라가고 있는 것이 아니라 멸망의 내리막길을 무서운 속도로 내려가고 있다.

지금 인도와 파키스탄이 벌이고 있는 핵무기 경쟁으로 세계가 시끄럽다. 러시아, 미국, 중국, 프랑스 등에서 가지고 있는 저 엄청난 핵폭탄만으로도 지구의 멸망은 몇 번이라도 가능하다. 핵무기가 아니라도 지금 인류는 탐욕의 폭탄으로 지구를 폭파해가고 있다.

엘리뇨 현상으로 지구는 기상이변을 일으키더니, 이제는 라니냐 현상으로 지구의 일부에 극심한 가뭄과 추위를 몰고 올 것이라고 한다. 엘리뇨와 라니냐가 오빠 동생하며 번갈아 바다의 온도를 상승, 하강시키며 재앙을 불러온다.

지구의 극점에서는 어마어마한 빙산이 녹아내리고 따라서 해수면의 높이가 올라간다. 남·북극의 얼음이 다 녹으면 지구는 다시 태고의 물속으로 덮여버리고 만다.

그뿐인가. 프레온가스를 비롯한 각종 유해가스가 지구를 감싸고 있는 오존층을 파괴하고 있다. 오존층이 파괴되면 인류는 존속하기 어렵다. 인간은 피부암, 성장억제, 유전인자의 변이 등으로 살 수 없게 되고, 동식물도 존속할 수가 없다.

또 요사이 매스컴에 연일 보도되는 환경호르몬의 발견은 인류의 멸망을 예고하는 징표이다. 우리가 매일같이 사용하는 용기, 먹고 마시는 물과 음식에 수컷의 정자 수를 감소시키는 물질이 들어 있다.

통조림, 플라스틱, 각종의 편리한 사용도구에 정자킬러가 숨어 있다. 컴퓨터, TV, 전자레인지, 수많은 전기전자 매체에서 전자파가 발생하여 인체를 시들게 하고 있다. 산천이 썩어가고 있다. 바다가 죽어가고 있다. 인류의 마지막 허파인 아마존 강 유역의 열대림과 시베리아의 원시림이 대책 없이 파괴되어 가고 있다.

지금 우리는 잘 살고 있는가.

찬란한 지구문명의 요람 위에서 우리는 진정 잘 살고 있는가. 자연을 죽이고, 하늘과 땅과 바다를 죽이고 우리는 진정 잘 살 수 있는가.

아니다. 결코 잘 살수 없다. 인류는 지금 죽어가고 있다. 끝없는 욕심 때문에 인류는 지구를 죽이면서 스스로 죽어가고 있다.

이태리의 화가 레오나르도 다빈치는 「프랑스 학사원 수기」에서 "자연은 자신의 법칙을 깨지 않는다"고 교훈하고 있다. 그렇다. 자연은 자신의 법칙, 로고스의 궤도를 지키고 있다.

인류의 옛 조상들은 이 원칙을 지키며, 자연에 깃들여 살았다. 물은 반드시 높은 곳에서 낮은 데로 흐른다. 사계의 순환에 따라 꽃이 피고, 열매가 열린다.

그런데 인간이 이 자연의 법칙을 깨뜨렸다. 자연을 인간의 종속물로 삼았다. 마구 파괴하고, 마음대로 농락하였다. 편리의 한계를 넘어 끝없는 쾌락의 충족을 위하여 자연을 마음대로 유린하였다.

자연은 괴로움을 참을 수가 없어 지진으로, 화산으로, 해일로, 토네이도로, 엘리뇨와 라니냐로 사인(sign)을 주었건만 인간은 아랑곳하지 않고 여전히 자신들의 탐욕을 채우고 있다. 이제 조물주와 자연은 인류멸종의 마지막 카드를 뽑은 것이다. 그것이 환경 호르몬이라는 사인으로 표시되고 있는 것이다.

오래 전 유대의 석학 마르틴 부버(Martin Buber)는 「나와 당신」이라는 책에서 관계의 철학을 강조하였다. 하나님, 인간, 사물과 자연을 인간의 삼중적 관계라고 가르치며 "나와 그것"이 아닌 "나와 당신"으로서 관계를 가지라고 교훈 하였다.

"나와 당신"의 원리는 하나님과 인간은 물론 사물, 우주와 자연에게도 동일하게 적용되는 진리이다.

자연을 이용가치로 대하지 말자.

인간과 하나님과 자연을 내 목숨처럼, 내 인격처럼, 소중히 여겨야 한다.

이대로 가면 지구는 멸망한다. 우리가 좀 불편하게 살더라도 자연을 죽여서는 안 된다.

자연! 영원한 당신의 품에 조용히 안겨, 행복한 새들의 노래 소리와 꽃들의 합창을 들을 때 인류는 존속될 것이다.

(1997. 8)

독도문제 어떻게 풀 것인가?

독도문제로 지금 한일관계는 싸늘하게 냉각되었다. 국내외를 막론하고 우리 국민은 누구나 분기탱천해 있다.

독도(다케시마)는 "역사적으로, 법적으로 일본의 영토이다"(historically, legally Japanese territory)라는 주한 일본대사의 망언을 비롯한 일본의 극우세력의 망언이 연이어 나오고 일본의 침탈을 왜곡하는 일본의 역사와 공민 교과서 문제는 우리 국민의 분노를 극대화 하고 있다. 참으로 억울하고 속상한 일임에 틀림이 없다.

그러나 우리는 감정을 억누르고 냉정하게 이러한 기막힌 사실이 왜 일어났으며 앞으로 어떻게 할 것인가를 생각하고 실천에 옮겨야 한다. 독일과 같이 철저히 과거를 반성하는 나라가 있는가 하면 일본과 같이 과거를 은폐하거나 왜곡하여 미래의 군국주의적 침탈을 꾀하는 나라가 있다는 현실을 인식하여야 한다. 저들은 단순히 독도를 탐내는 것이 아니다.

독도 해저에 묻혀있는 엄청난 양의 가스 소유와 영해의 확장을 넘어 또다시 대동아 공영권을 거머쥐려는 야욕을 저들은 버리지 않았다. 또한 독도문제가 국제사법재판소로 가기를 원하고, 우월한 힘을 로비에 쏟아 독도를 자기네 영토로 만들겠다는 속셈을 가지고 있을 것이다.

이러한 울분의 현실 속에서 우리는 분노를 억누르고 슬기롭게 난국을 타개하여야 할 것이다.

첫째, 명증한 역사자료들을 세계에 공개하는 것이다.

우리가 IT강국이라는 것을 자랑만하지 말고 그 기술을 통하여 세계의 네티즌들에게 독도가 우리 땅임을 알려야 한다. 일본을 위시한 세계의 양심세력들에게도 타당한 역사적 사실을 알려야한다.

둘째, 정부는 미국과 세계 각국에 외교역량을 총 동원하여 일본의 부당함을 알려야 한다. 그리고 여러 나라들이 우리나라를 편들도록 힘써야 할 것이다.

지금 일본이 왜 저렇게 준동하는지 아는가. 미국이 뒤에 있기 때문이다. 일본은 세계 최강국인 미국과 강한 유대관계를 유지하면서 아시아를 다시 손아귀에 넣으려 하고 있고, 미국은 일본과 연대하여 중국과 러시아를 견제하며 세계를 미국의 지배 하에 두려고 한다.

그런데 우리는 힘도 없으면서 사사건건 미국과 마찰하고 있다. 싫건 좋건 미국은 우리의 우방이며 실질적으로 우리는 미국으로부터 경제와 안보 면에서 혜택을 입고 있다.

우리보다 더 강한 나라들이 미국의 편을 들며 눈치를 보고 있는 현실인데 우리는 왜 미국을 멀리하는 것인가?

셋째, 우리는 힘을 길러야 한다.

남남 갈등을 해소하고 한 덩어리로 뭉쳐 국민역량을 극대화 하고 부강한 나라를 만들어야 한다. 약소국은 항상 서러운 것이다. 저들은 남북이 하나 되는 것을 바라지 않는다.

그러므로 우리는 미국과 주변국의 눈치를 살피면서라도 점진적 평화통일을 이루어내고 하나의 코리아로, 부강한 코리아로 다시 태어나야 한다.

국제 사회에서 힘은 곧 진리인 것이다.

지난날 일제의 강점은 우리가 힘이 없었기 때문이다.

힘! 힘이 진리다.

무엇이 개혁인가?

유난히도 금년 여름은 무더웠다. 대부분의 국민들은 가계가 어려워 피서도 못가고 찜통 같은 집에서 에어컨도 없이 무더위와 정면으로 싸웠다. 기온이 너무 상승하여 선풍기 바람도 시원하지 않았다. 더욱이 정치권의 행태를 보면 불가마에라도 들어온 것처럼 아직도 뜨겁고 가슴이 답답하다.

중국은 고구려 역사를 도둑질하고 있고 일본은 독도를 빼앗아 저들의 영해를 넓히려 한다. 미국은 반미, 좌경, 친북으로 변해가는 것 같이 보이는 한국과의 우방관계를 다시 설정하려는 것 같다. 북한의 핵문제는 여전히 표류하고 있다. 국민경제는 정부의 수치계산과는 다르게 최악의 상황을 치닫고 있다. 그런데 정치권은 이 어려운 현실을 외면하는지 정쟁만 일삼고 있다. 우리가 하나로 똘똘 뭉쳐도 이 험한 파고를 헤쳐나아가기 어려운 판에 눈만 뜨면 싸움이다.

대통령이 앞에서 오히려 국론을 분열시키고 있다. 지금 과거사 규명이, 국가보안법 폐지가 그렇게도 시급한 문제인가? 우리 민초들은 당장 먹고사는 문제가 더 시급하다. 우리 민초들은 안보가 튼튼한 나라에서, 그리고 자유민주주의 나라에서 열심히 일하면 잘 살 수 있는 평화의 나라를 원할 뿐 당신들처럼 권력 같은 것은 바라지도 않는다.

나라를 안정시키고 국민경제를 탄탄대로에 올려놓으면 우리는 누가 뭐라고 해도 당신들을 또 뽑아 줄 것이다. 그러나 당신들이 국민을 오도하고 국가를 위태롭게 하면서까지 권력을 탐하면 하느님은 우리 민초들을 통하여 당신들을 결코 용서하지 않을 것이다.

현 정권이 출범하고부터 그 위태로움은 나날이 심각해지고 있다. 정치, 외교, 안보, 경제 어느 것 하나 불안하지 않은 구석이 없는 것 같다. 현실인식을 똑바로 해야 올바른 처방이 나오는 법이다. 의사가 진찰을 정확히 해야 병을 고칠 수 있는 것처럼 위정자는 우리의 현실을 객관적으로 바르게 인식하여야 한다.

정권이 들어 설 때마다 자신들의 정당성을 확보하고 자신들의 입지를 강화하기 위하여 개혁을 부르짖는다. 그러나 대부분의 개혁주체들은 개혁을 달성하지 못하고 오히려 개혁의 대상이 되고 말았다. 왜 그런가? 그것은 개혁의 주체가 자격미달이며 개혁의 저의가 순수하지 못하였기 때문이다.

개혁이 무엇인가? 현실의 것들이 낡고 타락하여 쓸 수 없음으로 새롭게 바꾸어 능률을 올리고 참신한 미래지향적 사회를 건설하자는 것이 아닌가? 그렇다면 자유민주주의 국가에서의 개혁이란 무엇인가? 국민이 주인이므로 국민을 더 잘 살게 하는데 걸림돌이 되는 것들을 제거하는 것이다. 그리고 깨끗한 사회를 만들고 희망의 사회를 펼치는 것이다. 단번에 모든 것을 바꾸려면 부작용이 따른다.

그것은 개혁이 아니라 혁명이다. 또한 개혁은 개혁을 할 수 있는 주체가 해야 한다. 국민의 세금으로 녹을 받는 대통령으로부터 공무원들이 먼저 개혁의 자격이 있는가를 살펴야 한다. 위정자들부터 먼저 개혁해야 한다.

지난 총선에서 신인들을 대거 당선시킨 국민의 뜻이 무엇인가를 똑바로 알아야 한다. 먼저 도덕적으로 깨끗해야 한다. 부정한 뒷거래를 하면서 무슨 개혁을 할 수 있겠는가? 이 정권은 초기부터 도덕적으로 깨끗하지 못했다. 추상같은 자기성찰로부터 개혁이 시작되어야 한다. 그 다음에 능력을 보고 비효율적인 시스템을 고쳐야 한다.

아무리 잘 정비된 정책과 청사진이 있다고 해도 그것을 운영하는 인간이 부패하면 망하는 법이다. 지금 국민은 새로 뽑은 대통령과 국회의원들을 매우 불안한 눈으로 바라보고 있다.

이 어려운 현실을, 이 험난한 국제적 난국을 잘 헤쳐 나아갈 것인가를 심히 우려하고 있다.

과거사를 정리하는 목적이 무엇인가?

진정으로 역사를 고쳐서 민족정기를 바로잡고자 한다면 먼저 독립유공자와 한국전쟁을 비롯하여 역사의 어려운 현장에서 목숨 바쳐 충성한 애국자들을 정중히 대우하라.

그리고 역사를 밝히는 작업은 공정한 사관을 가진 학술연구자에게 맡기라. 또한 국가보안법은 오늘의 상황에 부합하도록 개정하라. 북한은 정치적으로 변한 것이 없고 여전히 우리를 주적으로 보고 있는데 도대체 어쩌자는 것인가?

북한은 지금도 보안법을 철폐하라고 촉구하고 있다. 일부 학원가와 시위현장에서는 노골적으로 인공기와 김일성 부자의 어록을 내걸고 시위를 벌이고 있는 판에 우리는 지금 어디까지 가자는 말인가?

지금까지 남북대화는 저들이 문을 닫으면 중단되고 저들이 문을 열면 성사되는 지극히 수동적 관계의 연속이었고 퍼주고 쏟아 부은 노력에 비하면 특별이 얻은 성과도 없다.

우리는 지금 어디로 가고 있는가? 왜 야당대표가 정체성을 묻고 있는가? 현 정권은 국민 앞에 솔직하게 대답해야 한다. 오죽하면 천오백여명이나 되는 국가의 원로들이 시국선언을 하기에 이르렀는가?

일찍이 이런 일이 있었던가? 누가 이루어 놓은 나라인데 원로들의 충정어린 항의를 가볍게 처리하는가? 그들이 당신들처럼 정권을 얻기 위하여 시국선언을 하였다고 보는가?

그리고 또 행정수도를 옮긴다고 한다. 그 이유는 수도권 과밀인구를 분산시킬 목적이라고 하였다. 인구 오십만의 도시를 조성하여 행정도시를 만든다고 수도권인구가 분산된다고 보는가? 그런데 지난번에 왜 수도권에 공장을 지을 수 있도록 규제를 대폭 완화한다는 정책을 발표하였는가? 그것은 수도권인구를 더 과밀화 하는 정책이 아닌가?

잘못된 정책이다. 도대체 정책의 합리성과 일관성이 무엇인가 이해할 수가 없다. 그리고 통일이 되면 수도는 더 북쪽으로 올라가야 하는 것 아닌가? 쏟아내는 정책마다 그 타당성과 효율성을 이해할 수 없고 국론은 더욱더 분열되고 있다. 우리는 지금 어디로 가고 있는가? 어느 가톨릭 원로사제의 말대로 이 정권은 무식, 무경험, 무능의 정권인가?

정치적 기반 하나 없던 무명의 마르틴 루터(Martin Luther)가 종교개혁을 성공한 역사를 배우라. 그는 순수하고 깨끗했다. 그는 진심으로 진리를 사랑했다. 그리고 그는 국민의 열렬한 지지와 신망을 얻었다. 또한 그는 현실과 이상을 조화시키는 능력을 지니고 있었다. 그리고 무엇보다도 그는 인간과 역사의 주관자가 하느님이라는 사실을 명심하였던 겸손한 지도자였다. 무엇이 개혁인가? 대한민국은 자유민주주의 국가임을 명심하고 또 명심하라.

(2004. 9)

바람직한 시민운동

그동안 국민들의 정치권에 대한 실망은 저조한 투표율(무관심)로 나타나다가 총선시민연대의 낙천, 낙선운동으로 정치적 관심이 다시 살아나기 시작하였다.

이러한 현상은 아직 우리나라에 희망이 있다는 증거다. 지구촌 시대에 살아남기 위하여 모든 분야가 개혁을 단행하고 생존전략에 부심하고 있는 이때에 개혁의 리더가 되어야 할 정부와 정치권이 가장 비 개혁적이라는 진단이 나온 지 이미 오래되었다.

대통령이 공약한 작고 효율적인 정부는 이제 물 건너간 것인가? 당리당략보다 국익을 우선으로 하는 정치는 언제나 이룩될 것인가? 오죽하면 시민들이 얼음국회 의사당을 만들어 놓고 이를 때려 부수는 이벤트까지 벌였겠는가.

앞에서 이끄는 입법, 사법, 행정부가 먼저 변하지 않고 어떻게 국민들에게 변화와 개혁을 부르짖을 수 있겠는가. 참다못한 시민단체들이 정치권의 변화를 유도하고 있는 것이다.

시민운동은 꼭 있어야 한다. 선진 민주국가를 건설하기 위하여 시민운동을 필수다. 환경의 파수꾼 노릇도 해야 하며 사회정의와 경제정의를 위한 감시도 필요하다. 인권운동, 공명선거운동도 있어야 한다.

이미 선진국에서는 오래 전부터 각종 시민운동이 있어왔고, 이 운동은 올바른 정치와 입법, 복지와 민주주의를 꽃피우는데 촉매역할을 해왔다.

이제 우리도 이러한 시민운동을 자발적으로, 적극적으로 펼쳐 나아가야 하며, 시민과 종교단체들은 이들을 적극 지원해야 한다.

그러나 이러한 운동은 반드시 지켜야 할 원칙이 있다. 원칙 없는 시민운동은 위험하다. 독선과 아집에 빠질 위험도 있고, 특정집단에 이용될 소지도 있다. 금번 낙천 낙선운동에 나타난 반응은 이를 입증하고 있다.

시민운동은 정치적 중립을 주관적 선언이 아닌 객관적으로 엄격히 지켜야 한다. 시민운동은 공정해야 한다. 스스로가 공정하다고 천명하는 공정성이 아니라 누구나 인정할 수 있는 객관적 공정성을 지녀야 한다.

시민단체가 비대해지고 힘이 생기면 유혹의 손길이 뻗치게 마련이다. 정치권이나 이익집단이 회유의 미끼를 던진다. 다수의 구성원이 모르는 사이에 일부 영향력이 있는 사람들이 이용당할 가능성이 있다. 사실 시민운동의 선봉에 섰던 일부 사람들이 현 정부에 등용되었고 정치판으로 뛰어들었으며, 또 이들과 밀접한 사람들이 시민운동의 선봉에 서 있으니 음모설이 나오는 것이 아닌가.

매스컴과 시민운동을 통하여 얼굴이 좀 알려지면 신분을 가리지 않고 정치무대로 달려 나가는 꼴사나운 정경은 우리를 슬프게 한다.

사심을 버려야한다. 구도자적 초발심으로 되돌아 가야한다. 시민단체의 운영은 철저하게 시민의 후원금과 순수한 기부금으로 유지되어야 한다.

시민단체의 이념과 결정은 결코 절대가 아니다. 시민운동이라는 명분으로 개인의 인권을 침해할 수는 없다. 범죄한 사람의 인권도 보호받는 민주국가에서 초법적 행위로 인간의 존엄성을 침해해서는 안 될 것이다. 악법이 있다면 먼저 그 법을 개정하도록 발의하고 입법부에 정당한 압력을 가해야 할 것이다.

시민운동은 공정해야 한다.

진보적인 것은 진리고 보수적인 것은 비 진리라고 규정하는 획일적 오만은 버려야 한다. 나의 의견이 소중한 것만큼 이웃의 의견도 소중하게 존중되어야 한다.

총선연대의 기본취지를 환영하면서도 행여나 정치권에 이용당하지나 않을까, 개인의 인권을 침해하지나 않을까, 공정성과 객관성을 상실하지나 않을까, 지역감정을 간접적으로 자극하지나 않을까. 다수의 양식 있는 국민들은 염려를 금할 수가 없다.

왜냐하면 당신들이 아무리 순수를 지키려 해도 무의식중에 불어오는 바람은 피할 수 없기 때문이다.

마지막으로 당부하고 싶은 것은 양질의 시민운동이다.

바람직한 시민운동은 실력 있고 양심적인 전문가들의 참여로 실시되어야 한다. 시민운동은 공익성을 최우선으로 해야 하며 자유민주국가의 기조를 준수해야 한다. 시민운동은 사명감으로 해야 한다. 겸손한 마음으로 하여야 한다.

역사는 진보세력이나 보수권력이 바꿀 수 없다. 인간의 이념이나 운동은 절대가 아니다. 역사는 하나님이 주관한다. 인간의 눈으로 볼 때 잘못 가는 것 같지만 하나님은 오직 정도를 갈 뿐이다. 진리는 언제나 자신의 길을 간다. 인간이 잠시 동안 진리의 길을 방해하고 지연시킬 수는 있으나 진리의 절대적인 방향을 바꿀 수는 없다. 역사는 오직 진리의 속성을 따라 움직일 뿐이다.

그러므로 인간은 누구나 겸손해야 한다. 종교개혁자 루터는 인간이 지녀야 할 최고의 덕목을 겸손으로 규정하였다.

시민운동은 꼭 필요하다. 정치를 바로잡기 위하여 정치권에 정당한 압력을 행사해야 한다. 정책 입안자들이 국민을 두려워하게 하여야 한다.

또한 일부 사회의 잘못된 이기주의에 쐐기를 박고, 오도된 국민의 의식을 바로잡아 주어야 한다. 정치, 경제, 사회, 문화 전반에 걸쳐 정의와 진리가 꽃필 수 있도록 이끌어 주어야 한다.

그러나 겸손해야 한다. 하나님만이 절대다. 정치도, 역사도 그분의 주권 안에 있다.

시민운동가는 사심도 버려야 한다. 정치적 야망이나 출세를 위하여 시민운동에 가담한 사람이 있다면 가면을 벗고 나가야 한다. 시민운동의 뜨거운 열기를 환영하며 동시에 하늘과 국민과 객관적 합리성에 얼마나 충실할까 염려하는 마음이다.

바람직한 시민운동은 하늘과 국민을 위한 운동이다.

공정하고 겸손한 진리운동이어야 한다.

미래를 설계하는 지도자

박영숙 유엔미래포럼 대표가 제공한 기사에 의하면 미래를 예측하는 지도자만이 자신이 이끄는 단체나 나라를 창조적으로 발전시킬 수 있다. 그에 의하면 박정희 전 대통령과 미래학 석학인 허만 칸을 위시한 미래학자들과의 만남이 있었다고 한다.

더욱 놀라운 사실은 박 전 대통령이 당시 외국 경험도 없고 세계화 글로벌화가 시작되지도 않은 시점에서 이미 외국의 미래학 석학들을 자주 청와대로 초청하여 조언을 듣고 그들의 미래예측을 과감하게 받아들여 실천에 옮겼다는 것이다.

유엔미래포럼의 창시자인 석학 허만 칸 박사는 사회학자이며 미래학 최고석학(1922~1983)으로 미 국방성 산하 랜드 코퍼레이션 연구원(1947~1961)을 지냈고 1961년 허드슨 연구소를 차렸다. 이때부터 그의 비밀스런 한국방문은 시작되었다.

박 전 대통령의 업적 중 포항제철 착공, 경부고속도로 개통, 1971년의 경제개발 5개년 계획, 새마을운동 등 수 많은 업적들은 모두 이 미래학자의 조언으로 이루어진 것이다. 박정희 대통령이 허만 칸을 처음 만났을 때 그는 배고픈 백성에게 배불리 먹일 수 있는 쌀 개량에 대하여 물었다고 한다. 그런데 허만 칸은 한국의 노동력이 금과 같아 이들로 하여금 공장에서 물건을 생산케 하고 생산된 상품을 수출하여 돈을 벌어 거의 값이 나가지 않는 쌀을 사서 먹이는 것이 좋겠다고 제시하여 박 대통령이 크게 환호하며 수출대국의 길로 나갔다고 한다.

박정희는 고비 고비마다 허만 칸을 한국으로 불러들여 미래를 설계하였다. 초가지붕을 스레이트로 바꾸어 산림녹화를 했고 부엌에 펌프를 설치하여 물 긷는 시간을 단축했고 새마을 운동으로 발전시켰다. 그리고 1차 경제개발 5개년 계획(1962~1966년 쌀 생산, 1964년 계획수정, 공산품 생산), 2차 경제개발 5개년 계획(1967~197년 수출경제로 전환), 3차 경제개발 5개년 계획(1972~1977년 농촌개발, 중화학공업육성), 4차 경제개발 5개년 계획(1977~1982년 전자, 기계, 조선육성, 과학기술 발전) 등 한강의 기적을 이룩하였다. 여기에는 미래학자의 조언이 결정적 밑거름이 되었다.

박정희가 혁명을 했느냐, 쿠데타를 했느냐, 독재를 했느냐는 역사가 평가할 것이다. 오늘 단지 말하고 싶은 것은 지도자 박정희는 탁월한 리더십의 소유자였다는 점이다. 어떻게 외국의 경험도 없는 군인이 당시의 상황에서 그러한 탁월한 판단을 할 수 있었을까? 어떻게 미래학자의 아이디어를 빌려야겠다는 생각을 했을까? 그를 자문한 허만 칸과 연구원들은 박 대통령이 준 한국의 당시 자료를 바탕으로 한국의 미래를 연구하고 컨설팅을 해주었다. 그리고 이것을 바탕으로 한국은 '한강의 기적'을 이루어낸 것이다.

지도자는 천재가 아니어도 된다. 정치의 전문가가 아니어도 된다. 열린 사람, 정상적인 인격을 가진 사람이면 된다. 오늘날 국민들은 정치에 신물이 난다. 오히려 정치 냄새가 나지 않는 참신한 새 인물을 원한다. 그래서 안철수 신드롬이 생긴 것이다.

그러나 유엔 미래포럼 대표 박영숙은 안철수, 박원순 같은 사람이 박정희에게 한수 배울 것이 있다고 말한다. 그것은 남의 지혜를 빌릴 줄 아는 덕, 미래를 설계할 줄 아는 지혜, 남의 말을 경청하는 아량, 인재를 등용할 줄 아는 덕목을 갖춘 지도자 박정희 전 대통령에게 오늘날 중책을 맡은 지도자들은 배워야 한다. 파리똥만한 자리라도 차지하기만 하면 눈에 보이는 것이 없는지 거드럭거리고 으스대는 우리주변의 졸렬한 지도자들을 보면 기가 찰 노릇이다.

단지 지도력도 없고, 아량도 없고, 미래의 청사진도 없으며, 남의 의견을 경청 할 줄도 모르는 졸렬한 위인이 지도자라고 앉아 한 단체를 망가뜨리고 있다면 그 사회의 미래는 암울한 것이다. 자신의 주장에 반대하고 비판하면 원수요 적으로 알고 비판 세력을 소외시키고, 찍어내고, 불이익을 주는 지도자, 예산을 아끼지 않고, 내 돈 아니라고 음으로 양으로 공금을 자신의 이익을 위하여 지출하는 지도자, 미래는 없고 즉흥과 시행착오만 반복하는 사람이 지도자가 되면 그 단체는 미래가 없다. 그런 사람은 정신과에 먼저 치료를 받아야 할 것이다.

목회를 하든, 학교를 경영하든, 교단을 이끌어 가든 지도자는 오늘 박정희 전 대통령으로부터 배워야 한다. 그의 인재등용, 미래경영, 남의 의견을 경청하는 태도, 그의 청렴성을 배워야한다. 지금 불확실한 미래는 노도처럼 밀려오고 있다. 미래를 설계하지 않으면 우리는 쓰나미에 희생물이 되고 만다. 준비 하지 않은 공동체에 미래는 냉혹한 심판으로 밀려 올 것이다.

미래를 설계하는 슬기로운 지도자가 되자.

(2012. 1)

분배 정의를 위한 청백한 정치론

예기(禮記) 단궁 편에 나오는 유명한 얘기가 있다. 옛날 공자가 제자와 더불어 수레를 타고 천천히 길을 가고 있었다. 길은 차츰 산중으로 들어서서 사람이 다니지 않는 조용한 곳에 이르렀다. 일행은 문득 어디선가 들려오는 여인의 울음소리를 들었다. 그 소리는 길 건너편에 있는 무덤 뒤에서 들려오는 듯 했다.

공자는 좀 더 가까이 가서 울음소리를 듣고 자세히 살펴보니 어느 부인이 세 사람의 무덤 앞에서 울고 있었다. 부인의 울음소리는 너무나 비통한 심정으로 우는 것이었으므로 듣는 이로 하여금 눈시울을 뜨겁게 했다. 자비심이 많은 공자는 수레에서 내려 제자인 자로(子路)를 시켜 슬피 우는 까닭을 알아보도록 하였다.

자로가 부인을 보고 물었다. "어찌하여 이런 험한 산중에서 그렇게도 슬피 우십니까?" 갑자기 인기척을 들은 부인은 놀라며 대답하였다. "네, 이곳은 참으로 무서운 고장입니다. 옛날에는 저의 시아버님이 범에게 잡혀 먹혔고, 얼마 있다가 또 저의 남편이 범에게 물려가 죽더니 이번에는 저의 자식 놈마저 범에게 잡아먹혔습니다. 이런 원통한 일이 또 어디에 있습니까?"

목메인 목소리로 대답하는 부인의 말을 듣고 자로는 다시 그 부인에게 되물었다.

"그렇게 무서운 곳인데 다른 곳으로 이사를 하지 않고 왜 그렇게 머물러 있었소?"

부인은 주위를 두루 살피더니 "아니에요. 여기서 살면 그 지독한 세리들의 성화를 받지 않아도 되기 때문이에요."

옆에서 이 말을 들은 공자는 크게 깨달은 바가 있어 그 자리에 모인 여러 사람들에게 말했다. "잘 기억해 두시오. 가혹한 정치는 호랑이보다도 무서운 해독(害毒)이 있다는 사실을!"

옛날에도 그랬겠지만 근대 정치사를 이어오면서 지금까지 툭하면 백성의 이름을 거들먹거리면서도 실상은 백성의 삶은 늘 상처를 당하고 이용을 당해 왔던 것이다. 요사이 백성의 소리는 도처에서 신음 소리로 나타난다. 쾌재를 부르고 안락을 누리는 국민보다는 소위 총체적 위기 속에서 괴로워하는 민중의 수효가 훨씬 더 많은 것이다.

나는 지금부터 수년 전에 필리핀의 부르주아들이 사는 마닐라의 특수층 주거지역을 지나면서 놀랐던 기억이 난다. 같이 갔던 동료들과 함께 돈을 조금 걷어 민다나오 섬에서 온 필리핀 개신교회 목사에게 건네주었더니 감격하여 울면서 자기들의 한 달 생활비가 우리 돈으로 3~4만원밖에 되지 않는다고 하였다.

신발이 없어서 맨발로 다니는 백성들이 부지기수이며, 집이 없어 들과 산에서 적당히 원두막처럼 은신처를 마련하고 사는 국민들이 수없이 많은데 마르코스는 상상을 초월할 만큼 재산을 축적하였고 이멜다는 사치에 빠져 있었으며 일부 특권층들은 3~4만평이 넘는 엄청나게

넓은 정원이 있는 호화저택에서 살고 있었다. 공직자는 썩을 대로 썩었고, 가진 자는 쌓을 곳이 없으리만큼 축제를 서둘렀으며, 위정자는 영원한 권력과 사치에 파묻혀 있던 필리핀은 아직도 저토록 정치·경제의 난국에서 허덕이고 있지 않은가?

남의 얘기 할 때가 아니다. 지금 우리의 뜰에도 저 어두운 그림자가 한편 드리워져 있지 않는가? GNP가 이 만 불을 넘었다고 좋아하던 때가 바로 어제인데 지금 우리는 총체적 위기라고 이구동성으로 외쳐대는 시점에 와있는 것이다.

몇 년, 혹은 몇 십년 계획으로 저축을 하여 내 집 마련의 꿈을 키워오던 대다수의 선량한 소시민들은 집은커녕 전세 값, 월세 값을 걱정하는 실정이 되었다. 임금은 몇 푼 올랐으나 물가는 폭등하고, 수출보다는 물바가지까지 외재로 갖추어놓고 온갖 과소비를 일삼는 정신이 온전하지 못한 사람들도 있다.

KBS사태, 현대중공업의 파업사태, 시위, 날로 피폐해 가는 농촌, 정치나 경제나, 너나 할 것 없이 온통 우리의 뜰에는 안식이 없다. 우리나라 국토의 소유가 전 인구의 5%에 해당하는 사람들의 손아귀에 있다는 것은 참으로 충격이 아닐 수 없다. 대기업이나 돈 많은 개인들이 부동산 투기와 사치품 수입에 열을 올리고 있다는 사실도 예삿일이 아니다.

요사이 갑자기 서슬이 파래진 당국에 의하여 고위 공직자들이 비리를 저질렀다고 쇠고랑을 차기 시작한다. 다섯 마리의 용 가운데 네 마리는 하늘을 나르려고 하는데 한 마리의 용은 미꾸라지로 변해버렸다. 당국은 백성의 마음을 잘 헤아리고, 철저한 사명감과 청백한 마음으로 이 난국을 극복하여야 한다.

적당히, 일시적으로 국민의 눈을 가리려고 해서는 안 된다. 호랑이

보다 더 무섭고 싫은 정부가 돼서는 된다. 분배의 정의를 과감히 수행하고 백성의 안위를 위하여 분골쇄신해야 한다.

부익부 빈익빈이 심화되면 마침내 평등하게 소유하자는 폭력혁명이 터진다. 동구에서, 공산주의 세계에서 오히려 자본주의, 민주주의의 바람이 부는데 우리나라에서는 반대로 좌경이데올로기가 먹혀 들어가는 구석이 있다는 것은 웬일인가? 부의 분배가 제대로 되어있지 못하여 지나치게 부가 편중되어 있고 특수 소유계층은 지배계층과 결탁되어 있다는 불신 때문이 아닌가? 반성해야 한다.

성서는 "죽고자 하면 살고, 살고자 하면 죽는다"고 교훈한다. 정권이 바뀌면 우리는 어떻게 될까하고 걱정한 나머지 임시방편으로 백성을 적당히 속이고 때로는 억압하면서 살고자 노력하면 반드시 죽게 될 것이다. 그러나 민심은 천심으로, 백성의 소리를 하늘의 소리로 알고 살신성인하는 자세로 정치에 임하면, 기업에 임하면, 맡은 일에 임한다면 우리는 분명히 이 난국을 헤치고 살아날 것이며 번영의 언덕에 오르게 될 것이다.

괴테는 "어느 내각도 신문지상에 발표하는 의견은 도무지 재미없다. 정치의 힘은 실행하는 것이며 연설하는 것은 아니기 때문이다"라고 말하였다. 그렇다. 정치의 힘은 정의와 덕을 실현하는 데 있다. 공직자의 비리는 마땅히 척결되고 청백리의 풍토가 조성되어야 한다. 그리고 그러한 깨끗한 힘으로 지나치게 일부에게 편중된 부를 골고루 분배하는 정의를 실현하여야 하며 착하고 성실한 백성이 대우받는 사회가 되어야 한다. 호랑이보다도 무서운 정치가 되어서는 안 될 것이다. 통치의 덕스러운 그림자가 덥고 따가운 백성 하나하나에게까지 골고루 드리워져야 할 것이다.

(2007. 3)

불꽃같은 눈으로

유월은 특히 호국영령들을 추모하는 계절이다. 조국을 위하여 장렬히 산화한 님들의 값비싼 희생의 터 위에서 우리는 지금 어떤 모습으로 살아가고 있는가?

민족의 운명이 풍전등화일 때 하나밖에 없는 고귀한 목숨을 초개와 같이 내던져 민족을 구원한 분들, 한국전쟁 때 자유민주주의와 조국을 지키기 위하여 싸우다가 우리의 산하에서 쓰러져간 영혼들, 베트남 정글에서 조국의 이름을 걸고 싸우다 가신 님들, 이 땅에 진정한 민주주의의 꽃을 피우기 위하여 부정한 정권의 총칼에 쓰러진 4·19와 5·18의 민주투사들….

저들의 거룩한 죽음 앞에서 우리는 지금 어떤 자화상을 그리고 있는가?

쿠데타로 시작한 군사정권이 가고 민주화만 오면 그야말로 광명천지가 올 줄 알았다. 그러나 민주화 이후의 정권들은 국민들에게는 희망보다는 오히려 실망을 더 많이 안겨주었다.

정권의 초심은 항상 집권 중반기를 넘기면서 타락하기 시작하여 정권말기에는 구토의 대상이 되어버린다. 중단 없는 사정을 선언하며 깨끗한 정부를 약속했던 문민정부는 대통령 아들의 비리로 부끄러운 퇴장을 하였고 국민의 정부 역시 아들들의 비리로 위기를 맞이하였다.

민주화가 오면 더 정직하고, 더 투명하고, 더 국민을 하늘 같이 섬기는 정부가 되어야 하는 것이 아닌가? 그러나 저들은 민중의 힘으로 쟁취한 민주화를 자기들의 공로라고 믿었다. 그리고 오만해졌다. 서로 민주화로 얻은 전리품을 나누어 갖는데 정신을 빼앗겼다.

수권의 능력도 없으면서 생색만 냈으며 처음으로 누리는 권력의 향연에 도취하여 국정의 본분에 소홀했던 것이다.

그러므로 박정희 신드롬이 생겨났던 것이다. 탁주 한잔에 산나물 한 젓가락이면 "황성 옛터"를 부르던 물욕 없는 독재자를 그리워하는 민심을 그대들은 왜 읽지 못하는가?

민주화가 당신들의 공로라고? 외환위기 극복이 당신들의 공로라고? 그래서 그 수고의 대가로 돈을 챙겨도 된다고? 어림없는 소리. 민주화도 외환위기 극복도 국민이 해낸 것이다.

진정한 민주투사들의 피 값으로 산 자유의 정원에서 당신들은 지금 무엇을 하고 있는지 자문하여 보라. 외환위기 극복을 위하여 눈물겨운 금 모으기 운동에 동참했던 착한 국민을 생각하여 보라.

구조조정으로 정리해고를 당하고 거리로, 거리로 밀려났던 노숙자들, 교육이 무엇인지도 모르는 얼레리 꼴레리 장관 때문에 명퇴를 당하고 교단을 물러나야 했던 선생님들, 아직도 추락한 교권의 그늘에서 우울한 교직을 수행하는 교사들을 생각하여 보라. 기초생계비도 없어 결식하는 어린이와 노인들을 생각하여 보라.

빈익빈부익부의 양극화 현상이 가져오는 사회적 위화감을 당신들은 아는가? 어떻게 대통령의 아들이 외국에서 돈을 물 쓰듯이 쓰며 지낼 수 있단 말인가. 일해재단을 만들어 퇴임 후를 준비하려 했던 전직 대통령이 있었는데 어찌하여 또 아태재단을 만들어 비리의 안방으로 삼는 것인가.

지금 국민은 콩으로 메주를 쑨다고 해도 믿지 않는다. 지금 많은 국민들은 정권의 가신들과 정권인수의 공로자들 그리고 아들들의 비리로 드러난 부정은 빙산의 일각이라고 생각하고 있다. 더 많은 게이트, 더 큰 게이트로 들어가면 더 기상천외한 일이 있을 것이라고 추측하고 있다.

민주화도 외환위기 극복도 국민이 이룩한 것이다. 설령 당신들에게 공로가 있다고 할지라도 국민의 허락도 없이 전리품을 마음대로 나누어 가져도 되는가? 정권을 가졌으면 되었지. 명예를 가졌으면 되었지. 무엇을 더 바라는가? 당신들은 쩍하면 국민을 위한다고 구구단 외우듯이 하지 않았던가? 그런데 과연 국민을 위하여 무엇을 얼마나 해놓은 것이 있는가?

월드컵의 고조된 분위기로 슬그머니 국민의 관심을 돌려서는 안 된다. 검찰은 오직 국민의 눈치만 보고 공정하고 철저하게 수사하여야 한다.

그리고 국민들도 정신 차려야 한다. 함석헌 선생이 생전에 "생각하는 백성이라야 산다"고 글을 썼다. 옳은 말이다. 국가는 항상 그 나라 국민의 수준만큼만 성장하기 마련이다. 국민이 부지런하고 정직하며 서로 돕는 나라는 번영한다. 국민이 책을 가까이 하여 의식수준이 높아져야 국가는 발전한다.

정치하는 사람들이 국민을 속일 수 없도록 국민은 불꽃같은 눈으로 감시하고 감독하여야 한다. 혈연, 지연, 학연에 얽매이지 말고 참신하고 실력 있는 인물, 훌륭한 정책정당을 보고 투표하여야 한다.

세금 한 푼 안낸 인간들이 지방선거에 천 여 명이나 출사표를 냈다고 한다. 이런 인간들을 어떻게 뽑을 수 있겠는가? 그리고 국민은 건전한 시민운동을 지원하고 이러한 시민운동기관을 통하여 정권을 감시감독 하여야 한다.

건전한 시민단체는 오직 국민에게만 속하여야 한다. 그리고 권력은 한곳에 집중되어서는 안 된다. 힘의 균형으로 상호 견제하고 감시하는 체제로 바꾸어야 한다.

왜 대통령의 아들이 부정부패에 연루되는가? 대통령의 막강한 권력 때문이다. 물론 대통령의 확고한 의지도 중요하지만 구조적으로 부정을 저지르기 힘든 체계를 만드는 일은 매우 중요하다.

국민들이여! 지금까지 우리는 정치인들의 감언이설에 많이 속아왔다. 그리고 그들이 제공하는 미끼에 유권자의 양심을 일부 팔았던 것도 사실이다. 이제는 결코 그럴 수 없다. 그것은 결국 우리의 발등을 찍는 일이다.

우리의 잘못된 선택은 결국 부메랑으로 돌아오는 것이다. 우리는 양심의 날을 세우고, 의식수준을 높이고, 참정권을 바르게 사용하고, 국민의 의무를 다하는 국민이 되어야 한다.

불꽃같은 눈으로 정치를 살피고, 국민의 공복을 감시하고, 이 나라의 구석구석을 살펴야 한다. 선진조국은 그렇게 오는 것이다.

(2002. 6)

승리의 환호성

지난 9월 28일 일본열도와 한반도는 용광로처럼 뜨거웠다. 프랑스에서 개최될 축구월드컵 본선 진출권을 놓고 한일 간에 뜨거운 접전을 벌였다. 일요일 오후 2시부터 시작된 경기는 전반전 영대 영으로 양측이 득점을 하지 못했다. 그러나 후반 21분 수비 형 미드필더 야마구치가 골 지역 10m 지점에서 골키퍼 김병지가 나오는 모습을 보고 침착하게 발끝으로 로빙슛, 선제 점을 얻었다.

정말 가슴이 철렁 내려 앉는 선제골이었다. 그러나 흐트러진 전열을 가다듬은 우리 팀은 반격에 나섰다. 이상윤과 교체해 들어간 서정원이 38분 페널티지역에서 최용수의 헤딩패스를 받아 헤딩슛, 만회골을 성공시켰다. 그리고 한국은 이어 41분 미드필더 이민성이 골 지역 왼쪽에서 수비를 제치고 터뜨린 왼발 강슛이 성공하여 통쾌한 역전승을 이루었다.

특별한 볼 일이 있는 사람 이외에는 모두 TV 앞에서 90분간의 대역전 드라마를 지켜보며 환호와 감격을 아끼지 않았다. 거리는 경기의 열풍으로 한산했으며 공공장소의 TV 앞에는 함성으로 가득했다. 알지 못하는 사람끼리 얼싸안고 춤을 추었다. 어느 맥주 집에서는 손님들에게 술을 무료로 제공하며 기뻐하였다. 일본 올림픽 주경기장에는 일본의 5만관중이 천둥처럼 응원하였고, '붉은 악마'라는 애칭을 달고 간 한국의 5천 응원단이 거의 탈아적 응원으로 우리 선수의 사기를 북돋았다.

'한국 축구, 일본을 눌렀다.' 일간지 1면에 대서특필! 흥분의 사진과 함께 게재되었다. 오랫동안 한국 축구에 밀려왔던 일본이 이번만은 반드시 이기리라고 벼르고 나왔는데 우리의 건아들은 이들을 완벽하게 제압하였다. 찌득찌득한 기분으로 구름 낀 나날을 지내는 우리나라 모든 국민에게 축구는 시원하게 스트레스를 풀어주었다.

왜, 이렇게 한일전은 뜨거울까? 권투, 야구, 배구, 바둑을 무론하고 일본을 이기면 왜 이렇게 통쾌할까? 다음 달 유일한 권투챔피언 최용수가 이기리라고 믿는다. 아니 이겨야 한다. 이겨서 우리 모두를 기쁘게 해주어야 한다. 일본과의 경기는 단순한 경기가 아니다. 그것은 특별한 자존심의 싸움이다. 권투의 타격전은 단순한 WBC, WBA의 시합이 아니다. 이것은 민족의 싸움이며, 민족의 승패인 것이다.

지난 일제 36년간의 식민지 설움을 씻어내는 경기이며, 고약한 일본 군국주의를 부수는 일인 것이다. 아직도 저들은 극우적, 제국주의적 망상을 버리지 않았다. 저들은 저들의 엄청난 경제력으로 군사를 무장하고 있다. 일반 자위대는 옛말이다. 미국과 군사동맹을 체결하였다. 다시 미국과 나눠 먹기식 전리품 흥정을 하고 있는 것이다.

미국은 팽창하는 중국과 러시아의 군사적 위협을 막고 세계지배의 꿈을 이루기 위하여 일본을 끌어들이고 있다. 일본은 미국의 핵우산 밑에서 패전 후 탄탄한 경제대로를 지나 막강한 경제대국이 되었다.

이제 저들은 명실공이 아시아의 맹주가 되려고 획책하고 있다. 그런데 지금 우리는 무엇하고 있는가? 남북분단과 대결의 구도 속에서 엄청난 군사적 소모를 계속하고 있다. 그래서 우리는 경제적으로 어려운 언덕을 넘어왔다. 이제는 결코 과거와 같은 우를 범해서는 안 된다. 강대국의 전리품이 되어서는 안 된다.

정권욕에만 미쳐있는 당신들, 정치인들이여! 당신들은 왜 우리국민이 이렇게 축구시합 하나로 흥분하고 있는지 아는가? 박찬호의 승리가 미주의 교민으로부터 태평양을 넘어 왜 삼천리 방방곡곡의 우리민족을 뜨겁게 달구어 주는지 아는가? 소주 먹고 흥얼거리는 것으로는 울분 해소가 절대 부족한 우리 국민의 컬컬증, 정치인들이 만드는 스트레스를 저들이 백배 천배로 해소해 주었기 때문이다. 참으로 후련하고 통쾌한 카타르시스를 느끼는 것이다.

일본인들이 과거에 우리 선조들을 얼마나 괴롭혔나? 정신대, 생체실험, 징용, 농지찬탈, 심지어 수저와 문고리까지 빼앗아 가지 않았던가? 이러한 일본을 전승국 미국은 오히려 도와주었고, 우리의 허리를 두 동강으로 잘라놓았다.

우리나라 정치인들, 당신들은 언제나 그 한심한 정쟁을 끝맺을 것인가? 거짓말, 술수, 파당을 마감할 것인가? 국민들이여! 우리는 언제까지 지역을 나누어 가며 이 한심한 정치인들을 용납할 것인가? 지금 우리의 기업들이 팔천 개 넘게 쓰러졌다. 정신을 차려야 한다. 우리 모두 역사의식에 투철해야 한다.

저 축구 한일전의 승리와 박찬호 승리에 대한 열화 같은 환호성이 무엇을 의미하는가? 우리, 깊이 마음속으로 새겨보아야 한다.

(1998. 6)

양진楊震의 사지四知

AD 25년 경 중국 후한(後漢)시대에 양진(楊震)이라는 학문이 깊고 인격이 훌륭한 사람이 있었다. 양진이 태수(太守)라는 벼슬자리에 있을 때, 어느 날 밤 관하(管下)의 한 관리가 찾아와서 "전에 신세를 많이 입었다"고 하면서 돈을 내놓았다. 그러나 양진은 그 돈(뇌물)을 받을 아무런 이유가 없다고 완강히 거절하였다. 뇌물을 가져온 관리는 난처하게 되었다. 그는 다시 양진에게 돈을 받으라고 강권하면서 다음과 같이 말하였다.

"지금 밤도 깊고 아무도 모르는 일이니 어서 받아두십시오." 이 말을 들은 양진은 조용히 그러나 단호하게 저 유명한 양진(楊震)의 사지(四知), 즉 "하늘이 알고, 땅이 알고, 그대가 알고, 내가 안다"(天知, 地知, 子知, 我知)고 말하면서 끝내 그 뇌물을 받지 않고 그대로 돌려보냈다.

이러한 양심의 사람 양진은 점점 높은 벼슬자리로 승진되었다. 그러나 양진은 고결한 인품 때문에 환관들의 모함을 받아 억울하게 관직에서 축출되었다.

당시의 많은 백성들은 양진의 파직에 대하여 분개한 것은 물론이려니와 후에 그가 죽었을 때, 그의 청렴결백과 높은 덕에 감격하여 구름처럼 모여들어 애도하였으며 이상하게도 어디선가 큰 새 한 마리가 그의 무덤 앞에 날아와 절하고 눈물을 흘렸다고 한다.

오늘 우리는 양진을 찾아야 한다. 청백한 인물을 나라의 일꾼으로 뽑아야 한다. 선거철만 되면 온통 나라 전체가 정치의 도가니가 된다. 도대체 정치가 무엇이기에 이토록 세상이 시끄럽단 말인가? 상호비방, 흑색선전, 지역감정 자극, 공약(空約)남발, 급조된 선심정책, 공명선거를 가로막는 선거 브로커들…. 국민들은 이러한 정치공해에 염증을 느낀다. 갤럽조사에서도 나타났지만 많은 유권자들이 투표 전까지 표심(標心)을 정하지 못하고 있다. 후보자들이 어떠한 인물인지 잘 알지도 못할 뿐만 아니라 설령 안다고 할지라도 선량으로 뽑기는 미흡한 인물들이기에 망설이고 있는 것이다.

국민은 양진 같은 사람을 원한다. 썩고 때 묻은 저 후안무치(厚顔無恥)들이 퇴장하기를 염원한다. 새 천년 지구촌 시대에 살아남기 위하여 저마다 뼈를 깎는 아픔으로 자기 혁신을 단행하고 있는 마당에 개혁의 지휘봉을 든 사람들이 솔선수범하지 않고 가장 비 개혁적이다. 정치의 후진성을 보다 못한 시민운동 단체들이 아직은 매우 어설프지만 따끔한 일침을 놓은 것이다.

일찍이 정치(政治)의 정(政)은 정(正)이라고 하였다. 정치가 바로 서야 나라가 산다. 독재, 권모술수, 부정부패, 중상모략, 허세정치가 물러가고 진정 국민을 위한, 국민에 의한, 국민의 정치가 세워져야 한다. 그리고 정치는 순리를 따라야 한다. 상선약수(上善若水)의 진리를 무시하는 정치는 오래가지 못한다. 하늘과 땅 그리고 너와 내가 아는 일을 감추고, 왜곡하고, 변명하는 정치가 번영하는 것을 보았는가. 공자는 "천하에 도가 있으면 백성이 정치를 논하지 않는다"고 하였다. 지금 우리의 뜰에는 도(道)가 없다. 세력(힘)과 불의가 난무한다. 하늘(진리)을 두려워하는 마음이 없다. 정치와 주식이야기는 있으나 올바름에 대한 이야기와 실천은 귀하다.

괴테는 "어느 내각도 신문지상에 발표하는 의견은 도무지 재미없다. 정치의 힘은 실행하는 것이며 연설하는 것은 아니기 때문이다"라고 하였다. 정치는 말이 아니다. 정치의 능력은 실천이다. 국민을 하늘처럼 알고 성심을 다하여 섬겨야 한다. 선거 때만 되면 국민이 주인이라고 주문을 외우면서 선거가 끝나면 다시 국민을 배반하는 속물정치인은 퇴출 되어야 한다.

정경유착, 관치금융으로 생긴 저 엄청난 금융 빚을 누가 감당하나? 국민이다. 부정부패로 소실된 돈은 누가 채울 것인가? 국민이다. 선거로 낭비한 막대한 돈은 누가 책임질 것인가? 착한 국민이다. 저 천문학적 숫자의 외채는 누가 갚은 것인가? 국민이다. 탈세하고 도둑질하고 해외로 유출하는 돈은 누가 책임질 것인가? 선량한 국민이다. 돈 쓰는 후보에게는 결코 표를 주지 말아야 한다. 선거 때 돈 뿌린 후보는 다시 부정한 방법으로 뿌린 돈을 찾으려할 것이다.

처칠은 "정치는 도박이 아니다. 성실한 작업이다"라고 연설하였다. 입만 열면 국민을 들먹거리면서 유창한 언변으로 감언이설을 늘어놓은 당신들. 지조도, 의리도, 이념도, 변변한 정책도 없는 정치인들이여! 하늘과 땅 그리고 당신과 내가 아는 불의를 중단하고 진정 국민이 하늘임을 깨달아야 한다. 일시적으로 국민을 속일 수는 있으나 영원히 속일 수는 없다. 왜냐하면 국민은 하늘이기 때문이다. 하늘은 하늘의 질서대로 하늘의 길을 간다. 국민은 정직하고 성실한 정치를 원한다. 양진(楊震)의 사지(四知)를 기억하라.

왕따와 정글법칙

학교폭력이 왕따라는 현상과 더불어 심각한 수준까지 왔다. 일본에서는 '이지매,' 한국에서는 '왕따'라는 말로 사회에 커다란 충격을 던져주고 있다.

'왕따'라는 말은 '크게 따돌린다'는 뜻을 지닌 십대들의 신조어이다. 단순히 따돌림으로 끝나는 것이 아니라 따돌림 당한 학생을 폭행하고 괴롭힌다.

그리고 마침내는 왕따 당한 학생이 정신 이상자가 되거나 자살에 이르게 된다. 인간사회에서는 있을 수 없는 병리 현상이 일어나고 있는 것이다. 정글에서나 통용되는 동물의 법칙이 어느새 인간사회에 이접된 것이다.

동물의 세계에서는 적자생존, 약육강식의 법칙만 존재한다. 힘없고 약한 자는 나면서부터 왕따가 된다. 어미는 젖을 거절하고 죽이기까지 한다. 함께 태어난 새끼들도 이 왕따에게는 잔인한 학대만 줄 뿐이다. 비록 한때 힘이 세어서 한 집단의 우두머리가 되었던 영장류의 짐승들도 늙고 힘이 없어지면 그 군집으로부터 소외되고 마침내는 죽고 만다. 이러한 비정한 정글법칙은 무한 경쟁을 부르짖는 현대의 인간사회에서도 기본 질서가 되고 말았다.

농경사회를 벗어나 산업사회가 되면서 경쟁은 가속도를 내기 시작하더니 21세기 정보화 사회에서는 예측할 수 없는 비인간화의 지경까지 다다랐다.

지구촌 시대, 정보화 사회에서 살아남으려면 이웃을 적으로 알고 이겨내야 한다. 최소한 왕따 당하지 않기 위하여 최대의 노력을 경주하여야 한다. 왕따 당하면 우리는 죽음을 면할 수 없다.

우리나라의 외환 보유고가 바닥을 드러내자 세계 각국은 우리에게 등을 돌리기 시작했다. 국제사회에서는 우방도 없고 적국도 없다. 오히려 우리가 우방이라고 생각하는 나라들이 IMF가 터지자 차가운 조처들을 우리에게 단행하였다.

우리의 외채에 이자율을 높이고 상환기간을 연장해주지 않았으며 구조조정을 통하여 우리의 기업들을 사냥하고 있다. 파산하는 집안에 들어와 도와주지는 못할망정 오히려 차압하고 금은보화와 가재도구를 빼앗아가는 격이 된 것이다.

인간사회가 이제는 타락의 극점에서 짐승으로 변해버렸다. 약한 자를 소외시키고, 빼앗고, 구타하고, 능욕하는 비인간적 병균이 이제 막 자라나는, 순수해야 할 우리의 자녀들에게까지 전염된 것이다. 왕따 당하지 않고 살아남으려면 힘이 있어야 한다.

강자만이 살아남는다. 돈은 곧 미덕이다. 힘의 미학은 정글법칙에서 나타난다. 돈과 권력과 무력으로 안 되는 것이 없다. 무기경쟁, 산업스파이, 권력을 둘러싼 저 더러운 싸움, 돈을 움켜잡기 위한 전투, 살인 등등이 왜 벌어지고 있는가? 힘의 미학 때문이다.

인류공멸의 가공할 무기, 핵개발에 목숨을 걸고 있는 북한의 저 몸부림이 무엇인가? 힘의 미학 때문이다. 섹스 스캔들로 옛날 같으면 벌써 대통령직에서 물러났어야 할 사람이 오히려 압도적인 미국 국민의 지지를 받고 있는 이유가 무엇인가. 힘의 미학 때문이다.

미국의 경제가 호황을 누리고 있고 미국의 국익을 향상시키고 있다는 판단 때문에 저들은 부도덕한 대통령을 옹호하고 있는 것이다. 빌 클린턴은 지지표를 얻기 위하여 동성연애자들의 법적 지위까지 높여주었다.

정치권력의 추악한 이면을 들여다보지 말자. 수많은 구토의 대상들이 그 속에서 우글거리고 있다. 수단과 방법을 가리지 않고 권력만 얻으면, 돈만 벌면 아름답게 포장되는 힘의 미학 때문에 오늘날 인간이 사는 세상엔 희망이 없다. 비록 가난하지만 서로 돕고 희로애락을 함께 하며 인륜도덕을 하늘의 도리로 알고 살았던 옛날이 행복했던 시절이다.

벼슬을 거절하고 누더기 옷을 입고 산촌에서 청빈하게 사는 처사, 남명(南溟) 조식(曹植) 선생 같은 분을 존경하여 전국에서 후학들이 배우려고 모여들었던 때가 아름다운 시절이었다.

비행기를 타지 않아도 좋다. 기름진 음식을 먹지 않아도 좋다. 호사스러운 옷을 입지 않아도 좋다. 지나치게 편리한 문명의 이기가 없어도 좋다. 단지 이 숨 가쁜 비인간적 경쟁의 시대가 물러가기를 바란다.

빠각빠각하는 전투적 경쟁의 현장이 오히려 인간을 왕따시키고 있다. 로봇과 컴퓨터가 인간을 일터로부터 쫓아내고 있다. TV와 매스미디어가, 이동통신이 인간과 인간의 관계를 단절시키고 있다. 기계문명으로부터 왕따 당한 인간은 앞으로 서로를 경계하고, 경쟁하다가 마침내는 정글법칙으로 돌아갈 것이다.

거기엔 조용한 오수(午睡)도 없을 것이며 새의 노래도 없고, 시냇물 소리도 없을 것이다. 인간은 사르트르의 '벽' 보다도 더 답답한 정신적 감방에서 미쳐버리고 말 것이다.

국제사회의 왕따, 한 사회 안에서의 왕따, 기계문명으로부터 소외된 인간의 왕따를 추방하고 인간과 인간이 서로 사랑하고 인륜도덕을 숭상하는 사회를 만들기 위하여 우리는 오늘 시와 음악이 있는 정원으로 나아가야 한다. 선조들의 강원으로 가야 한다. 그리고 나사렛과 갈릴리로 가서 그리스도의 사랑을 배워야 할 것이다.

인간이 사는 세상은 정글법칙이 지배하는 동물의 세계와는 구별되어야 할 것이 아닌가?

웃지 못할 코미디 세상

날씨가 추우니 게을러진다. 방학이라 집에만 콕 처박혀(방콕대학) 있다가 고교동창회 모임이 있어 다녀왔다. 오랫동안 각자 삶의 현장에서 찌푸리며 살다가 동문수학하던 옛 친구들을 만나니 모두 어린애들과 같이 순수해졌다.

육십대 중반을 살아가는 남녀 친구들이 격의 없이 이름을 부르고, 농담을 하고, 떠들고, 웃으며 저녁을 먹었다. 참으로 오랜만에 뱃가죽이 아프도록 웃었고 덕분에 스트레스를 날려 보낼 수 있었다.

우리가 날마다 이렇게 웃을 수 있는 세상에서 살 수만 있다면 얼마나 좋을까? 그러나 우리는 오늘날 웃을 수 없는 코미디 같은 세상을 살아가고 있다.

평화롭게 살고 있는 마을에 정치꾼들이 난데없이 행정부처를 옮겨 도시를 만들겠다고 하여 국론이 분열되고 여야는 머리 터지게 싸움질이다.

충청도 민심을 얻어 선거에서 이겨보자는 속셈이 아니었던가? 왜 거기에 꼭 행정부처를 옮겨 놔야만 수도권 과밀이 해소되고 국토의 균형발전을 이룰 수 있다는 말인가? 원안을 수정하면, 경제적 자족도시를 만들면 천재지변이라도 난다는 말인가?

정치인들이 만들어낸 웃을 수 없는 코미디다. 너무 자주 목소리 큰 소수가 여론을 호도하여 진실을 거짓으로, 거짓을 진실로 만들어 가고 있는 코미디 세상에서 우리는 지금 살고 있는 것이다.

안병욱 교수의 조사에 의하면 「논어(論語)」에 '낙(樂)'자가 42회 나온다고 한다. 그만큼 공자는 '낙'을 강조한 것이다. 그는 공자의 인격과 생애를 학(學), 수(修), 행(行), 낙(樂)으로 요약하였다.

공자는 일생 동안 공부한 배움의 사람이었고, 부지런히 인격을 닦은 수신의 사람이었고, 배우고 닦은 것을 실천한 사람이었으며, 즐거운 인생을 산 사람이었다. 공자는 학문하는 것을 즐거워했고, 제자를 가르치는 것을 즐거워했고, 많은 사람과 만나는 것을 즐거워했고, 도를 닦는 것을 즐거워했고, 산과 물을 좋아 했고, 예술과 풍류를 즐겼다.

「논어」 옹야편(雍也篇)에 보면 '子曰, 知之者, 不如好之者, 好之者 不如樂之者'라고 했다. "공자께서 말씀 하시기를 아는 사람은 좋아하는 사람만 못하고, 좋아하는 사람은 즐기는 사람만 못하다"는 말이다.

그러나 우리가 사는 세상은 즐거움을 차단하는 사람들과 사건과 일들로 가득하다. 벗이 있어 스스로 먼 곳에서 찾아오는 기쁨(有朋 自遠方來 不亦樂乎)도 없고, 맹자의 말씀과 같이 천하의 영재를 얻어 교육하는 즐거움(得天下英才而 教育之 三樂也)도 없다. 득세한 자들의 세도만 있다.

국민의 압도적 지지로 당선된 지도자라도 목소리 큰 소수의 입맛에 맞지 않는다고 처음부터 헐뜯는다. 정치(政治)는 정치(正治)이어야 하는데 정치가 수치(羞恥)가 되었다.

지금 우리 사회에서 가장 그 후진성을 면하지 못하는 집단이 정치권이다. 여기에는 예의도 염치도 부끄러움도 없다. 더러운 오물을 뒤집어쓰고서도 여전히 뻔뻔하다. 이 더러운 물결은 이제 종교의 뜰까지 밀려와 질서를 짓밟고 진리를 유린한다. 됨됨이로 보자면 터무니없는 인물이 꼼수와 술수를 발휘하여 단체의 장이 되고 마침내는 그 연속선에서 한 단체를 몰락의 위험으로 몰아가고 있다.

기도도 안하고, 공부도 안하여 실력도 영력도 없는 인간들이 사람 속이고, 거짓말 하고, 거드럭 거리고, 부정하고, 도둑질 하는 실력은 타의 추종을 불허한다.

나는 어느 때부터인지는 모르지만 웃음을 상실해가고 있다. 예사로운 코미디로는 웃을 수가 없다. 웃음을 잃으면 건강이 나빠지고 행복지수가 낮아진다. 요사이 '웃음치료'가 대 유행이다. 웃으면 뇌에서 좋은 호르몬이 분비되어 사람을 건강하게 한다고 가르친다. '웃으면 복이 온다'는 말이 진리다. 웃으면 건강하게 되고 만사가 잘 된다는 진리를 모르는 사람이 없다.

그러나 세상은 우리로 하여금 웃을 수 없게 한다. 배반당한 사람이 웃을 수 있겠는가? 도둑 맞은 사람이 웃을 수 있는가? 사기당한 사람이 웃을 수 있는가? 아이티의 참상을 보고 웃을 수 있는가? 예수를 전하면서 행동으로는 예수를 믿지 않는 저 회칠한 무덤을 보고 웃을 수 있는가? 선배도, 선생도 모르는 안하무인 윤리도절의 인간들을 보고 웃을 수 있는가? 진실한 사람, 착한 사람이 밟히고 천하에 몹쓸 인간, 명예욕, 탐욕, 술수, 교만과 독선으로 가득한 인격 장애인이 지도자라고 판을 치는 이런 코미디의 구조 속에서 어떻게 웃을 수 있다는 말인가?

예수께서 감람산에 앉으셔서 종말에 대한 예언을 하셨다. '민족이

민족을, 나라가 나라를 대적하여 일어나겠고 곳곳에 기근과 지진이 있으리니 이 모든 것은 재난의 시작이라'(마 24:7~8).

이것은 앞에서 '많은 사람이 내 이름으로 와서 이르되 나는 그리스도라 하여 많은 사람을 미혹하리라'(24:5)는 말씀의 결과이다. 가짜가 진짜로, 적그리스도가 그리스도로, 비진리가 진리로 뒤바뀐 결과가 오늘의 비극을 초래한 것이다.

환경파괴, 이산화탄소 과잉배출, 문명이기의 극대화가 오존층을 무너뜨리고, 지구 온난화를 초래하고, 북극의 빙산을 녹이고, 해수면을 상승시켰다. 인간탐욕의 극대화, 오만의 극치, 강자독식의 정글법칙이 인류의 종말을 앞당기고 있다.

위의 성경구절처럼 '내 이름으로 와서' 자신이 그리스도라고 사람을 미혹케 하는 악인들의 코미디를 보고 어찌 웃을 수 있는가? 자신이 참목자라고, 자신이 진정한 지도자라고, 자신이 그리스도(로고스)의 제자라고 속이는 저 파렴치한의 코미디를 보고 어떻게 웃을 수 있겠는가? 가진 자, 권력 있는 자, 악한 자들은 처처의 기근과 지진과 재앙을 피하고 힘없고 선량한 민중들은 굶주리고, 죽어가는 아이러니를 보고 어떻게 웃을 수 있는가? 먹을 것이 없어 흙과자를 먹으면서도 하나님을 찾는 착한 민중은 왜 비극의 주인공이어야 하는가? 알카에다의 자살폭탄테러에 무고하게 죽어가는 저 수많은 사람들의 어처구니없는 지구촌의 비극을 어떻게 해석해야 하는가?

우리는 지금 진실이 왜곡되고 악인이 득세하는 코미디 세상에서 점점 웃음을 잃어가고 있다. 하나님! 저 천국의 웃음과 평화의 나라가 그립습니다.

(2010. 8)

이 착잡한 심경을…

며칠 전 전대미문의 슬픈 광경이 TV를 비롯한 모든 매스컴을 통하여 보도되었다. 내외신 기자들이 거의 광적 취재를 벌이는 가운데 노태우 전임 대통령이 서울 구치소에 전격 구속되었다. 응당 가야 할 길을 가는 것이지만 한때나마 대통령을 지낸 사람이 3.3평짜리 감방에 수감되는 모습은 스산한 가을을 더욱 서글프게 하였다.

검찰의 발표에 의하면 그는 대통령으로서 한낱 파렴치범이 저지른 범죄보다도 더욱 낯 뜨거운 부정축재를 했다. 각종 국책사업을 미끼로 재벌들로부터 뇌물을 받아 챙겼고, 삼인방으로 된 관리인을 두고 있는 대로 돈을 긁어모았다. 심지어는 국방에 관련된 율곡사업을 통해서도 리베이트를 챙겼다는 것이다.

대통령이 되기 전에는 주민 등록지를 수없이 옮겨 다니며 부동산 투기를 했던 사실이 속속 드러났다. 부정축재의 금액이 너무도 엄청나 일반 서민은 그 돈이 어느 정도의 액수인지 측정하기에도 혼미할 지경이다. 그가 긁어모은 5천억은 현행 대통령 월급을 1억 6천만년 동안

한 푼도 쓰지 않고 모아야 가능한 금액이라고 하니 가물가물 감이 잡히지 않는 액수다.

그는 전두환 전 대통령과 함께 12·12 군사쿠데타의 주역이다. 뜻있는 군인들을 마구잡이로 죽이고 적을 향하던 총구를 조국의 심장에 쏘아대며 정권을 탈취한 쿠데타의 주역이다. 피비린내 나는 5·18 광주참상의 악역을 맡은 군조직의 일원이기도 하다. 분명 그는 민족 앞에 떳떳한 군인도 아니며, 또한 대통령도 아니며 국민도 아니다.

그러나 그는 6·29선언을 통하여 대선에서 대통령이 되었다. 양 김씨의 이전투구 추태를 예견하고 그는 대통령에 출마하여 마침내 당선된 것이다. 요사이 4당이 서로 포문을 열고 대선자금 공방을 벌이고 있지만 실은 이들 모두가 노태우 대통령을 화려하게 등장시킨 공로자들이다. 양 김이 단일후보를 내었더라면 저 비참한 노태우 대통령은 역사에 등장할 수 없었을 것이다. 그러나 이들은 지역감정을 등에 업고 서로 견제하며 치열하게 싸웠다. 따라서 저들은 패배했으며 지금도 그 역사의 앙금을 남긴 채 팽팽한 줄다리기를 하고 있는 것이다.

이제 우리는 이 착잡하고 우울한 가을에 무엇을 결심해야 할 것인가? 예수 앞에 붙들려온 간음한 여인을 향하여 너나 할 것 없이 다투어 돌을 던질 것인가? 아니면 허탈감과 좌절감으로 희망 없는 나날을 보낼 것인가? 결코 역사는 중단할 수 없다. 오히려 대통령을 지낸 사람까지도 감옥에 보낼 수 있는 공법이 살아 있는 건강한 사회라는 확신 앞에 우리는 오히려 희망을 가져야 한다.

독재자의 범법과 축재를 알면서도 차마 심판할 수 없는 정치구조를 가진 나라는 불행한 나라다. 김수환 추기경의 강론대로 우리는 오히려 이번 사건을 '전화위복'의 기회로 삼아야 한다. 단 한 오라기의 부정도 용납할 수 없다는 국민의 정의감과 깨끗한 양심이 범국민, 범국가적으로 확산되어야 하고, 이에 따라 정부는 부정이 발붙일 수 없는 제도와 풍토를 마련해야 한다.

이 일에 종교는 하루바삐 교권과 종권 싸움에서 벗어나 본연의 역할을 담당해야 할 것이다. 우리는 불자나 그리스도인 또는 종교인이 오히려 탐욕에 눈이 멀어 있는 모습을 주변에서 얼마든지 보고 있다. 가당치도 않은 명예를 거머쥐고, 교권을 탈취하는 추태는 정말 목불인견(目不忍見)이다. 입으로는 하나님과 부처를 되뇌이며 실상은 검은 이리가 되어 비인간화, 탐욕의 주역이 되는 꼴은 차라리 절망 그 자체일 뿐이다.

종교는 진정 깨끗한 자기 위치에 돌아가 국민을 계도할 것이며 매스컴은 매스컴 본연의 자리로 돌아가 뼈를 깎는 자기 성찰을 해야 할 것이다. 항상 개혁의 치외법권 지대에서 남의 일만 문제 삼을 것이 아니라 진정한 사회의 목탁으로서 그 사명을 감당해야 할 것이다. 나라의 거대한 부정과 사회의 큰 비리사건을 축소하면 각자가 소속된 단체에도 그대로 유비적 사건으로 적용될 것이다.

5, 6공의 비리를 세차게 미워하는 그 양심의 본거지에 우리 각자의 어두운 모습들이 있는지 살펴봐야 한다. 오늘 나 하나의 작은 탐욕을 확대한 것이 저 실패한 노 씨의 양심이 아닌지 반성해야 한다. 미우나 고우나 한때 국가를 대표했던 사람을 감옥으로 보내며 느끼는 이 슬프고 착잡한 심회를 하루속히 떨쳐버리고 우리의 주변으로부터 맘몬과 부정의 악귀를 몰아내어야 한다. 그리고 탄탄하고 투명한 미래를 건설해야 한다.

"죄 없는 이가 먼저 돌로 쳐라. 이제 이후로는 다시는 죄를 짓지 말라" 예수의 메아리는 지금도 우리 각자에게 유효하다.

(1995. 4)

정체성 논쟁

개인, 집단, 또는 국가이건 간에 각각은 정체성(identity)을 가지고 있다. 개인은 개인대로 그가 어느 나라 사람이며 나이는 몇이고 성별은 무엇이며 어떤 성격과 소질을 가지고 있으며 어떤 생각을 기준으로 사는 사람인가 하는 정체성을 가지고 있다.

그리고 집단은 그 집단의 결성 목적과 노선에 따라 고유한 정체성을 가진다. 국가도 마찬가지다. 그 국가의 정치 체제, 국민성, 역사, 문화 등등에 따라 고유한 정체성을 가진다. 아마도 정체성 없는 개인, 정체성 없는 국가는 없을 것이다.

우리도 우리 나름의 분명한 정체성을 가지고 있다. 누구도 부인할 수 없는 정치체제가 있으며 경제적 구조를 가지고 있다. 그리고 우리만의 고유한 문화와 역사를 가지고 있다. 이 고유함은 지구촌 시대에 더욱 절실한 것이다.

세계화는 개성을 없애고 정치, 경제, 사회, 문화의 획일화를 뜻하는 것이 아니다. 오히려 각국의 고유한 브랜드를 더 빛나게 하여 서로 교환하고 공유하자는 것이 세계화의 의미일 것이다.

이제 지구촌에는 경제교류의 국경이 없어졌다. 문화의 장벽도 무너졌다. 모든 개인과 국가는 각자의 정체성을 가지고 협력하며 서로의 발전을 도모하는 글로벌시대에 직면해 있는 것이다.

우리는 이러한 급격한 전환의 시대를 살면서 역사를 확인하고 그 역사의 평가를 통하여 미래를 설계하려고 한다. 이 거룩한 정책에 뜻있는 사람이라면 그 누가 반대를 하겠는가?

그러나 상식을 가진 사람은 다 안다. 역사 확인의 과정에서 드러나는 정치적 의도를 국민은 읽고 있다. 공정성을 의심한다. 역사해석을 의심한다. 정체성을 의심하고 있다.

강정구 교수를 옹호하는 모습을 보고 국민은 두려움과 함께 이 나라의 정체성을 의심하고 있는 것이다.

툭하면 색깔 논쟁이라고 항변하지만 왜 색깔이 중요하지 않은가? 대한민국은 분명히 우익세력이 세운 자유민주주의 국가이다. 선통일후체제(先統一後體制)는 우리가 원하는 염원이 아니다.

대다수의 우리 국민이 원하는 통일은 자유민주주의 정치체제로 평화통일을 하는 것이다. 그렇다면 역사해석이 옳게 이루어져야 한다. 좌익적 해석이 배제되어야 한다. 당연히 자유민주주의를 옹호하는 입장에서 역사를 해석해야 한다. 그리고 역사는 객관적 입장에서 공정하게 기술되고 연구되어야 한다. 역사 기술과 역사 해석은 다른 것이다.

역사 확인의 연구는 공정해야 하고 역사 해석은 분명한 철학적 입장에서 수행되어야 한다. 지금 우리는 자유민주주의의 입장에서 우리의 역사를 해석하고 기본적으로 자유민주주의 정치체제를 고수해야 한다. 분명히 우리의 색깔은 빨간색이 아니다. 이미 공산주의는 80년 실험으로 끝난 체제다.

물론 이 세상에 유토피아를 실현할 수 있는 완전한 정치 경제 체제는 없다. 인간의 소유욕과 악한 본성 때문에 민주주의도 마르크스주의도 허점은 많다.

그러므로 자유민주의 시장경제체제는 사회주의의 분배정책을, 사회주의 통제경제체제는 자본주의의 생산정책을 서로 벤치마킹 하는 것이다. 그리고 지구상에 사회주의 국가가 과연 몇 나라나 있는가? 이미 자유민주주의 시장경제체제가 사회주의보다 우월하다는 것이 판가름 나지 않았는가?

지금 대한민국, 이 자그마한 나라가 세계를 놀라게 하는 원동력이 어디에 있다고 생각하는가? 자동차 산업, 반도체 산업, 휴대폰이 금년에 800억 달러를 수출했고, 총 수출액이 2천 8백억 달러, 총 수출입 금액이 5천억 달러를 상회한 기적이 어떻게 달성되었다고 생각하는가?

한류의 바람이 아시아를 휩쓸고 서구로 진출하려는 이 경이로운 현상이 무엇 때문인가? 그것은 자유민주주의와 사유재산제도의 우월성으로부터 온 것이다. 군사독재, 인권유린의 오명에도 불구하고 시장경제체제를 근간으로 하는 박정희 대통령의 탁월한 경제정책과 지도력이 오늘을 가져왔다.

인정할 것은 인정해야 한다. 개인의 억울한 한(恨) 때문에 지나간 역사를 모조리 매도하는 과오는 지양해야 할 것이다.

오늘 우리 국민은 정치지도자들을 훨씬 능가하는 의식과 가치관을 지니고 있다. 이제 정치인들은 국민을 두려워해야 할 것이다. 국민은 이제 정권의 속임수에 더 이상 넘어가지 않을 것이다. 지나친 좌(左)행(行)을 멈추고 자유민주주의 근간을 지켜야 할 것이다.

세계는 지금 우리나라가 가고 있는 행로를 지켜보고 있다. 자유와 인권이 지켜지고, 창조적 연구와 경제활동이 보장되는 자유민주주의 시장경제체제가 우리나라의 정체성이라는 엄연한 사실을 왜곡하지 말아야 한다. 이것이 무너지면 제 이, 제 삼의 황우석도 없고, 삼성반도체도, 현대자동차도 없다. 한류도 없고 IT도 없다.

지난 세월에 얻은 패배주의 때문에, 개개인의 한풀이 때문에 우리의 정체성을 뒤바꿀 수는 없는 것이다.

요사이 전개되는 일련의 정책들은 좌우를 무론하고 국민들을 근심스럽게 하고 있다.

빨치산 활동을 하다가 국군이나 경찰의 총탄에 죽은 사람에게 연금을 지급한다는 말이 사실인가? 그렇다면 그들을 토벌한 국군이나 경찰은 적군인가? 비전향 장기수가 애국열사라니? 북한과 거래가 단절될까 두려워 세계가 고발하는 참혹한 북한 인권에 침묵한다니? 도대체 혼란스러워 견딜 수가 없다.

북한정권의 마음만 사면 열국의 따돌림도 무방하다는 말인가?

제발 정체성을 지키라.

우리나라는 분명히 자유민주주의 국가다.

(2005. 12)

자주국방

잠수함을 타고 야밤에 들이닥친 무장 공비들을 군용 레이더가 발견하지 못했다. 세 번씩이나 그런 식으로 왔다 갔는데도 해안경비를 담당한 군인들도 까맣게 몰랐다. 해안도로를 달리던 택시 운전사가 목격하지 않았다면 과연 어떤 일이 벌어졌을까?

지금 북에서는 식량난으로 시련을 겪으면서도 초지일관 한반도의 무력 적화 통일을 끝까지 추진하고 있다. 이번에 남파된 무장 공비들을 보라!

우연하게 체포된 이강수 이외의 다른 간첩들은 끝까지 투항하지 않고 죽음으로 버티지 않았던가? 육군의 30%가 공비 소탕작전에 가담했지만 아직도 3명은 잡히지 않고 있다. 저들의 강도 높은 훈련과 투철한 군인 정신을 보고 등골이 오싹하지 않던가?

지금 북한은 두 개의 얼굴을 가지고 있다. 겉으로는 붕괴 직전에 와 있는 것 같이 보인다.

그러나 저들의 전방은 저들의 후방과는 엄청난 괴리를 가질 만큼,

철통같다. "지금 당장이라도 명령만 내리소서"라는 충성의 열기 그 자체다. 저들의 목표, 저들의 쇠뇌, 저들의 전의는 하늘을 찌른다.

그런데 우리는 어떠한가? 언제부터 이렇게 안팎으로 기강이 해이해졌는가? 공비와 싸우고 있는 기간 중에도 두 번씩이나 탈영병이 생기고 무기를 들어 동료에게 난사하지 않았던가?

밀수, 탈세, 건물 붕괴, 뇌물수수, 외교관 피살, 가스 누출… 등 사회와 국가의 기강이 말이 아니다. 지금이 어느 때라고 공공연하게 김일성 부자를 노골적으로 찬양하고 대학을 점거 농성하며 쇠파이프와 화염병으로 인명을 살상하고 백주에 파괴와 방화를 자행한다는 말인가?

민주화된 사회에서는 이런 어처구니없는 일도 관용해야 하는가? 어림없는 소리, 서구의 민주주의가 탄탄하게 정착한 나라에서는 꿈에도 그런 사태는 없다. 거기엔 준엄한 법집행이 있을 뿐이다. 정신 차려야 한다. 내 나라는 내가 지켜야 한다. 통일도 우리의 힘으로 자주적으로 이룩해야 한다.

수십 년 동안 해마다 신문에 게재되는 남북한 군 전력 비교표를 우리는 똑똑히 봐 왔다. 그때마다 우리는 우리의 전력이 북한군의 전력에 비하여 현저하게 열세하다는 사실을 접하게 된다.

전투기, 미사일, 잠수함, 대전차, 군대의 수 등 어느 것 하나 북한의 군사력 보다 우세한 부분이 없다. 나라의 방위를 미국에 통째로 맡기고 있는 것이다.

박정희 대통령이 밤잠을 못 이루며 이룩한 자주 국방의 탑을 한순간에 무너뜨리고 정권욕에 눈먼 군인들이 나라의 운명을 미국에 위탁해 버렸다.

지대지 장거리 미사일, 최신예 전투기, 핵폭탄 제조를 포함한 자주 국방의 틀을 모조리 깨 버리고 미국의 길들임에 안주해 버리고 급기야는 비핵화 선언까지도 서슴지 않았다.

율곡의 십만양병설을 무시했던 선조가 그 치욕의 임진왜란을 겪지 않았던가?

지금 북한이 무슨 힘으로 버티는가? 경제력? 아니다. 무력이다. 군사력이다. 저들은 저것 하나로 세계 최강국인 미국을 놀리고 있다. 지금 우리가 경제력이 튼튼하다고 착각해서는 안 된다. 결코 잘 사는 나라가 아니다.

우리의 경제 기반은 작은 바람에도 여지없이 흔들리는 배와 같다. 천문학적 숫자의 외채와 1개월에 35억불씩이나 무역 적자를 보고 있다. 거기에 인플레이션이 심상치 않다. 경제가 작년과는 정 반대의 길로 곤두박질을 한다. 아예 경제의 틀을 다시 짜야 될 판이다.

외제라면 아직도 사족을 못 쓰는 병든 의식, 과소비로 엉덩이가 썩어 들어가는 사치 풍조를 고치지 않으면 우리는 한꺼번에 도산하고 만다.

현대전은 경제전이다. 돈이 있어야 전쟁에서도 이긴다. 위정자는 신명을 바쳐 나라를 섬겨야 하며 국민은 일제시대와 6·25와 그 이후의 처참한 과거를 상기하며 검소한 생활로 나라를 다시 일으켜야 한다. 대리석, 보석으로부터 목욕탕의 플라스틱 바가지까지 외제 일색인 반민족주의자는 응징해야 한다.

기업인들은 경쟁력 없이 터무니없는 보호벽 아래 자신들의 장사 잇속만 차리지 말고 국가와 사회를 생각하고 생산과 무역에 투신해야 한다. 자주국방, 자주경제, 자력갱생의 길을 가면서도 국제 사회에서 우수한 위치에 서야 한다.

일본은 우리의 영구 분단을 환영할지도 모른다. 그래야 양쪽에서 이득을 얻을 수 있기 때문이다. 미국 역시 우리의 국방을 영구히, 완전히 책임질 수 있는 나라가 아니다.

베트남 전쟁의 교훈을 보지 않았던가? 통일도 우리의 월등한 힘으로만 비로소 가능하다. 외세에 의한 통일은 더 큰 비극이다. 신라의 통일이 바로 그 비참한 통일이었다.

방위산업을 늘리고, 국방 과학을 더욱 활성화시키며, 일본처럼 단시일 내에 마음만 먹으면 핵도 보유할 수 있는 만반의 준비를 갖추어야 한다. 이 길만이 대미 의존적 국방에서 자주국방으로 가는 길이다. 전쟁을 위해서가 아니다. 힘의 균형만이 잠정적이지만 평화가 보장되기 때문이다.

만일, 이 땅에 전쟁이 발발하면 우리는 영영 역사의 낙오자로, 비참한 후진국으로 전락할 뿐이다.

정신 차려야 한다.

자주국방! 그것만이 지금 우리의 소명이다.

(1997. 7)

일본을 이기자

내 나라의 영토를 가지고 스스로 '독도를 우리 땅'이라고 반복 주장해야 하는 이 어처구니없는 현실을 직시하면서 우리는 진정 다부진 각오를 해야 한다. 이미 오래전부터 일본 내에는 위험한 극우파들이 과거의 반성은커녕 오히려 대동아 공영권에 대한 향수를 느끼며 제국주의적 망상을 표출하고 있는 것이다. 이들의 득세는 그 세력이 점점 커져서 극우적 발언을 하는 사람이 정치적으로 표를 더 많이 받는 돌이킬 수 없는 지경까지 왔다.

이제 저들의 자위대는 단순한 자위대가 아니다. 최첨단 무기로 무장한 최강의 군대가 되었다. 일본은 마음만 먹으면 순식간에 핵을 보유할 수 있는 나라가 되었고, 현대전은 곧 경제전인 만큼 얼마든지 무제한 무장할 수 있는 나라가 되었다. 제2차 대전이 끝나고 미국이 지켜주는 방위에 덕을 보면서 저들은 세계 최고의 부국이 된 것이다. 이제 오끼나와에 주둔하는 미군비용을 일부 부담하라는 미국의 요청을 일본은 거절하고 있다. 미군이 아니라도 얼마든지 자위할 수 있다는 말이다. 아니 영토 확장을 감행할 수도 있다는 표현인 것이다.

과거사에 대한 반성을 저들은 오직 제스처로만 할뿐 내심으로는 자랑스러워 하는 듯 보인다. 저들은 우리나라 방방곡곡 산마루마다 지맥을 끊으려고 쇠말뚝을 박았다. 수많은 이 땅의 젊은이들을 학도병으로, 징용으로 끌고 가 죽였다.

아녀자들은 정신대로 사용하였고, 수많은 조선인을 생체실험으로 희생시켰다. 동양척식회사를 차리고 우리나라의 농토를 있는 대로 빼앗았다. 먹을 것도 없고, 농토도 없는 농민은 북간도로, 러시아로, 하와이로 떠나갔다. 차마 필설로 그 숫한 한 맺힌 사연을 다 늘어놓을 수 없는 과거의 아픔을 우리는 간직하고 있다.

이토록 뼈저린 과거의 아픔을 우리는 간직하고 있다. 역사를 왜곡하고, 침략을 미화하다가 이제는 독도가 자기들의 땅이라고 억지를 쓴다. 저들의 억지는 러시아에게도 아니요, 중국에게도 아닌 오직 우리나라에 대해서만 유독 질 낮은 생떼를 부린다. 만만하다는 얘기다. 깔보고 하는 소리다.

이제 우리는 가만히 당할 수만은 없다. 이겨야 한다. 극일(克日)의 정신으로 대처해야 한다. 통쾌한 승리를 거두어야 한다. 혹자는 우리가 지더라도 한판 붙어봤으면 좋겠다고 한다. 그러나 감정으로 싸움을 이길 수는 없다. 실력으로 이겨야 한다. 정의로, 외교로, 국력으로 이겨야 한다. 그러기 위하여 힘을 길러야 한다.

일찍이 도산의 무실역행의 교훈을 따랐다면 우리는 오늘과 같은 치욕을 당하지 않았을 것이다. 한때는 일제상품 안사기 운동이 곳곳에서 펼쳐진 적이 있다. 빨리 일본 의존적인 경제와 기업구조를 떨쳐버리고 훌륭한 한국적 기업과 경제구조를 조성해야 한다. 삼성의 반도체 메모리칩처럼 우리의 상품부터 일본을 능가해야 한다. 부드러운 착륙으로 통일을 달성하고 남북한이 한 덩어리가 되어 극일의 길로 매진해야 한다. 국제사회에서는 힘이 곧 진리다. 힘 있는 나라만이 정당하다. 힘이 있는 곳에 우방이 생겨나고 힘없는 나라엔 치욕만 있을 뿐이다.

일찍이 우리민족은 백제를 비롯하여 고구려 신라가 일본에 문물을 전해주고 문화의 화단을 꾸며주었다. 우리는 저들에게 우호와 사랑을 주었건만 저들은 우리에게 칼로 배반으로 응해왔다. 이제 우리는 단단한 각오로 극일의 길을 가야 한다. 극일의 길은 힘을 기르는 일 뿐이다. 국민 하나하나를 단단하게 길러야 한다. 우리도 저들의 어린이처럼 단단하게 길러야 한다. 저들은 어린 아이들로 하여금 우산도 없이 비를 맞으며 학교에 가게 한다. 겨울에도 반바지 차림으로 등교하게 한다. 결코 쉽게 볼 수 없는 나라다. 일시적이 아닌 지속적인 견제운동을 펼치고, 상품은 일본보다 더 우수한 상품을 만들어야 한다.

필요 없는 정치싸움으로 국력을 낭비해서는 안 된다. 과연 우리는 저들만큼 검소한 생활을 하고 있는가를 자문해야 한다. 정치 경제 문화 각 부분에서 우리는 일본을 능가하는 강성한 나라를 만들어야 한다. 겉으로는 미소를, 속으로는 복수의 칼날을 갈며 일본을 대해야 한다.

교회는 이러한 의식개혁의 주체가 되어야 한다. 「무궁화 꽃이 피었습니다」라는 소설이 왜 그렇게 많이 팔렸나? 통쾌하니까, 카타르시스가 되니까 그 엄청난 판매부수를 올린 것이다. 현실적으로 저들이 싸움을 걸어올 때 우리는 그렇게 이끌 수 있도록 힘을 길러야 한다. 정신을 가다듬고 굳은 각오로 무실역행의 길로 나아가야 한다. 이것이 극일의 길이다.

종교와 테러리즘

가을 하늘이 높고 푸르다. 숨이 헉헉 막히는 무더운 계절의 횡포를 겨우 이겨내고 풀벌레 소리와 함께 잠들려는 시각에 뉴스특보가 TV에서 쏟아져 나왔다. 전대미문의 경악을 금할 수 없는 테러 참사의 소식이었다.

세계무역센터가 폭파되는 장면을 어느 시민이 용케도 순간 포착하여 찍은 필름은 너무도 생생하였고 우리는 전율을 느끼지 않을 수 없었다. 뉴욕에 있는 쌍둥이 빌딩, 세계무역센터는 세계경제의 중심을, 그리고 워싱턴에 있는 펜타곤은 팍스 아메리카나(Pax Americana)를 지향하는 미국 군사력의 막강한 힘을 상징하는 건물이다.

그런데 이 중요한 건물이 무참히도 테러리스트의 희생물이 되었다. 범인들은 21세기 가미가제 특공대가 되어 수많은 인명과 재산을 일시에 앗아갔다. 뉴욕에서는 7천 명이 넘는 인명이 희생당했고 펜타곤에서는 2백여 명의 목숨이 손실되었다. 110층의 쌍둥이 빌딩이 납치된 민간여객기의 자살테러로 무너지는 모습, 구조를 요청하다가 수십 층에서 뛰어내리며 죽어 가는 참혹한 광경들은 우리로 하여금 꿈속에서도 전율하게 하였다.

어떻게 이런 일이 일어날 수 있는가? 민간여객기를 납치하여 승무원들을 살해하고 조종석에 앉아 자살테러를 감행할 수 있을까? 미국의 그 뛰어난 정보력, 그 놀라운 첨단 기술은 어디로 가고 다시 보기도 끔직한 습격을 받았단 말인가?

그것은 오랫동안 부귀와 안녕을 누려왔던 미국의 안이함 때문이다. 폭파당한 빌딩은 이미 얼마 전 폭탄테러 사건을 겪었던 빌딩이다. 그럼에도 불구하고 범인들은 또다시 승객이 탑승한 민간 항공기를 납치하여 자살테러를 저질렀다. 설마 그렇게까지 할 줄이야 누가 알았던가. 세계 유일의 초강대국, 부와 번영을 수백 년 동안 누려왔던 미국에게 이번 사건은 씻을 수 없는 수치와 경종이 되었다. 이제 미국은 세계도처에서 일어나는 반미감정을 똑바로 읽고 오만과 군림의 태도를 버리고 공존의 미덕을 보여야 한다.

그리고 이슬람권, 특히 회교 근본주의를 표방하는 국가들은 불특정다수의 인명을 살상하는 테러를 포기하고 평화와 대화의 장으로 나와야 한다. 폭력은 끊임없는 폭력의 악순환을 낳는다. 이스라엘과 팔레스타인의 그 해묵은 분쟁이 과연 폭력으로 해결되겠는가? 북 아일랜드의 신 구 기독교의 대립이 폭력으로 끝이 나겠는가? 인도 파키스탄의 분쟁, 미국 내의 인종갈등, 보스니아 지역의 인종분규가 과연 폭력으로 해결되었는가?

폭력은 폭력을 낳는다. '대화(dialogue)'라는 단어는 두개(dia)의 진실(logia)이라는 뜻이다. 서로 상대방의 진실을 인정하고 존중하는 것이 대화이다. 타협과 양보가 수반되는 관계가 대화이다.

진정한 종교는 평화를 내용으로 한다. 종교는 그 본래성으로 돌아가야 한다. 기독교, 이슬람교, 유대교, 힌두교, 불교, 유교의 경전 어느 곳에 폭력을 찬양하는 내용이 있는가? 거기엔 평화와 사랑, 착함과 지혜, 인간존중의 진리들이 있을 뿐이다. '이슬람'이라는 말은 '평화'라는 뜻을 가진다.

그런데 인간들은 이러한 진리를 수호한다는 구실로 교리와 율법과 조직을 강화한 '종교'를 만들고 거기에 사람들을 모아 물리적 힘을 쌓고 지배지의 유익을 구한다. 그리고 마침내는 경전의 참된 뜻과 진리를 역행하는 만행을 서슴없이 자행한다.

코란 어디에 자살테러로 수천의 인명을 살상하라고 했던가? 성경 어디에 십자군을 조직하여 인간을 마구 살육하라고 했던가? 사서오경(四書五經) 어디에 파당을 지어 싸우고 죽이는 사화(士禍)를 일으키라고 했는가?

종교는 무섭다. 그 어느 종교라도 그것이 제도화되고 힘이 주어지면 비인간의 궤도를 달리게 된다.

신학자 본회퍼(D. Bonhoeffer)가 '비종교(非宗教)'를 주장했던 이유는 바로 이러한 종교의 마성 때문이다. 종교는 본래적 의미를 상실하고 마침내는 진리가 아닌 탈 진리(脫眞理), 상대적인 것의 절대화라는 마성(魔性)을 드러내게 된다. 그리고 그것은 인간을 비인간화시킨다. 그리고 쇼비니즘적 충성만을 미화하고 이를 수행하는 자를 영웅시한다.

종교는 종교를 저항하고 그것을 벗어야 한다. 성철 스님이 "부처를 만나는 대로 때려죽이라"고 한 법어는 무엇을 의미하는가? 상대적인 것의 절대화, 우상화를 염려한 법어가 아닌가?

교단이 비대해지면 썩는다. 종교에 부와 힘이 주어지면 그때부터 부패한다. 예수가 언제 기독교를 창시했던가? 석가가 언제 불교를 창도

했던가? 공자가 언제 유교를 창도했나?

그를 따르던 무리들이 늘어나고, 교단이 구성되고 비대해지면서 본래의 진리는 상대화되고, 교리와 율법은 경직화 되었다. 또 힘이 생기면서 종교는 교권으로 오히려 인간 위에 군림하고 인간을 비인간화시킨다.

그리고 마침내 종교주의자들은 자기들의 신앙과 이념과 이데올로기에 반대하는 사람들을 테러하고, 또한 이를 미화시킨다. 저 오사마 빈 라덴(Usama Bin Laden)이 추구하는 유토피아는 없다. 그리고 유대인이 주장하는 선민의 나라도 없다. 팍스 아메리카의 유토피아도 없다. 그리고 미국의 독주와 오만은 지구촌의 비극을 더욱 연장할 것이다.

미국 국민의 슬픔과 분노를 동감한다. 무고한 죽음, 그 고귀한 인명의 죽음을 애도한다. 그러나 미국도, 테러 당사자들도 더 이상의 무고한 살생은 멈추어야 한다. 어렵겠지만 미국은 범죄의 당사자들만 처단해야 한다. 그리고 더 긴 미래의 평화와 안녕을 위하여 테러를 미워하고 그들이 믿는 참 종교의 본질로 돌아가야 한다.

사랑과 평화의 종교, 인간을 하나님처럼 대하는 종교 아닌 종교를 우리는 모색하여야 한다. 사랑과 평화와 인간존엄의 진리를 추구해야 한다.

(2001. 9)

중심中心과 중심衆心

사람이 중심(中心)을 엄격히 지키고 산다는 것은 불가능한 일이다. 그것은 전이해(前理解) 때문이다. 비록 이 세상에서 습득한 체험이나 지식, 혹은 삶의 배경이 아니라고 해도 인간은 모태로부터, 그리고 유전적 소양에 따라 사물의 판단을 치우치게 할 가능성을 배제할 수 없다.

더구나 출생 이후 감수성이 예민한 시절에 얻은 가치나 충격은 인간으로 하여금 일생 동안 다소간의 치우친 판단을 하며 살아가게 한다. 엄밀한 의미에서 인간은 누구나 완전하게 공정할 수 없고 누구나 자신의 입장에서 실존적 가치 판단의 기준을 이미 가지고 있는 것이다.

그러므로 사회는 다양성을 인정하고 개성을 존중해야 한다. 그러나 이러한 개성과 다양성은 보편성을 포용하고 반대로 보편적 가치는 개성과 다양성을 인정해야 한다. 실존적 가치가 극대화 되면 독선과 독재가 되고 보편적 가치를 지나치게 강조하면 창조성을 상실하게 된다. 성숙한 사회는 주관적 가치와 보편적 가치가 균형을 이룬 사회이다.

지금 우리가 살고 있는 뜰에는 보편적 가치보다는 세력을 가진 주관적 가치를 다수에게 강요하고 있다. 합리적 사고가 무시되고 경도된 사고, 편향된 가치가 다수를 오도하고 있다. 여야가 미디어 법을 놓고 대치하는 것도 그러한 이유가 있는 것이다. 매스미디어가 여야 서로를 편들어 주기를 바라고, 서로 자신들에게 유리하게 법을 제정하려고 싸우는 것이다.

중심(中心)을 지켜야 한다. 군사정권 시절에는 친여적 언론들이 민주화 이후에는 좌 편향적 언론이 되었다. 언론이 여론을 좌우하기 때문에 정권을 잡으면 누구나 먼저 언론을 장악하려고 하는 것이 아닌가?

그러므로 언론이 먼저 공정해야 한다. 엄밀하게 공정하기는 어렵지만 적어도 중심(衆心)을 오도(誤導)해서는 안 될 것이다. 국민이 보편적 이성을 가지고 사물을 정당하게 볼 수 있도록 하는 방송매체가 진정 사회의 목탁이다.

지난번 전직 대통령이 자살하고 우리나라는 온통 이상한 조문사태로 일상이 무너지는 경험을 겪었다.

일생동안 어렵게 모은 거액의 재산(331억 4천만 원)을 공약대로 사회에 환원하고, 지난 서울시장 시절의 봉급 전액을 불우 이웃을 위하여 투척했으며, 지금까지의 대통령 임기 중 받은 봉급 전액을 그늘진 곳에 보낸 현직 대통령, 노블레스 오블리주(noblesse oblige)를 실천한 현직 대통령에게는 비난의 화살을 던지고, 오히려 비리에 연루되어 자살한 전직 대통령에게는 넘치는 애도를 보내는 이 나라의 정서가 과연 정상인가? 방송은 제구실을 다한 것인가?

전직 대통령의 죽음은 안타까운 일이다. 그러나 저 매스컴의 지나친 행태, 저 패거리들의 국민오도는 차마 눈뜨고 볼 수 없는 광경이었다.

이제 우리 중심을 잡자. 어느 것이 올바른 것이고 어느 것이 그릇된 것인지 중심을 잡고 판단하자. 편향된 미디어의 프로그램은 시청을 거부하자. 극단적 보수, 극단적 진보는 이데올로기적 대립을 초래한다. 중도개혁을 표방한 정부는 그 노선을 굳게 지키고 과감히 나아가라. 좌도 사라지라. 우도 사라지라. 아니 중도도 사라지라. 이제 우리의 뜰에서 당파는 사라져라. 국민 파만 존재하라. 국민 행복 파만 생존하라. 치우치는 것이 죄악이다.

시편 기자는 '다 치우쳐 함께 더러운 자가 되고 선을 행하는 자가 없으니 하나도 없도다'(시 14:3)라고 탄식한다. 잠언서 기자는 '좌로나 우로나 치우치지 말고 네 발을 악에서 떠나게 하라'(잠 4:27)고 권면한다.

사람들이 왜 치우치는가? 대개는 자신의 이익을 위하여 치우친다. 자신의 이익을 지나치게 추구하다가 인간은 악을 저지르게 된다. 시편 기자와 잠언서 기자는 모두가 치우쳐 악을 행한다고 교훈하고 있다. 그렇다면 치우침이 악의 근원인 것이다.

그러므로 중심을 잡아야 한다. 중심을 잡기 위하여 생각해야 한다. 감성의 눈물을 흘리고 난 후에 이성의 활동을 왕성하게 해야 한다. 그래야 좌파나 우파에게 이용당하지 않는다. 저들은 자신들의 이익을 위하여 국민을 호도할 수 있다. 국민의 마음(衆心)을 중심(中心)에 두지 않고 자신들의 편에 두려고 한다. 그러므로 국민의 마음은 우왕좌왕한다.

냉철한 머리와 뜨거운 가슴은 구별되어야 한다. 슬픈 죽음을 보고 마음이 아픈 것은 당연한 것이다. 그러나 그러한 죽음을 자신들의 이익을 위하여 포장하고 이용해서는 안 된다. 그러므로 정치하는 사람들을 국민은 불신하는 것이다.

좌로나 우로나 치우쳐 악을 도모하지 말라고 성서는 교훈한다. 여당은 수를 믿고 교만하지 말고 야당은 사사건건 반대만 하지 말라. 국익과 민본이 무엇인가를 먼저 생각하면 정치인의 수명도 길어질 것이다. 민본과 국익실천만을 위하여 동분서주 하는 정치인의 미래는 끝내 보장 된다.

그러나 자신의 이익을 위하여 뛰는 정치인의 생명은 단명한다. 기업인이 뇌물을 왜 주는가? 탈세를 꾀하기 위하여 뇌물을 준다. 탈세하면 세금이 줄고, 세금이 줄면 선량한 국민이 보충해야 한다. 부정한 정치인, 가짜가 진짜인 척 한다. 속지 말자. 그 가짜의 번지르르한 언변, 거짓 눈물, 거짓 쇼에 속지 말아야 한다.

국민의 마음(民心), 대중의 마음(衆心)을 중심(中心)에 두라. 그리고 지도층부터 도덕적 책무를 다하라. 그리하면 국민은 그 아름다운 정의 길을 따라갈 것이다. 사랑의 길을 따라갈 것이다. 봉사와 헌신의 오솔길을 따라갈 것이다.

입으로 정의로운 척하고 가짜로 봉사하는 척하며 뒤로는 부정한 돈을 받는 당신들을 국민들은 알고 있다. 민심은 천심이다. 이 천심을 화나게 하면, 이 천심을 속이면, 이 착한 천심을 우롱하면 천심은 당신들을 준엄하게 심판할 것이다.

무더운 여름에 뜨거운 소리를 해서 편치 않은 마음이다.

(2009. 8)

지금 우리는 어디로…?

가을이 익어가고 있다. 지겹도록 내리던 비는 마침내 '매미'라는 난폭하기 짝이 없는 태풍을 불러 우리의 뜰을 마음대로 유린하고 떠나버렸다. 난폭자가 떠난 자리에는 상실과 절망, 슬픔과 막막한 근심의 잔해들만 나뒹굴고 있다. 가뜩이나 지리한 비로 흉년을 예측하던 터에 태풍과 폭우는 우리의 농장을 더없는 수렁으로 빠뜨렸다.

어디 그뿐이랴, 적조현상과 태풍으로 어장이 망가졌고 국가의 기간산업도 막대한 피해를 입었다. 조선소에서 건조중인 고가의 대형 배들이 일부 훼손되고 수많은 어선들과 컨테이너를 옮겨 싣는 대형크레인들이 파괴되었다. 동북아시아 물류 수송의 중심이 되려던 꿈은 이제 상하이로 옮겨가는 것인가.

금년 가을은 너무도 우울한 계절이다. 북한 핵 문제는 아직도 미결상태로 우리의 안보를 위협하고 경제는 깊은 침체에서 헤어 나오지 못하고 있다. 실업자의 수는 나날이 늘어나고 노사분규는 심상치 않으며 곳곳에서 일어나는 욕구의 분출은 그 도를 넘은 지 오래이다. "국민 일인당 소득 이만 달러시대를 열겠다"고 공약하던 노 대통령의 꿈이 과연 이루어질 것인가? 의문하는 사람들이 많다. 우리네 국민들이야 잘 먹고 잘 사는 나라, 자유와 안보가 보장되는 나라면 더 바랄 것이 무엇이겠는가.

그런데 국민은 지금 불안하다. 안보도, 경제도 모두 불안하다. 수출로 먹고 사는 나라인데 외국기업이나 국내기업이 투자할 여건이 나빠 자꾸만 해외로 떠나가고 있다. 한마디로 한국에서는 수지타산이 맞지 않아 값싼 임금과 기업여건이 용이한 나라로 이동하는 것이다. 따라서 직장에 들어가기가 하늘에 별 따기만큼이나 어려워졌다.

분배를 말하기 전에 먼저 돈을 열심히 벌어야 할 것이 아닌가? 사백조원이 넘는 돈이 지금 투자할 곳이 없어 표류하고 있다. 정부는 이 돈이 생산에 투자될 수 있도록 안전한 여건을 마련해야 할 것이다. 왜 돈이 부동산으로 몰려드는가를 진단하라. 왜 기업이 해외로 떠나는가를 진단하라. 왜 원정출산이라는 치사한 방법이 나오는가를 살펴라. 왜 이민을 떠나는가를 따져보라.

얼마 전부터 5060(5~60대)은 낡았고 수구적이라고 몰아세웠다. 늙은 것도 서러운데 요사이 늙은 분들은 늙은 것이 죄인 된 기분이란다. 지난번 노사모를 위시한 2030들이 새 정권을 창출하였다. 그런데 아이러니하게도 그들이 지금 이 나라에는 희망이 없다고 이민을 떠나고 있다. 이제 새로운 정권이 출범한지 칠 개월이 넘었다. 그런데 아직도 표류하고 있다. 그동안 한 일이 있다면 코드가 맞는 사람들끼리 모이고 맞지 않는 사람들은 적대시하는 분열의 결과만 남겨놓았다.

지금 우리는 어디로 가고 있는 것인가? 도대체 우리의 희망은 무엇인가? 이렇게 국론이 분열되고 계층간, 세대간, 보수와 진보간의 분열이 첨예화되었던 때가 해방 이후 과연 있었던가? 개혁을 부르짖지 않았던 역대 정권이 과연 있었던가? 개혁은 하루아침에 되는 것이 아니다. 서서히 점진적으로 국민의 의식이 바뀌어야 진정한 개혁이 이루어지는 것이다. 한 번에 바꾸려면 간단하다. 총이나 칼로 하면 된다. 집권세력과 안 맞으면 죽이고 투옥하면 된다. 과거에 군사정권이 그렇게 하지 않았던가? 그러나 그것은 개혁이 아니다. 그것은 파쇼요 강도질이다.

민주주의의 특징이 무엇인가? 다양성 속에서의 통일이 아닌가? 서로의 다름을 인정할 줄 알아야 하지 않겠는가? 코드정치는 사라져야 한다. 반대편 사람들도 포용할 줄 아는 지도자가 진정한 지도자다. 지역구도를 깨고 전국구도의 정당을 만들기 위하여 토사구팽의 사도(邪道)를 쓰면 되겠는가? 과연 그런 얕은 방법으로 지역구도가 깨진다고 보는가? 천만의 말씀! 세월이 흘러야 하고 평등한 인사정책을 비롯하여 끝없는 평준화 정책으로 민심을 끌어안아야 한다. 특히 정치하는 사람들이 지역정서를 이용하지 말아야 한다.

지금 우리는 어디로 가고 있는지 방향감각을 잃어버리고 갈팡질팡하고 있다. 대통령을 위시하여 집권세력을 믿지 못하고 있다. 개혁을 하려면 먼저 개혁의 주체부터 깨끗하고 개혁할 수 있는 능력이 있어야 한다.

시행착오는 있을 수 없다. 그 다음 정부와 개혁주체는 무엇을 어떻게 개혁할 것인가 청사진을 내어놓아야 하며 그 타당성 여부를 토론해야 한다. 그리고 개혁의 청사진이 결정되면 국민에게 호소하고 설득해야 한다. 국민이 의견을 통합하고 단결하여야 개혁이 성공한다. 국민이 협력하지 않으면 개혁은 성공할 수 없다. 지금 참여정부는 코드정치를 버리고 국민이 참여하는 정치를 해야 한다.

만일 당신들이 일체의 아집과 편견과 욕심을 버리고 진정으로 국민과 함께 아픔을 나누고 동고동락한다면 국민은 머지않아 당신들을 다시 지지할 것이다.

이라크에 파병하는 일, 북한 핵 문제, 태풍피해의 복구와 항구적 대책, 간척지 문제, 핵 폐기장 문제, 실업의 문제, 교육의 문제 등… 수많은 민생문제에 성심을 가지고 전념하라. 청렴한 사람, 실력 있는 사람, 경륜 있는 인재들을 등용하라. 그리하면 민심은 돌아올 것이다.

나는 노 대통령이 대한민국 모든 국민을 포용하는 아량의 대통령이기를 바란다. 지금은 처음이라 국민기대에 못 미치지만 퇴임할 때는 아쉬워하는, 역사에 길이 남는 대통령이 되기를 기원한다. 먼저 찢어진 민심을 수습하고 국민적 대 통합을 대의에 입각하여 이루어야 한다.

말을 아껴야 한다. 말은 창조와 희망과 긍정을 위하여만 하고 쓴 소리는 참아야 한다. 그것이 지도자의 덕목이다. 그리고 대통령의 성공여부는 참모들에게 달려있다. 대통령은 훌륭한 인재를 찾으려고 삼고초려의 노력을 지속해야 하며 부정한 참모, 무능한 참모는 가차 없이 잘라야 한다.

참신한 사고를 지닌 사람, 창조적 능력을 가진 사람, 공평무사한 청렴한 인재를 찾고 또 찾아 등용해야 한다. 나이가 많다고, 코드가 다르다고, 보수적이라고 일방적으로 단정하지 말고 포용하고 통합하여야 한다.

국민의 소망은 소박하다. 안보가 보장되고 경제가 잘되면 더 바랄 것이 없다. 지금 하고 있는 일이 국익에 도움이 되는가, 국민을 유익하게 하는 일인가를 항상 유념하여야 한다. 우리는 어디로 가고 있는가? 국민은 지금 불안하다.

(2003. 10)

지족안분 知足安分

왜 세상이 이렇게 시끄러운가. 남녀노소, 지위고하, 빈부귀천을 막론하고 온통 불평의 독을 내뿜고 있으니 세상이 평안할 수 있겠는가. 과거보다 훨씬 살림이 나아졌고 엄청나게 편리해졌으며 좋은 환경에서 더 많이 갖게 되었는데 왜 이렇게 세상이 삭막해졌나. 가난하던 시절에는 오히려 나누어 먹을 줄도 알고, 희로애락을 함께할 줄도 알았는데 오늘 이 휘황찬란한 문명의 뜰에는 온통 비인간적인 소리들로 가득하다. 매일 죽이고, 속이고, 찍고, 부수고, 터지는 소리로 가득하다.

금고기라는 동화에 나오는 할머니처럼 현대인들의 욕심은 그 유래를 찾아보기 힘들만큼 산처럼 바다처럼 커지고 있다. 도대체 한시도 만족할 줄 모른다. 욕심 많고 미련한 인간은 그 욕망의 끝에서 마침내 파산을 맞이하고 뜨거운 지옥에서 아브라함과 함께 있는 거지 나사로에게 물 한 방울을 구걸하게 될 것이다.

연세의료원 재활의학과에서 환자들에게 복음을 증거 하는 김복남 전도사가 화요 채플에 와서 감동의 간증을 했다. 어느 날 느닷없이 닥

쳐온 사고로 팔이 없어진 사람, 다리가 없어진 사람, 전신이 마비된 사람, 아예 식물인간이 된 환자들의 보호자등 수많은 사람들의 탄식을 전하며 그는 지금, 여기서, 있는 것으로 하나님께 감사하라고 외쳤다.

유방암이 팔까지 전이되어 한 팔을 절단한 어느 부인환자는 "만약 내가 다시 건강하여 양팔을 가질 수만 있다면 나는 결코 세탁기로 빨래하지 않고 손으로 빨래할 것이며, 오히려 빨래하며 즐거움을 느끼겠다"고 했단다. 어느 전신이 마비된 젊은이는 "손가락 한 개만 움직이게 해 준다면 그 한 개의 손가락으로 컴퓨터 자판을 눌러 온가족을 먹여 살리겠다"고 울부짖었단다. 눈이 있을 때, 팔 다리가 멀쩡할 때, 우리는 지금 내가 가진 것에 만족하고 감사해야 한다.

서른 여섯에 장래가 촉망되는 남편을 직장암으로 잃어버린 김복남 전도사는 피맺힌 목소리로 지난 날 신앙생활을 게을리 했던 일, 남편에게 바가지 긁었던 일을 후회하며 "지금 남편이 살아 있다면 하늘처럼 받들고 행복하게 살겠다"고 했다.

그는 강조한다. 늦기 전에 감사하라고, 늦기 전에 봉사하라고, 더 늦기 전에 사랑을 베풀라고… 절규하듯이 권면하였다. 서른여섯에 청상이 되었더니 사람들이 "저렇게 젊은데…" 하며 그녀를 보고 혀를 찼단다. 그래서 빨리 사십이 넘기를 바랐다고 한다.

그런데 지금은 자기 나이가 마흔 넷인데도 "아직도 젊은데…" 라며 사람들이 혀를 쯧쯧 거린다고 한다. 그녀는 그 말이 부끄러워 어서 빨리 오십이 넘고 늙어버렸으면 좋겠다고 하였다. 그녀의 권면처럼 아직 시간이 있을 때 우리는 감사할 줄 알아야 한다.

어느 시인의 시구(詩句)처럼 '남극의 햇살이 아직 남아 있을 때' 하나님이 우리에게 베풀어주신 몸과 가진 것으로 사랑을 심어야 한다. 받은 것으로 만족할 줄 알아야 한다.

오늘 이 지구는 인간의 탐욕 때문에 종말을 향하여 질주하고 있다. 자동차와 공장 굴뚝에서 피어오르는 매연, 가정과 공장으로부터 쏟아지는 오수, 수많은 연소하지 않은 폐품들, 이루 헤아릴 수 없는 문명의 쓰레기들과 오염으로 지구는 지금 중병에 시달리고 있다.

강과 바다가 오염되었고, 땅과 하늘이 죽어가고 있다. 지구의 마지막 남은 허파 시베리아의 원시림과 아마존 강 유역의 열대림이 지금 마구 파괴되어가고 있다. 그뿐인가. 인간이 만든 저 많은 핵폭탄이 언제 지구를 한순간에 박살낼는지도 모른다. 미래의 전쟁은 단순한 전쟁이 아니다. 그것은 곧 인류의 종말이다. 이 모든 일이 왜 일어나는가. 욕심 때문이다. 인간이 자신의 푼수를 모르기 때문이다.

21세기 찬란한 물질문명의 탑 위에서 인간은 오히려 자신의 운명에 대해서는 어리석기 짝이 없다. "손가락 한 개만이라도 움직일 수 있다면…", "팔 한 짝, 다리 한 짝만 있다면…", 아니 "남편이나, 아내, 가족을 알아볼 수 있는 의식이라도 돌아왔으면 더 바랄 것이 없다"는 저 재활병동의 환자들, 그들의 절규를 들어보라. 멀쩡한 두 눈, 건강한 사지와 오관을 지니고 있다는 것이 얼마나 큰 축복이며 감사의 조건인가.

바울은 감옥에서 빌립보 교인들에게 "나는 비천에 처할 줄도 알고 풍부에 처할 줄도 알아 모든 일 곧 배부름과 배고픔과 풍부와 궁핍에도 처할 줄 아는 일체의 비결을 배웠노라. 내게 능력 주시는 자 안에서 내가 모든 것을 할 수 있느니라"(빌 4:12~13)고 하였다.

바울이 누구인가? 그가 평범한 사람이었던가? 그는 화려한 과거를 동경하지 않고 오히려 성령 안에서, 그리스도 안에서, 진리 안에서 지족안분의 평강을 고백하였다. 우리 모두의 탐욕은 우리를 망하게 하고 우리 모두의 비움은 우리를 번영하게 할 것이다.

(2009. 3)

촛불의 방향

촛불이 타올랐다. 청계천 광장, 시청 앞 광장, 광화문에서 청와대로 가는 포도 위를 촛불 든 군중들로 메웠다. 어디 그뿐인가. 부산, 광주, 대전, 인천… 등 곳곳의 지방도시에서도 군중들이 모여 미국산 소고기 수입을 반대하는 촛불데모를 벌였다.

18대 국회 등원을 거부하며 거리로 나온 야당의원들에 이어 마침내 가톨릭정의구현 사제단, 불교의 승려들, 개신교의 목사들까지 촛불을 들고 거리로 뛰쳐나와 이명박 정부를 규탄하고 소고기 재협상을 촉구하였다. 그리고 촛불시위가 소강상태로 접어들면서 일본정부의 독도 영유권 주장과 금강산 남측 관광객 피살사건이 터졌다.

나는 일련의 사태를 지켜보면서 착잡한 심경을 금할 수가 없었다. 역사의 방향이 어디로 가고 있는 것인가? 촛불을 들고 거리로 나온 주부들, 할머니, 어린학생들, 저 많은 군중들이 지금 소고기협상의 진상을 제대로 알고 있을까? SRM, 가축위생과 국민건강에 관한 법, 한미 FTA 등을 올바로 이해하고 있는가?

물론 이명박 정부는 출범하면서부터 아마추어적 미숙함을 보였던 것이 사실이다. 그러나 압도적 표차로 뽑힌 대통령인데! 국민도 기다릴 줄 알아야 한다.

청와대 비서진이 잘못 발탁되고, 내각의 구성에 문제가 있다고 하여 비서진을 재구성하고 내각의 일부를 경질하였고, 소고기 협상이 잘못되었다고 하여 추가협상으로 바로잡지 않았는가? 정권출범 3개월 남짓 할 때부터 소고기 협상이 만족스럽지 못하다고 대통령을 물러나라고 한다면 3~4개월 간격으로 대통령 선거만 할 것인가?

대통령은 메시아가 아니다. 완벽한 국정은 없다. 촛불집회의 효력으로 백퍼센트 만족한 협상은 아닐지라도 추가협상이라는 실리를 우리는 챙겼다. 국가와 국가 간의 협상은 위상과 예절이 선행하는 것이다. 이정도 했으면 이제 우리는 일상으로 돌아가 개인과 국가의 위기극복을 위하여 최선을 다해야 할 것이다.

협상은 항상 상대가 있는 법이다. 우리가 미국산 쇠고기를 사주어야 미국도 한국산 물품들을 사줄 것이 아닌가. 자동차, 휴대폰, LCD TV, 냉장고, 반도체메모리칩, MP3…. 수많은 물품을 수출하면서 쇠고기에 목숨을 걸면 되겠는가?

지금 한반도는 이럴 때가 아니다. 군중의 뒤에서 군중을 조정하여 자신들의 이익을 얻으려는 사람들이 혹여 있다면 그릇된 망상으로부터 속히 벗어나야 한다. 민주한국이라는 배가 탄탄한 항해를 할 때만이 너와 나의 번영이 보장되는 것이다. 대한민국의 배가 위태하면 우리 모두의 안위도 위태로운 것이다.

프랑스의 사회심리학자 르봉(1841~1931)은 「군중심리」라는 명저에서 군중들의 이상심리를 고발하였다. 사람들이 많이 모이면 억제할 수 없는 사회적 집단 이상심리를 나타낸다는 것이다. 익명성으로 책임의식이 사라지고, 정보의 단절, 소문, 편향된 주장으로 무비판적 난동이 일어날 수 있다고 지적하였다.

우리사회는 민주화로 오는 길목에서 어느새 이념의 분열, 가치관의 분열로 번번이 국론까지 분열되는 경험을 하고 있으며 일부 표피적 지식인들의 큰 목소리로 민중은 오도되고 있다.

르봉은 이런 군중의 시대에 훌륭한 지도자가 나오면 다행이지만 그릇된 선동자가 나오면 파멸의 사회가 온다고 예언하였다. 그렇다면 이제 국민이 똑똑해져야 한다. 그리고 선한 지식인, 훌륭한 지도자들이 민중을 바르게 인도해야 한다.

이제 우리는 촛불의 방향을 바꾸어야 한다. "독도는 우리 땅이다"라는 당연한 사실을 일본에게 노도의 촛불행진으로 선언해야 한다. 금강산 관광에 나섰던 선량한 관광객이 북한의 초병에게 무참히 피살된 어처구니없는 사건에 대하여 북한당국에 분노의 촛불로 항의해야 한다. 고유가로 인한 경제적 난국을 극복하기 위하여 근면검약 정신으로 생업에 임해야 한다.

저임금으로 힘겨운 삶을 이어가는 수많은 근로자를 생각하고 노사가 화합해야 한다. 소고기로 사생결단하겠다는 망상을 버리고 현재의 협상을 충실히 지키기 위하여 최선의 노력을 경주해야 하며, 소고기 수입업자들, 상인들과 요식업자들은 정직해야 할 것이며, 정부의 체계적이고도 치밀한 법적장치와 감시가 추상같아야 한다. 그리고 이제는 촛불의 방향을 바꿔야 한다.

북한이 무너지면 전리품을 챙기려는 주변국들의 표정을 보라. 아니 그날이 오면 통째로 북한 땅을 접수하려는 음흉한 나라의 흑심을 보라. 아니 엄연한 우리의 땅, 독도를 저희들 영토라고 분쟁을 일으키는 일본의 속셈을 보라. 북한의 핵문제와 한반도 정세, 자원은 없고 오직 무역을 잘 해야 먹고 사는 우리의 형편을 보라. 촛불을 켜려면 더 높이 들어 소고기보다 더 많은 것, 더 시급한 것을 보라. 우리가 사먹어야 우리도 물건을 팔 수 있다는 사실을 분명히 인지해야 한다.

물가가 오른다. 일자리가 부족하다. 경제성장 목표지수는 나날이 내려간다. 스태그플레이션이라고 한다. 유가는 급등하고, 주가는 폭락하고, 건설업계들이 미분양 아파트로 인하여 연일 도산하고 있다. 경제 침체, 무역수지적자, 유가급등…. 이러한 우울한 상황에서 종교인들은 촛불의 의미와 방향을 바르게 설정하여 국민에게 제시하고 난국을 슬기롭게 타개할 비전을 제시해야 한다.

촛불의 방향을 창조적으로 바꾸어야 한다. 나라를 지키는 촛불, 경제 살리는 촛불, 미래의 번영을 다짐하는 촛불로 명분을 바꾸어야 한다. 그리고 스스로 촛불이 되어야 한다.

슬기로운 백성은 속지 않는다. 우리는 슬기로운 백성이다. 세계역사에서도 찾아볼 수 없는 훌륭한 국민의 저력으로 단기간 내에 폐허의 땅에 한강의 기적을 이루어 낸 민족이다. 촛불은 이제 꿈과 번영의 미래를 위하여 타오를 것이다.

(2008. 7)

폭풍은 평화의 전조

온갖 시련으로 지친 황소(丁丑)가 무거운 짐마차를 끌고 가파른 한 해의 고개를 넘어 가고 이제 천하를 호령하는 호랑이(戊寅)가 동쪽 하늘에서 힘차게 뛰어 나왔다.

지난해는 참으로 어렵고도 지루한 해였다. 부정부패의 폭로와 구속, 괌도의 KAL기 추락 사건으로 무덥고 지루한 슬픔의 한여름을 보냈고, 한보철강과 기아 사태로 비틀거리던 경제가 결국 IMF한파로 이어지고 좌초 위기에서 가까스로 살아났다.

그러나 아직도 험한 폭풍우와 파도는 끝나지 않았다. 우리나라는 국민 일인당 수백만 원, 1가구당 수천만 원의 외채를 진 거대한 채무국이 되었다. 수만 개의 중소기업, 그리고 굴지의 대기업과 은행들이 차례로 무너졌다.

지금 살아남은 기업들도 뼈를 깎는 고통으로 어렵게 버티어내고 있다. 이미 시작되었지만 앞으로 실업자의 수는 더욱 늘어날 것이다. 이미 대다수의 사원들이 지금 받는 월급을 깎더라도 해고만 당하지 않으면 다행으로 생각한다. 새해는 밝았지만 우리들의 마음은 그다지 밝지 못하다. 어쩌다 여기까지 왔나. 그 드높은 기개와 오만은 어디로 가고 이렇게 처참한 지경까지 오게 되었나.

우리는 너나 할 것 없이 반성해야 한다. 참회하여야 한다. GNP 1만 불 국민이 GNP 3만 불 국민들 이상으로 거드럭거렸던 만용을 참회하여야 한다. 전 세계의 유명한 관광지마다 한국어로 표시된 안내문이 있을 만큼 한국인들은 세계 도처로 놀러 다녔다.

중국 연변의 가난한 우리 조선족 동포들 앞에서 일백 불짜리 미화를 마구 꺼내어 흔들며 허세를 부렸다. 서구의 대형 백화점에 한국 관광객을 풀어놓으면 일부 유명 상품들은 삽시간에 품절이 된다고 한다.

국내의 고급 건물, 심지어는 관청의 건물까지 외국산 대리석과 건축 자재로 도배를 했다고 한다. 겨울 삼동, 그것도 실제로 추운 날은 15일도 안 되는 우리나라에 수백, 수천만 원 하는 모피 코트가 불티나게 팔려 나갔다.

기업들은 상품의 국제경쟁력을 기르기보다는 오히려 부동산과 환투기, 수입품 판매에 더 열을 올렸다. 일 년에 외국에 지불하는 브랜드 비용만도 일천 일백억 원이나 된다고 한다. 근로자의 임금투쟁은 세계의 유래를 찾아보기 드물도록 거세고 빈번하였다.

따라서 한국 상품은 완전히 경쟁력을 상실하고 세계의 시장에서 밀려나고 말았다. 정치는 권력 쟁취에만 몰두하고, 민생과 국익에는 소홀하였다.

오늘날 이러한 우리의 죄업이 난국을 불러온 것이다. 이제라도 정신 차려야 한다. 세계의 그 어느 나라도 우리의 멍에를 대신 져 주지 않는다. 우리의 운명은 오직 우리들 자신의 것이다. 국제사회는 냉혹하기 짝이 없다.

옛날 우탄트 유엔 사무총장은 "국제사회에서는 진정한 우방도, 진정한 적국도 없다"고 하였다. 임창렬 경제부총리는 "외국들은 우리나라에 햇빛이 쨍쨍 비칠 때는 우산을 빌려주려 하고, 비가 오면 우산을 거두어 가려고 한다"고 참담한 심경을 고백하였다.

그렇다. 국제사회에는 냉혹한 생존과 쟁취의 원리만 존재한다. 우리에게 힘이 있을 때 우방도 있고 발언권도 있다.

국제사회에는 힘의 논리와 경제논리만이 존재한다. 힘 있는 나라, 힘 있는 국민만이 영존한다. 부요와 번영은 우연하게 오지 않는다. 거기에는 피나는 노력이 있어야 한다.

구라파의 강국들을 가보라. 그리고 그 나라의 국민들이 어떻게 살아가고 있는가를 깊이 들여다보라. 저들의 검약생활, 교양, 의식, 사고 등을 살펴보라.

저들은 조상으로부터 물려받은 체질화된 민주의식, 합리적 사고와 실천, 실용적 삶, 알뜰한 정신을 지니고 있다. 독일은 이러한 정신을 교회의 전통으로부터 이어받고 있다.

영국, 미국도 마찬가지다. 경건주의 운동, 청교도 정신으로부터 저들은 건강한 시민정신을 물려받았고 검약하여 모은 재산을 보람 있게 쓰는 법을 배운 것이다.

저들은 물건을 쓰다가 아무렇게나 버리는 법이 없다. 온통 가구와 생활용품은 거의 조립식으로 되어있다. 헌 물품을 거라지 세일로 싸게 팔아서 다른 사람이 다시 사용토록 한다.

이제 허세도 버리자, 거품을 빼자, 오만과 허영을 버리자, 교회와 교육 현장에서는 이 나라의 장래 일꾼들에게 옳게 사는 법을 가르치자. 지식보다도 훨씬 더 중요한 바른 정신을 심어주자. 가난을 체험하게 하자. 뼈저린 옛 역사를 제대로 가르치자. 지식교육보다 인간교육을 시켜야 한다. 원칙과 진리를 존중하고 따뜻한 동족애로 똘똘 뭉치면 우리는 다시 일어날 수 있다.

우리는 원래 우수한 민족이다. 이 우수한 민족의 저력을 다시 일으켜 세워야 한다. 한번 흥이 나면 백두산 천지에서 한라산 백록담까지 단참에 달려 나아가고, 오대양 육대주를 훨훨 날 수 있는 기백을 지닌 민족이 우리민족이다.

이번 폭풍은 평화와 번영을 몰고 오는 상서로운 전조(前兆)다. 하나님의 채찍이다. 이 거센 파도를 넘으면 반드시 행복의 여신은 우리의 손을 높이 들어 승리를 선언하여 줄 것이다. 쓰레기를 줄이고, 질서를 지키고, 아끼고, 거짓말 하지 않는 작은 일로부터 우리 모두 다시 뛰자. 우리는 할 수 있다.

(1997. 4)

한국의 자화상

함석헌 선생은 그의 「뜻으로 본 한국역사」에서 고구려의 죽음을 "5천년 역사상 가장 아프고 쓰린 일"이라고 하였다. 그렇다. 고구려의 기상이 만주와 중원에 있었지 여기 한반도에 있었던 것이 아니다. 삼국의 통일은 마땅히 고구려가 이룩했어야 했다. 고구려 역사의 삼분의 이가 지금은 남의 땅 저 중국의 즙안현, 당시의 국내성에 수도를 정하고 당당하고도 우람하게 뻗어나갔던 것이다.

지금 즙안현에는 고구려 고분이 14,000개나 발견되었다고 한다. 고구려의 웅지는 처음부터 저 드넓은 대륙에 있었지 여기 한반도에 있었던 것이 아니다. 함석헌 선생이 고구려의 죽음을 순국(殉國)으로 보았듯이 고구려는 민족을 지키고 국토를 넓히느라고 북쪽의 한족과 선비족에게 부상을 입었고, 수당(隋唐)의 침략을 막느라 기진해 있는 틈을 탄 신라와 당나라의 기습을 받아 통탄스러운 죽음을 당한 것이다.

고구려가 통일을 못 이루었다면 신라보다는 백제가 통일을 이룩했어야 했다. 당시의 일본은 백제의 영향 하에 있었던 속국이었기 때문에 잘하면 일본이라도 하나로 아우를 수가 있었을 것이다. 그러나 신라는 너무도 값비싼 통일을 샀다. 그것은 통일이 아니라 분할이며 나라의 땅을 줄여 붙인 꼴이 되었다. 이때부터 우리 겨레는 한반도 안에 굳어졌던 것이다.

고려 말 최영이 큰 꿈을 가지고 요동정벌의 웅지(雄志)를 피워보려고 하였으나 이성계의 회군(回軍)으로 친명(親明)하고 사대(事大)하는 비굴한 모습으로 우리의 자화상은 일그러진 것이다. 민족사로 볼 때 이씨(李氏)가 국권(國權)을 틀어쥔 오백년의 조선(朝鮮)시대는 한마디로 퇴보와 부패 그 자체였다. 허송세월한 오백년이요, 민족의 퇴보를 자청한 시대였다.

근대사의 처참한 행로는 조선의 한심한 통치와 연결되어 있다. 조선은 차라리 태어나지 말았어야 할 나라가 태어난 것이다. 개국부터 공신들에게 나누어준 전답과 노비는 왕권이 바뀔 때마다 진행 되어 조선조 말에 와서는 백성의 대다수가 노비나 소작농으로 전락해 버린 것이다. 이런 허약한 나라에 일본, 아라사, 중국, 미국, 영국 등의 열강들이 쟁탈전을 벌이고 마침내 이 땅은 교활한 일본의 속국이 되었던 것이다. 그것도 미국과 일본의 치밀한 흥정으로 미국은 필리핀을 삼키고 일본은 한반도를 먹었던 것이다.

따라서 일본은 임진란 이전부터 꿈꾸어 왔던 한국과 중국을 삼키고 대동아 공영권을 따냈던 것이다. 이런 나라들을 우리는 우방이니 이웃나라니 하며 살아가고 있는 것이다.

하늘이 우리 겨레에게 주신 몇 번의 기회를 슬기와 단결로 놓치지 않았다면 오늘날 우리는 지정학적으로 침략의 지대니 뭐니 하는 궁색한 이론은 떠벌리지 않았을 것이다. 우리의 양발이 만주와 중원에 버티고 서있는데 무슨 약한 소리가 나온단 말인가?

우리의 혈맹이요 우방이라는 미국이 우리에게 구호물자 좀 대주고 씨레이션 박스 좀 갖다 줬다고 간도 쓸개도 없이 굴종하거나 아첨해서는 안 된다. 우리 민족의 한(恨)맺힌 분단의 책임이 미국에 있다는 사실을 우리는 잊어서는 안 된다.

우리가 우리의 힘으로 나라를 지키려고 용트림을 하면 그들은 수단과 방법을 모두 동원하여 우리를 방해하였고, 차관이나 원조를 제공할 때도 자국의 상품을 구매하는 조건으로 이익을 차렸던 것이다. 저들은 항상 이 땅에 저들의 말을 고분고분 따르는 괴뢰정부가 들어서도록 정치력과 정보력과 군사력을 동원하였다.

얄타니, 포츠담이니, 신탁통치니 뭐니 하는 근대사를 똑똑히 보라. 진정 저들이 우리 편이였는가? 저들은 패권주의와 국익 우선주의로 이 착하고 약한 민족을 마음대로 주물러 왔던 것이다. 미국은 결코 우리의 우방일수만은 없다.

"국제 사회에서는 영원한 적국도 우방도 없다"는 전 유엔 사무총장이었던 우탄트의 말을 우리는 명심해야 한다. 미국은 일관되게 실용주의(pragmatism)적 수법을 유지할 뿐이다. 그것은 개인도 국가도 마찬가지이다. 지금 미국이 헤비급 권투선수라면 우리나라는 플라이급이나 스트로우급 권투선수도 못된다. 저들이 통상압력을 가하고 개방을 하라고 호통을 치면 우리는 힘없이 문을 열고 또 열어왔다.

급기야 우리는 무역 역조를 이루고 있는 형편이다. 조금만 비위가 거슬리면 저들은 GATT에 제소를 한다고 위협하고 슈퍼 301조를 들먹거린다. 지금 우리나라의 농촌은 황폐하고 가난해져 농촌의 동공화 현상이 일어나고 있는 판에 저들은 플로리다 산 잠홍이 검역기간 때문에 썩는다고 화를 내며 GATT에 제소하겠다고 위협한다. 우리나라의 국민이 농약이나 중금속 중독으로 죽든 말든 저들은 저들의 이익을 챙기면 그것으로 만족한다.

지금 한국이 지구상에서 없어진다고 가슴아파할 나라가 과연 어디 있겠는가? 그래도 옛날엔 백제의 멸망을 일본은 아파했다. 왜냐하면 백제야말로 일본의 고향이기 때문이었다. 지금 미국에 있는 한국교포에게 가해지는 인종차별은 극심하다.

신분상승의 길이 차단되어 있다. 아마도 지금 미국은 일본과 제2의 가스라 데프트 밀약을 가정하고 있는지도 모른다. 지난번 미국의 여론조사에서 미국의 우방을 묻는 순위에 응답자들은 한국을 미국의 아홉번째 우방국으로 답하였다는 기사를 신문에서 읽었다. 그 조사에 의하면 응답자들은 다시 한국전이 발발하면 나아가 싸우겠느냐는 질문에 거의 부정적인 대답을 하였다고 한다.

이제 우리는 우방의 개념을 바꾸어야 한다. 강력한 나라, 힘 있는 나라, 글자 그대로 뭉쳐있는 선진국이 되고나면 국제사회의 친분은 자연히 회복되는 것이다. 이제 미국의 눈치나 보고 이웃나라의 힘이나 빌려 정권이나 잡으려는 반민족적 매국노들이 발붙일 수 없는 나라를 만들어 가야 한다.

지금 우리의 가장 가까운 거리에는 세계의 경제를 한꺼번에 움켜쥐고 있는 일본이 있다. 엔화 가치가 천정부지로 솟아오르는데도 저들은 항상 무역흑자를 보고 있다. 일본의 경제가 얼마나 튼튼한가를 입증하고 있는 것이다.

저들은 쇠진한 한국을 1910년에 합방하고 천추에 잊을 수 없는 잔인한 식민통치를 36년이나 자행하였다. 동양척식회사를 만들어 이 땅을 모조리 빼앗았고 닥치는 대로 학살했으며, 심지어 숟가락과 문고리까지 빼앗아갔다. 그러고도 모자라 징용, 학도병, 종군위안부, 아니 생체실험까지도 서슴없이 자행하였다. 저들의 채찍과 수탈과 총부리에 우리 겨레는 짐승만도 못한 대접을 받고 살았고 또 죽어갔던 것이다.

왜 그랬던가? 힘이 없었기 때문이다. 서로 사랑하지 못했기 때문이다. 뭉치지 못했기 때문이다. 우리는 그런 처절한 역사 속에서도 나뉘어져 싸웠다. 그래서 우수한 두뇌의 민족이 여기까지밖에 못 온 것이다.

일본은 계속 경계할만한 나라다. 저들은 저들의 침략을 아직도 진심으로 뉘우치지 않고 있다. 모두 의례적인 제스처로 이웃나라에게 사과할 뿐이다. 일본 국회에서 세계의 이목에 체면을 담으려고 부전결의(不戰決議)를 하려했다. 그때 저들은 어떤 모습으로 나타났는가?

부전 결사 반대 운동이 일어나고 있었던 것이다. 일본의 자민당 내 그리고 정계, 학계 등등 각계에 수를 헤아릴 수 없는 우익세력이 있음을 우리는 똑똑히 보아야 한다.

일본의 각료들이 심심찮게 침략전쟁을 미화하는 발언을 하는데 그것은 결코 우연이 아니다. 심지어 저들 가운데는 부전결의가 통과되면 할복 자살을 하겠다는 군국주의적 망상을 가진 우익인물들도 대단히 많은 것이다. 부전결의를 반대한다는 말은 무슨 뜻인가? 다시 과거와 같은 침략전쟁도 할 수 있다는 것을 시사하는 바가 아닌가?

사실 지금의 일본은 세계 어느 나라와 전쟁을 해도 이길 수 있는 막강한 힘을 가지고 있다. 경제대국은 곧 군사대국이 되는 것이다. 21세기 전쟁은 경제대국이 이기는 싸움이기 때문이다. 일본 동경도의 예산이 중국의 정부예산보다도 많다고 한다.

또한 무기의 기능면에서나 현대전의 종합평가로 보아도 일본의 군사력이 중국보다 우위에 있다는 것이다. 또한 일본은 기술, 예산, 시설면에서도 마음만 먹으면 당장에라도 수백 개의 핵폭탄을 제조할 능력을 지닌 슈퍼 국으로 자란 것이다.

어느 면에서 일본인들은 은근히 옛날의 패권국 대 일본제국을 다시 그리고 있을 것이다. 일본의 국토가 바다로 하강하고 있고, 지진의 위협이 상존하고 있으니 국토를 팽창하고 싶은 강한 유혹을 느끼고 있을 것이다.

그런데 지금 구한말(舊韓末)때처럼 우리의 주변이 그렇게 조성되어 가고 있는 것이다. 주변국들이 이 땅을 놓고 서로 눈치를 보고 있는 느낌이다. 그리 넉넉하지도 않은 우리정부가 긴장을 완화시키고 잠정적이나마 평화를 심으려고 러시아에 30억불이나 돈을 꾸어주었으나 겨우 녹슨 고철덩어리 잠수함이나 받아들이고 철지난 무기나 빚 대신 상환 받는 형편이다.

그러나 러시아가 북한보다 우리에게 더 가깝다고 생각해선 안 된다. 그들은 오직 자신들의 경제난과 민족분규를 딛고 세계의 강대국으로 다시 서는 발판을 굳히기 위하여 남북으로, 일본과 미국, 중국으로 다니며 줄타기 외교를 하고 있는 것이다. 남북이 한 덩어리로 얼싸안고 북으로 뻗어가려 하면 러시아 저들은 또다시 스탈린의 얼굴보다도 더 험상궂은 얼굴로 우리를 경계하며 대적 할 것이다.

그러면 중국은 어떠한가? 지금 저 방대한 영토를 가진 중국은 꿈틀거리며 깨어났다. 13억의 인구가 활기찬 모습으로 명실공히 강대국을 만들어가고 있다. 서방의 50년이 한국에서는 10년이라고 했는데 지금 중국은 서방의 50년을 불과 몇 년 사이에 앞당겨 경제발전을 서두르고 있는 것이다. 천문학적 숫자로 무역량이 늘어났다.

전 국토가 달러를 벌어들이는데 미쳐있다. 메이드 인 차이나가 세계의 곳곳을 휩쓸고 있다. 저들의 값싼 노동력으로, 저들의 광활하고 커다란 국가규모로 중국은 나날이 변해가고 있다. 북한은 이제 마지막 남은 종주국을 움켜쥐고 최후의 생존을 꾸려가고 있는 것이다.

지금 유럽은 유럽대로 경제적으로 한 나라가 되어 버렸다. 캐나다, 멕시코 그리고 미국도 하나의 경제블록으로 연합하여 자국의 이익을 챙기고 있다. 이러한 시점에서 김영삼 대통령은 세계화를 선언하고 나왔다. 분명히 우리도 달라져야 한다.

이 척박한 세계의 경쟁무대에서 살아남기 위하여, 아니 우뚝 서 길이 역사에 빛나기 위하여 우리는 올바른 역사의식을 가지고 달라져야 한다. 우리의 자화상을 잘 그려야 한다. 정권과 체제를 유지하고 자신들의 영화를 위하여 인민들을 마음대로 처단하고 유린하고 속이는 한심한 북한 집단, 온 인민을 빈곤과 노예로 전락시킨 저 북한 김정일 체제보다 우리가 훨씬 우월한 세상과 사회를 만들어 하루 속히 자랑스러운 통일을 이끌어 내어야 한다.

이번에 가져오는 통일은 부끄러운 통일이어서는 안 된다. 미국, 일본, 러시아, 중국 등이 개입한 통일이어서는 안 된다. 저들이 통일에 개입하면 분명히 그 통일의 전리품을 저들은 요구할 것이다. 아니 저들은 통일을 흥정하든지 아니면 통일을 방해할 것이다. 필자는 독일이 통일하는 날 부럽고 또 부러워서 잠을 이룰 수가 없었다. 통일비용이니 뭐니 하는 배부른 소리는 없어져야 한다. 밥 먹을 것을 나누어 죽 먹을 각오로 통일하면 된다. 고급저택도 호화맨션도 푼수에 맞게 줄이면 통일이 안 될 리 없다.

문제는 지금 이 땅의 백성들의 의식이다. 가치관이 문제다. 정직성이 문제요, 배금주의가 문제다. 이기주의가 문제요, 주인의식 없음도 문제다. 똑똑한 신세대는 자기 이익 챙기는 데는 훌륭한 두뇌를 가졌으나 공동체의식이 약하다는 데 문제가 있다. 누구의 책임인가. 기성세대의 책임이다. 돈 없고 배고팠던 한(恨)을 이제 모두 자식과 후손들의 대에서 풀어보려고 한다. 그래서 새로운 세대는 어려움도 없이 배고픔도 없이 자라난 것이다.

그렇게 온실 속 화초처럼 자란 저들은 고통을 참을 줄 모른다. 협동할 줄도 모른다. 돈이면 모든 것이 다 되는 줄 안다. 공경하고 사랑하는 윤리의식도 없어졌다. 소비는 극에 달하고 작은 땅덩어리가 정권욕에 미친 사람들에 의하여 민심이 갈라지고 반목하게 되었다. 한마디로 민족의식도, 주체의식도, 올바른 역사의식도 없는 백성으로 가고 있는 것이다. 정치인은 나라나 민족은 차치하고 자신들의 정권욕에만 혈안되어 있고, 재벌들은 윤리의식도, 민족경제라는 의식도 없이 자사의 이익만 챙기면 그만이다. 지금 이 겨레의 구심점이 있는가? 지금 이 겨레의 정신적 기둥이 있는가?

정신 차려야 한다. 은근과 끈기를 자랑하여 풍전등화의 지경에서 겨우 명맥을 이어가는 것으로 자위해서는 안 된다. 진정한 세계화는 똑똑한 한국인을 길러내는 일이다. 영어나 잘하고 마음은 큰 나라에 빌붙어 살려는 사대주의는 세계화가 아니다.

일본국민이 영어를 잘해서 강대국이 되었는가? 아니다. 저들의 투철한 정신이 저들을 강성한 나라, 선진국으로 만든 것이다. 세계화는 분명한 주체의식을 가진 일당백의 한국인을 만드는 일이다. 남이 장에 가니 씨오쟁이 빼놓고 장에 가는 엉성한 세계화는 금물이다. 청렴한 공직자, 겨레의 응집력을 도모하는 교육자와 종교인, 근면하고 사명감 철저한 학자, 유사시엔 총 들고 싸울 수 있는 이스라엘 민족 같은 겨레를 만들기 위하여 이 나라가 온통 총력을 집중할 때다.

지금 GNP가 좀 높아졌다고, 좀 배가 불러졌다고 우쭐거리다가는 또 다시 끔찍한 겨레의 위기가 닥쳐올 수 있다. 물질이 소중한 것이지만 지나치게 물질의 가치에만 몰두해선 안 된다. 정신의 가치를 높이고, 뭉치고 화합하고 양보하고 사랑하는 이 겨레를 만드는데 우리는 총력을 기울여야 한다.

사람들은 흔히 우리의 민족을 한(恨)의 민족이라고 한다. 그러나 그것은 우리 민족을 잘못 본 것이다. 우리민족은 한의 민족이 아니라 흥(興)의 민족이다. 신명 많은 민족이다. 고대사 문헌에 보면 우리겨레의 제천의례(祭天儀禮)와 같은 민족의 명절에는 밤과 낮을 "춤과 노래로 하더라"고 기록되어 있다. 이렇게 신명 많은 민족이 지도자 잘못 만나 한의 민족이 된 것이다.

왜구가 침략을 도모하는 마당에 서로 싸우고 할퀴고 있었다. 그렇게도 원하던 해방이 왔는데도 좌·우익이 싸웠고, 정권유지를 위하여 오히려 친일파를 등용하였다. 이러한 수준 이하의 지도자들에 의하여 우리 겨레는 한의 민족이 된 것이다. 일찍이 우리 민족은 흥이 솟아오를 때 저 드넓은 만주와 중국의 중심부까지 말발굽을 달렸고, 찬란한 문화의 꽃을 피웠던 것이다.

이제 참신한 지도자가 나와 이 민족의 신명을 돋우고, 찢어진 마음을 꿰매주고 얼싸안고 사랑하는 용기와 힘을 주기만 하면 분명 우리는 머지않은 미래에 세계사의 한 획을 굵게 긋게 될 것이다. 그러기 위하여 정직한 백성이 되어야 한다. 근면한 백성이 되어야 한다. 인내할 줄 아는 백성이 되어야 한다. 이웃을 인정하고 높일 줄 아는 백성이 되어야 한다.

우리 겨레는 위대한 잠재력을 가진 우수한 두뇌의 민족이다. 이 민족이 한번 뭉치면 못할 일이 없을 것이다. 지금 자라나는 작은 어린이들로부터 우리는 새로운 교육을 해야 한다. 새로운 한국인의 자화상(自畵像)을 그려주어야 한다. 국적 있는 백성으로 키워야 한다.

그리고 이 우수한 민들레는 저 신대륙이었던 미국을 뒤덮어야 한다. 북반부와 중원을 뒤덮어야 한다. 역이민이 웬 말이냐. 거기에서 더 끈질기게 뻗어나가야 한다. 정부는 이민정책을 더욱 적극적으로 도모해야 한다.

지금 우리의 자화상은 어떠한가? 사대주의와 냉소주의로 일그러지고 있지 않는가? 개인주의와 소비주의로 사치를 일삼고 있지는 않는가? 지금 우리는 어디에, 몇 시쯤에 와있는가를 보아야 한다.

과연 우리는 지방자치의 역량이 있는가? 지금 우리는 한국인으로서의 민족적 아이덴티티(identity)를 가지고 사는가? 스스로 물어보아야 한다.

지금 우리의 자화상을 똑바로 보는 일이 올바른 역사의식을 지니는 일이며, 올바른 역사의식의 국민이야말로 미래의 조국을 책임질 수 있는 것이다. 우리의 겨레, 우리의 조국은 오직 우리의 힘에 의해서만 지켜질 것이다. 통일도 이런 확고한 맥락에서 진행되어야 할 것이다.

오늘, 우리의 자화상은 어떠한가?

(1995. 8)

학불염 교불권學不厭 敎不倦

40여 년 전 나는 나의 초등학교 졸업식을 잊을 수가 없다.

나는 1950년대에 충청도에서 초등학교를 다녔다. 그때의 우리네 살림살이는 빈곤 그 자체였고, 특히 아버지를 여의고 어머니와 형이 꾸려가는 우리 집 살림은 가난하기 짝이 없었다. 나는 혼자 초등학교에 입학하였고 졸업하는 날에는 학교 뒷산에서 졸업식에도 참석지 않고 눈물을 흘렸던 기억이 새롭다.

내 친구 훈이는 나와 4학년까지 같이 다녔고, 나는 4학년 때 오른쪽 고관절에 문제가 생겨 수술하고 앓는 바람에 훈이 보다 1년을 늦게 졸업하였다. 훈이는 초등학교를 졸업하자마자 모교인 초등학교의 급사가 되었고, 그런 까닭에 나는 그를 통하여 초등학교 졸업식에서 우등상을 받는다는 기쁜 소식을 미리 알 수 있었다. 그는 우등상을 받는 명단에 내가 들어있다는 소식과 이미 우등상장을 써놓았다는 소식을 우리 집에 알려주었다. 그것은 정확한 소식이었다. 그런데 졸업식 전날 나는 우등생의 명단에서 누락되었다. 어떤 학부형의 로비에 의하여 내가 받을 우등상이 다른 학생에게 돌아간 것이다.

나는 그때의 담임선생님을 잊을 수 없다. 학교 뒷산 상수리나무에 기대어 울던 슬픈 나의 모습을 잊을 수 없다. 그때 아이들은 요새 아이들처럼 영악스럽지 못했다. 선생님은 화장실에도 안 가는 줄 알았다. 선생님은 우리에게 우상이었고, 모르는 것이 없는 백과사전이었으며, 지상에서 가장 무서운 존재였다. 선생님의 말씀은 곧 진리요, 법이었으며 거역할 수 없는 지상명령이었다. 나는 지금 그때의 담임선생님을 이해하면서도 슬픈 기억은 아직도 생생하다. "왜 그렇게 되었느냐"고 항의 한마디 못하고 졸업식을 보냈던 그 시절의 막강한 교권은 이제 어디에서도 찾아 볼 수 없게 되었다. 발랑 까진 오늘의 아이들, 사나운 학부형, 교육을 아는지 모르는지 서양식 교육만 흉내 내는 교육부 사람들에 의하여 지금의 교육현장은 '수요자 중심의 교육'이라는 경제 상업용어의 슬로건 아래 삭막한 현장으로 바뀌어 버렸다. 전교조가 합법화 되었다. 저들은 참교육을 하자는 것이 전교조의 목적이란다. 교사가 노동자가 되어야 참 교육이 가능한가? 교사라는 칭호, 선생님이라는 명칭은 분명히 노동자 그 이상의 존엄한 의미를 지닌다.

민, 관, 학생, 선생이 모두 협동하여 배우고 가르치는 숭엄한 교육현장을 격하시키고 있는 것이다. 초등학교 육학년생들이 담임선생님을 바꾸어 달라고 투표를 하는 사상초유의 사건이 벌어졌다. 교육부는 촌지 신고센터를 학교 안에 설치했다. 도대체 이 나라의 교육이 어디로 가고 있는 것인가. 대다수 훌륭한 선생님들의 교육열을 이렇게 짓밟아도 되는 것인가? 촌지가 아닌 어마어마한 뇌물은 누가 받았나? 우리 사회의 저 엄청난 부실화가 누구 때문인가? 은행장들이 무슨 힘으로 그 엄청난 금액을 대출할 수 있었겠는가? 압력, 청탁, 묵인, 탈세 등등의 주인공들이 누구인데 박봉과 열악한 현장에서 가르침을 천직으로 알고 묵묵히 일하는 대다수 선생님들의 명예와 사기를 이렇게 추락시키고 있는가?

"공자는 배우는 데 싫증을 느끼지 않고 가르치는 데 권태를 느끼지 않는다(學而不厭 誨人不倦)"고 고백하였다. 그렇다. 학불염 교불권(學不厭 敎不倦)의 사회가 되어야 한다. 교사가 교사의 직업에 염증을 느끼는 사회는 병든 사회다. 또 배우는 학생이 배움에 권태를 느끼고, 배우기를 게을리 하는 사회에는 희망이 없다.

정부, 사회, 학부형 모두는 교육하는 주체인 교사의 복지와 인권을 높여 주어야 한다. 학생들의 인성이 아름답게 발달하도록, 창조적 두뇌가 발달하도록 진정한 선생님은 노동자가 아닌 천명적 직업관을 가지고 교육에 진력하여야 한다. 교육은 상업이 아니다. 여기는 미국도, 유럽도 아니다. 우리에게는 우리의 교육이 있어야 한다. 유태인에게 유태인의 교육이 있듯이 한국인에게는 한국인의 교육이 있어야 한다. 이것은 지구촌의 보편개념을 부정하자는 말이 아니다. 세계화교육은 분명하고 바람직한 한국인을 가꾸어 내는 교육이어야 한다. 어설프게 배워온 서구교육의 표피적 지식으로 교육을 망가지게 할 수는 없다. 게르만 민족이나 유태인이나 앵글로색슨족이 어디에서나 자기정체성을 지키듯이 우리는 우리의 교육국적을 분명히 하고, 보람과 기쁨으로 교육하는 선생님과 즐겁게 배우는 학생의 장을 만들도록 총력을 기울여야 한다.

졸업식장을 거부하고 학교 뒷산에서 눈물을 흘리는 상처받는 동심이 없어야 한다. 깐깐한 자존심을 가지고 소신 있게 교육을 펼치는 스승을 우리는 원한다. 또한 신성한 교정에서 마음껏 양질의 교육을 실시할 수 있도록 교권을 보호하여주고 후원하는 당국의 배려를 우리는 원한다. (1998. 7)

핵 없는 봄을 기다리며!

뉴욕 대서양 연안에 살고 있는 L형이 춘래불사춘(春來不似春)이란 통신을 보내온 지 며칠 되지 않았는데 이제 완연한 봄이다. 아침저녁으로 일교차가 있긴 하지만 겨울옷을 벗고 봄옷으로 갈아입어야겠다. 연구실 옆, 작은 동산의 비탈 돌 틈 사이에도 빨간 영산홍이 하나 둘 피기 시작했다.

소복 입은 조선 여인 같은 목련은 지난주부터 피었다. 하얀 목련은 고결한 품격으로 피었다가 너무 빨리 진다. 지는 목련의 시체는 참으로 비참하여 우리를 슬프게 한다. 저 목련처럼 목이 길고 찬란한 자태를 뽐내던 미국의 유명한 여배우가 세월의 무게에 눌려 타계한 소식은 우리를 슬프게 한다.

눈부신 올봄에도 우리의 산야에는 매화, 벚꽃, 개나리, 진달래, 철쭉, 민들레, 할미꽃, 제비꽃…. 이름도 알 수 없는 야생화들이 차례로 피어나고 있다. 인생도 저 무심히 피고 지는 들꽃과 다를 바 없는데 어찌하여 인간이 사는 세상은 이토록 시끄럽단 말인가?

나는 요사이 뉴스 기피증이 걸린 것 같다. 신문을 안 본 지는 오래 되었고, 텔레비전 뉴스를 마지못해 보기는 하지만 또 어떤 불길한 뉴스가 튀어나올까 하여 시청할 때마다 불안하다. 천안함 사건, 연평도 포격사건, 일본 지진과 쓰나미, 그리고 후쿠시마 원전사고, 리비아 사태, 중동과 북아프리카의 민주화 시위… 끝을 모르고 터지는 불안한 뉴스들은 어느새 나를 뉴스 기피증으로 몰아넣고 있는 것 같다.

봄날에 피고 지는 저 들꽃의 무욕무심(無慾無心)한 순환의 평화가 인간의 뜰에도 임하기를 기원한다. 인류의 비극은 인위(人爲)의 극한으로부터 온다. 더 편리하게, 더 행복하게, 더 탐욕스럽게 살아가려고 욕망을 극대화 하는 저 추악한 인위와 작위(作爲)가 인간의 비극을 초래하는 것이다.

GDP, GNP가 늘어나고 편리한 생활수단이 충족되면 인간이 더 행복할 수 있다는 망상이 오늘도 지구의 종말을 재촉하고 있다. 날로 늘어나는 자동차와 공장들은 화석 에너지를 고갈시켜 가고 20세기부터 등장한 원자력 발전소는 한동안 청정에너지로 각광을 받았으나 체르노빌 원전 폭파로 핵에너지가 인류 종말의 사자가 되었다.

1978년 4월 26일 체르노빌 원전 폭발로 인근에 있던 56명의 사람들이 즉사했고 4천여 명이 방사능 물질 피폭으로 암에 걸려 죽어갔다. 지금도 우크라이나의 체르노빌 반경 수십 킬로가 죽음의 땅으로 방치되어 있다. 그때 체르노빌 원전사고 위험의 심각도가 7등급으로 최악의 사태였다.

그런데 또다시 원전의 불행은 세계 최고의 안전을 자랑하던 일본의 후쿠시마 원전에서 발생하였다. 2011년 3월 11일 오후 2시 46분 후쿠시마 인근 해상으로부터 발생한 진도 9.0의 강진과 쓰나미로 후쿠시마와 인근 지역이 초토화 되었고 확인된 사망자 수만 6,911명, 행방불명

된 사람들을 합하면 1만 7천명이 넘는다고 한다.

이것은 1차 피해다. 이것보다 더 근심스러운 사고는 지진과 쓰나미로 폭발하고 훼손된 후쿠시마의 원전들이다. 훼손된 원자로 격납용기로부터 쉬지 않고 흘러나오는 방사성 물질은 일본은 물론 이웃나라와 세계를 공포로 떨게 하고 있다.

원자로 격납용기가 얼마나 손상되었는지도 알 수 없는 상황 속에서 계속하여 방출되는 방사성 물질의 양은 체르노빌 사고 때를 능가할 것이라는 예측이다. 편서풍이 불어 다행하게도 한반도에 방사성 물질이 적게 날아왔지만 만약 중국의 동쪽 해안에 건설한 중국의 핵발전소들이 터지면 한반도는 어떻게 될 것인가? 상상하기조차 두렵다.

원자력발전은 인류에게 유용한 에너지를 제공한다. 그러나 만약 이 시설이 폭발하거나 이상 현상이 생기면 그것은 인간의 생명을 위협하는 최대의 마성을 드러낸다. 어디 그뿐인가? 핵폐기물은 끝없이 어디에 보관할 것인가?

핵이야말로 인간의 유익을 위하여 만들어낸 인간 최악의 작위(作爲)다. 금세기에 들어서서 더 잦은 지진과 해일이 일고 있다. 가뭄과 비 피해, 그리고 눈 피해로 처처에 인명이 손실되고 있다. 남극과 북극의 얼음이 녹고 해수면이 높아져 침수 피해가 늘고 있다. 지구의 온난화 때문이다. 인간들의 편리와 행복을 위하여 쏟아낸 이산화탄소는 날로 지구를 뜨겁게 하고 있다.

그러면 이처럼 위험한 인간의 작위로 인하여 인류는 과연 옛날보다 더 행복해졌나? 더 많이 가졌고, 더 편리한 문명의 이기를 구가하고, 대량생산으로 도농의 간격이 줄었다고 더 행복해졌나? 아니다. 세계가 가까워졌고 지구촌이 형성되었으나 인류는 결코 행복하지 않다.

빈부의 격차는 심해졌고, 화석에너지 사용의 급증으로 지구는 더워지고 이상기온 현상은 점점 인간이 살 수 없는 지구를 조성해가고 있으며, 인간이 발명한 로봇과 자동화 시스템은 인간의 일자리를 빼앗고 점차 인간을 소외시키고 있다.

인간이 만들어 내는 최신예 전쟁무기와 핵폭탄은 언제 지구촌을 멸망시킬지 예측을 불허하게 한다. 미국, 러시아, 중국, 프랑스, 인도, 파키스탄 등의 핵 보유 국가들과 마음만 먹으면 언제든지 핵폭탄을 제조할 수 있는 잠재적 핵보유국(일본, 한국, 독일 등)들이 전쟁발발 시에 핵을 사용한다면 인류는 종말을 맞이하게 된다.

핵 없는 세상이 와야 한다. 독일과 영국을 필두로 원전을 지양하고 점차 클린 에너지로 바꾸고 이런 시설을 확대하는 일은 매우 고무적인 움직임이다. 태양으로부터, 바람으로부터, 지열로부터, 그 밖의 자연으로부터 천연의 무공해 에너지를 얻는 운동이 확산되어야 한다. 더 이상 인간의 터무니없는 탐욕스러운 작위로 지구를 훼손하면 하늘은 인간의 종말을 앞당길 것이다. 자연의 순리를 따르면 된다. 자연의 품에 안기어 자연이 주는 것으로 살면 된다.

이토록 잔인한 세상에 금년에도 어김없이 꽃 피고 새가 노래하는 아름다운 봄을 주신 하늘에 감사의 기도를 드린다. 노자가 말하는 무위자연(無爲自然)은 아닐지라도 가당치도 않은 욕심은 버려야 한다. 덜 편리하게 살아야 한다. 행복과 편의를 위하여 인간은 오히려 행복의 근원을 파괴하고 있다. 발밑에 지옥을 건설하고 있는 것이다. 때가 되면 피고 일정한 기간이 끝나면 미련 없이 지는 꽃으로부터 배우자. 인간의 지나친 인위와 작위를 버리고 저 들에 무수히 피고 지는 이름 없는 야생화의 무심(無心)한 평화를 배우자.

핵 없는 봄을 기다린다.

(2011. 4)

현실이냐, 이상이냐?

이상과 현실 사이에는 항상 갈등이 존재한다. 부조리한 인간, 또 부조리한 인간이 만든 세상에서 이상을 실현한다는 것은 매우 어려운 일이다. 원래 유토피아(이상향, utopia)라는 말은 그리스어 우(없다, ou)와 토포스(장소, topos)라는 말의 합성어이다. 말뜻대로 유토피아는 현실의 세계 그 어느 곳에도 존재하지 않는다. 이 실현가능성이 없는 세계를 우리는 유토피아라고 부른다. 그럼에도 불구하고 인간은 유토피아를 꿈꾸어 왔고 따라서 플라톤을 비롯하여 많은 사람들이 이상국가 이론들을 내어놓았다.

'유토피아'라는 말은 중세기 영국의 토마스 모어(Thomas More)가 1516년에 쓴 「유토피아」라는 작품에서 유래한다. 모어는 자본주의의 원시적 축적 단계에 있었던 당시 영국사회의 모순을 지적하는 것으로부터 출발하여 그 근본적 해결책으로서 사유재산제도의 폐지와 공산주의적 사회조직을 제시하였다. 마르크스의 이론은 모어의 「유토피아」 이론에 근원을 두고 있다.

1930대 이후 한때 우리나라의 젊은 지성들에게 칼 마르크스(K. Marx)의 공산주의이론은 선풍적 인기를 불러일으켰다. 일제강점기! 그 암흑의 계절에 빈부귀천이 없는 평등의 세상을 만들어주겠다는 공산당의 선전은 압제받는 무산대중에게는 복음이었으며 순진한 젊은 지성들에게는 환상의 철학이었다.

그러나 마르크스주의는 실패하였다. 그것은 허상이었다. 차가운 이성적 논리로 세운 허상이었다. 마르크스주의는 인간의 감성을 간과한 것이다. 이성이 인간의 본능과 감성의 요구에 얼마나 무력한가를 마르크스는 망각하였다. 자본주의와 시장경제체제에 낯설어하는 러시아의 민중들은 아직도 스탈린, 마르크스 그리고 레닌을 동경하는지도 모른다.

그러나 공산주의는 실패하였다. 공산(共産)도 실패하였고 분배(分配)도 실패하였다. 인간의 소유욕은 국가소유의 협동농장이나 공장에서 열심히 땀흘려 일하는 것을 좋아하지 않는다. 창의력을 발휘하지도 않는다.

그러나 자본주의, 시장경제체제에서는 다르다. 자기가 벌어서 자기가 갖는 사회, 땀흘려 일하고 창의력을 발휘하면 부를 누릴 수 있는 사회에는 생산과 발전의 활기찬 흐름이 있다.

분배의 정의도 좋지만 생산이 있어야 분배도 가능한 것이 아닌가. 열심히 무역하여 외화를 벌어들이고 자본을 재투자하여 생산의 구조를 확대하여야 고용도 창출되고 번영이 오는 것이 아닌가. 그리고 자본가에게도 인센티브를 주어야 생산의욕이 생기는 것이 아닌가.

또다시 IMF와 같은 사태가 온다면 빈부의 차는 더 커질 것이다. 정부는 기업가에게 생산의욕과 좋은 기업환경을 조성해 주어야 한다. 그래야 부국이 된다. 그리고 이들에게 국가에 봉사한다는 자존심을 심어

주고 기업윤리를 가르쳐 주어야 한다.

지금은 진정한 자본주의 국가도 없고 진정한 공산주의 국가도 없다. 수정된 자본주의와 수정된 공산주의만 있다. 아마도 그것이 사회복지 국가일 것이다. 따라서 조세를 통하여, 민간기업의 사회투자 사업을 통하여, 국가의 공공 복리정책을 통하여 가난한 자를 구제하고 분배의 정의를 확대하여야 할 것이다.

유립의 복지국가들이 그러하고 뉴질랜드 같은 나라가 그러하지 않은가. 그렇다고 복지정책을 지나치게 확대하고 누진세율을 지나치게 늘리면 또다시 생산의욕은 저하된다. 국가는 유리지갑만 바라보지 말고 탈세자를 철저히 추적하여 세금을 징수하고 이들과 결탁한 부정한 공무원들이 없도록 서정을 쇄신하여야 한다.

개혁이 무엇인가. 진보적 이념을 달성하기 위하여 보수적인 인사들을 숙청하고 모든 국민을 진보의 대열에 서게 하는 것인가. 서열을 파괴하고, 포퓰리즘에 편승하는 것이 개혁인가. 문제를 제기하고 반대의견을 말하면 모두 반 개혁세력인가. 상호주의를 거론하면 무조건 반 통일세력인가.

이 땅에 통일을 원치 않는 사람이 누구이며 외세의 간섭 없이 자유와 평등을 누리며 살기를 원치 않는 사람이 누구인가. 우리가 처한 현실이 미국에 의존해야 하고 비핵화를 선언할 수밖에 없는 것이 아닌가. 흥분을 가라앉히고 오만한 어깨를 내리고 무엇이 옳은 것인가를 생각해 보라. 정권 한번 잡았다고, 선거를 이기게 했다고 각종 인사에 압력을 행사하고 논공행상을 벌인다면 국민은 당신들의 오만을 심판할 것이다.

그리고 파격에는 포장된 이유가 아닌 진실하고 합당한 이유가 있어야 한다. 상식을 뛰어넘을 때는 이유가 있어야 하지 않는가. 개혁은 필요하지만 개혁이라는 이데올로기가 우상이 되고 그것이 인간을 비인간화해서는 안될 것이다. 개혁은 어디까지나 인간을 위한 개혁이다. 국민을 위한 개혁이다.

우리 사회는 이제 획일주의와 흑백논리를 거부해야 한다. 다양성 속에서의 통일을 이루어야 한다. 진보신문도 있고 보수신문도 있어야 한다. 클래식도 있고 팝송도 있어야 한다. 왜 모두 진보여야 하는가. 지난 선거에서 반대표를 던진 사람들은 우리나라 국민이 아니란 말인가. 그들의 의견도 존중되어야 하지 않는가.

유토피아는 이 세상에 없다. 개혁은 한번에 이루어지는 것이 아니다. 끊임없이 이루어내어야 한다. 왜냐하면 오늘의 개혁주체가 내일은 개혁의 대상이 되기 때문이다.

이상 없는 현실, 현실성 없는 이상은 모두 공허할 뿐이다. 극단적 이상주의는 마르크스주의처럼 이념실현의 실패를 가져오고 지나친 현실주의는 기회주의자들을 양산하고 불신사회를 조장한다.

현실이냐, 이상이냐. 인간본성에 대한 진지한 성찰을 거쳐 결론을 내려야 한다. 우리는 양자택일을 원하지 않는다. 오히려 이상과 현실이 함께 담긴 중용을 원한다.

(2003. 3)

효순이와 미선이를 살려내려면!

주한미군 장갑차에 효순이와 미선이가 목숨을 잃은 때로부터 벌써 일년이 지났다. 그 동안 우리는 촛불시위를 비롯한 수많은 시위를 벌였고 급기야는 미국까지 가서 불평등한 주한미군 주둔군행정협정을 평등하게 개정할 것을 주장하며 시위를 벌였다. 그리고 주한미군사령관, 주한 미국대사, 미국 대통령의 사과까지는 받아냈다.

그러나 SOFA의 개정은 이루어지지 않았다. 몇 가지 개선을 약속하는 선에서 그리고 유가족에 대한 보상과 헌금 등의 수준에서 일단락되고 말았다.

얼마전 장갑차 사건 일주년을 맞이하여 수만 명의 촛불추도집회가 있었다. 경찰들과 약간의 마찰은 있었으나 큰 불상사 없이 끝났다. 금년에는 미 8군에서도 여중생 사망 1주기 추도집회를 열었다. 일부 학생들은 미 8군의 담을 넘으려다 체포되기도 하였다. 그리고 이제 우리의 국론은 친미와 반미의 성향으로까지 분열되고 있다. 참으로 안타까운 현실이다.

일제강점기 시절 우리는 독립만 이루어지면 민족의 염원이 달성되는 줄 알았다. 그러나 열강들은 우리가 좌익과 우익으로 나뉘어 싸우는 사이에 우리를 남과 북으로 갈라놓았다. 따라서 우리는 원통하기 그지없는 분단의 한을 안고 살아가게 되었다.

아! 원통하다. 우리는 왜 이렇게 아픈 역사를 겪어야 하는가? 그리고 왜 지금도 그 연장선 위에서 신음하여야 하는가? 주한미군이 범죄를 저지르면 한국법정에서 재판을 받아야 하고 SOFA도 평등하게 개정되어야 하며 한국과 미국이 대등한 동반자 관계의 우방국으로 살아가야 할 터인데 왜 우리는 지금 이렇게 미국에게 정당한 대우를 받고 있지 못하는가? 왜 우리는 일본 만큼, 독일 만큼, 프랑스 만큼 미국에게 정당한 대우를 못 받고 있는 것일까?

우리는 냉정하게 반성해보아야 할 것이다. 우리의 입장을 알리고 정당하지 못한 미국의 태도를 시위를 통하여 만방에 알리는 것은 매우 중요하다. 그러나 우리는 그것을 우리의 속으로 내향화하여 우리를 단속하고 결집하는 일에 사용하여야 한다. 이 억울한 강대국의 불평등한 일방주의를 가슴에 한으로 삭이면서 우리는 힘을 길러야 한다.

국제사회에서는 힘이 곧 정의이다. 친미냐 반미냐, 햇볕이냐 상호주의냐, 진보냐 보수냐의 분열이 아니라 우리는 하나의 운명공동체라는 민족의식으로 뭉쳐야 한다. 그리고 힘있는 나라, 강성한 나라가 되도록 노력하여야 한다.

서로 다른 다양한 견해와 주장은 있을 수 있다. 치열한 토론도 있을 수 있다. 그러나 일단 국론이 정해지면 비록 그것이 나의 주장과 다르더라도 우리는 하나로 뭉쳐야 한다. 내 주장과 다르다고 끝까지 국가에 손해를 입히면서까지 반목하면 우리는 또 다시 슬픈 역사의 주인공이 되고 만다.

우리가 지금 일본만큼 힘이 있는가? 우리가 지금 독일 만큼, 프랑스만큼 부강한 나라인가? 우리의 위상은 우리의 힘에 비례한다. 이스라엘을 보라. 왜 미국이 중동과 전쟁을 불사하면서까지 이스라엘을 편드는가? 힘 때문이다.

이스라엘은 강한 나라, 강한 민족이다. 미국 내의 탁월한 유대인들은 미국의 정책을 좌지우지하고 있다. 힘이 있어야 한다. 나라가 부강해야 한다.

우리의 역사를 더듬어 보자. 우리가 지난날 어떻게 노근리 양민 학살의 문제를 감히 미국에 제기할 수 있었던가. 해방과 한국전쟁을 겪으며 가난에 찌들려 살 때 세계의 열강들이 한국이라는 존재를 알기나 했나?

세계의 최빈국, 밀가루와 가루 우유와 구호물자를 받아야 연명할 수 있는 불쌍한 나라로 그들은 우리를 동정하였다. 우리는 월남파병으로 목숨 팔아 달러를 벌었고 그 달러로 도약의 터를 닦았던 것이다.

과거를 돌아보라. 우리의 살림살이 형편에 따라 세계가 우리를 보는 시각은 변하였고 대우 또한 달라졌다. 우리의 국력이 향상되고 올림픽과 월드컵을 유치하고 난 지금 세계는 우리를 어떻게 대우하고 있는가. 옛날과 분명히 달라지지 않았던가?

동남아를 비롯하여 가난한 나라의 사람들이 이제 오히려 코리안 드림을 가지고 우리나라로 오고 있지 않는가? 국제사회에서 우리의 국력은 곧 외교의 척도이다. 우리가 일본만큼 대접받으려면 일본만큼 국력을 길러야 한다. 대책 없는 반미는 애국이 아니다.

우리의 시위, 우리의 외교, 우리의 주장, 우리의 일거수일투족은 깊은 생각으로부터 나와야 한다. 실사구시(實事求是)의 진리는 아직도 유효하다. 미국의 일방주의, 미국의 부당한 대접을 상기하며 우리는 지금 우리보다 약한 나라들에게 어떻게 하고 있는가를 생각하여야 한다. 한국에서 일하고 있는 외국의 근로자들을, 중국동포들을 우리는 어떻게 대우하고 있는가를 반성하여야 한다.

그리고 불평등한 SOFA는 개정해야 한다. 대화를 통하여 북한의 핵 문제는 해결되어야 한다. 그리고 미국과 한국은 대등한 관계의 우방이어야 한다. 우리는 이러한 정당한 주장을 위해 평화적으로 시위할 필요가 있다.

그러나 기필코 잊지 말아야 할 일이 있다. 그것은 우리의 행동이 국익에 도움이 되는가 아닌가를 생각하는 일이다.

효순이와 미선이를 영원히 살려내는 일은 첫째도, 둘째도 힘 있는 나라를 건설하는 일이다. 군사적으로, 경제적으로, 아니 정신적으로, 도덕적으로 강대국이 되는 길! 그 길이 효순이와 미선이를 다시 살려내는 길이다.

지금 우리의 정의는 무엇을 위한 것인가? 당신의 주장은 과연 국익에 도움이 되는가?

(2003. 6)